L'armée espagnole

(XIXe et XXe siècles)

L'armée espagnole
(XIXe et XXe siècles)

Pilar Martinez-Vasseur
Professeur d'histoire et de civilsation espagnoles
à l'université de Nantes

ellipses

La 1re édition de ce livre a été publiée en grand format en 2003 dans la collection « Les essentiels de civilisation espagnole » dirigée par Paul Aubert.

ISBN 9782340-028593

32, rue Bargue 75740 Paris cedex 15

www.editions-ellipses.fr

À Julio Busquets et Carlos Serrano
in memoriam

Introduction

D'UNE ARMÉE POLITIQUE À UNE ARMÉE PROFESSIONNELLE

Les historiens et les politologues s'interrogent depuis fort longtemps sur l'hégémonie troublante du pouvoir militaire en Espagne. La référence espagnole avait toujours constitué l'une des matrices de la théorie des interventions militaires et l'histoire de l'Espagne contemporaine donnait, par ailleurs, crédit à cette approche. N'offrait-elle pas à travers un siècle et demi, du général Riego (1820) au général Franco (1936) et jusqu'au lieutenant-colonel Tejero (1981), l'éventail imposant des formes les plus variées d'une présence militariste aussi vigilante qu'efficace ? D'ailleurs, le vocabulaire du pouvoir militaire n'est-il pas espagnol ? Juntes d'officiers et pronunciamientos apparaissent comme autant de plantes vivaces outre-Pyrénées, transplantées, par ailleurs, dans un terroir propice au-delà de l'Atlantique.

Plus récemment l'attitude des forces armées au cours du processus qui a conduit l'Espagne, après quarante années d'une dictature née d'un soulèvement militaire, au plein statut d'une démocratie parlementaire, constitue un phénomène important également pour la théorie du retrait des militaires des responsabilités politiques. D'autant qu'avant la mort du général Franco, les hypothèses sur ce que serait le comportement des militaires dans l'après-franquisme étaient généralement fort pessimistes. Or l'armée, dans son ensemble, ne s'opposa ni au démarrage, ni au déroulement du processus que l'on connaît aujourd'hui sous le nom de « Transition ». Il est vrai qu'au cours de celle-ci l'armée fait figure de statue du Commandeur, parcourue parfois de mouvements de mauvaise humeur, voire de soubresauts inquiétants : le coup d'État avorté du 23 février 1981 en fut le plus important.

Mais en 1982 la démocratie espagnole, avec la victoire électorale à la majorité absolue du Parti socialiste ouvrier espagnol (PSOE), connaissait une première alternance politique, qui sera suivie d'une deuxième en 1996 avec l'avènement du Parti populaire (PP) au pouvoir. Pendant cette période, le spectre d'une intervention militaire ne sera plus agité et les forces armées accepteront sans protester tant la soumission au pouvoir civil que la mise en place de toute une série de réformes les concernant directement.

D'une armée pléthorique, pauvrement équipée, et très politisée, occupant une place de premier plan dans de nombreux rouages de l'État, on est passé en quelque vingt-cinq ans (1975-2002) à une armée de métier considérablement réduite en nombre, mieux préparée et avec une plus grande capacité opérationnelle mais sans pouvoirs autres que strictement militaires.

Cette nouvelle institution qui se dessine pour 2003 est comme celles des pays occidentaux, pleinement engagée dans la recherche d'un ordre international fondé sur la coexistence, la défense de la démocratie et des droits de l'homme, ainsi que le respect des normes du droit international. C'est de ces profonds changements subis par l'armée espagnole pendant deux siècles qu'il sera question dans les pages qui suivent.

Chapitre 1

LES ORIGINES DU POUVOIR MILITAIRE EN ESPAGNE (XVe-XVIIIe siècle)

Il faut, pour comprendre les rapports qu'entretient l'armée espagnole, aux XIXe et XXe siècles, avec l'État, les institutions et la société, tenir compte, parmi d'autres facteurs, de son évolution historique.

I. L'armée des Rois catholiques

Le XVe siècle est celui de la fin d'une structure militaire de type médiéval où le guerrier avait le premier rôle. L'organisation de ces armées médiévales comporte un conglomérat de contingents (*mesnadas*) seigneuriaux et municipaux. Les grands seigneurs, les magnats, sont les chefs. Ils sont aussi les véritables détenteurs du pouvoir politique, mais si l'interaction du politique et du militaire reste une constante, les rivalités atténuent, néanmoins, quelque peu la pression sur l'État.

Avec les Rois catholiques (1479-1516) tout va changer. Déjà la symbolique ostentation du glaive de justice au couronnement de la nouvelle reine Isabelle de Castille augurait de l'avenir. En fait, au cours du nouveau règne c'est l'État moderne qui naît en Espagne, appuyé sur trois piliers : la force armée permanente, l'économie monétaire et la bureaucratie.

En ce qui concerne l'armée, quatre caractéristiques nouvelles vont en faire l'instrument privilégié de l'exécution de la politique du pouvoir. Tout d'abord, le roi seul lève des troupes qui sont à son seul service, ensuite, cette armée, désormais permanente, est dotée d'une organisation révolutionnaire qui lui permet de mettre en œuvre de nouvelles tactiques, un nouveau groupe socioprofessionnel fait son apparition et, enfin, plusieurs textes, ordonnances, instructions, etc., en constituent le règlement. Parmi ces ordonnances, l'ordonnance de Genève de 1534 consacre le *Tercio* comme l'unité fondamentale des troupes au service de la monarchie hispanique.

À l'opposé des règnes précédents, force est de constater l'absence d'interventions de la nouvelle institution. Certes, l'armée pèse, a de l'influence mais elle n'intervient pas contre le pouvoir. Dès le début du XVIe siècle, l'Espagne entretient deux armées : une force péninsulaire chargée de la sécurité des territoires constituant le cœur de la monarchie et une force extrapéninsulaire dont la mission est de défendre des possessions éloignées de la métropole et surtout d'appuyer une politique extérieure dynamique. De la fin du XVe à la fin du XVIIIe siècle, aucune des deux structures n'a rien tenté pour modifier le pouvoir, auquel elle obéissait, ni dans sa nature ni dans sa structure.

Est-ce à dire qu'il y eut toujours identité de vue ? Et, si oui, quelles en furent les raisons ? Sommes-nous en présence d'une société d'ordre dont l'idéal est militaire ? Pouvons-nous dire de l'Espagne ce que Loyseau disait de la France, que la « nation toute guerrière a mis la gloire dans les armes » ?

II. Gloire et déchéance de l'armée impériale

Au XVIe siècle, d'après l'historien René Quatrefages, spécialiste de la période, on peut constater un profond accord suivi d'une rupture. Dès le début du siècle les nobles remuants se soumettent malgré quelques légers soubresauts aux moments où le pouvoir, pour diverses raisons, avait pu paraître affaibli comme sous le règne de Philippe Ier, au retour de Naples de Ferdinand V ou pendant le gouvernement de Cisneros. Le fait est que la haute noblesse a définitivement perdu la possession de la force armée même si, jusqu'à la fin du règne de l'Empereur, elle en conserve en partie le contrôle. L'armée obéit à des chefs qui eux-mêmes exécutent les ordres du gouvernement du roi. Toutefois la philosophie politique du moment, influencée par la sympathie entre l'Empereur et ses soldats, conservait indirectement à l'armée une grande place dans la direction des affaires.

Sous Philippe II (1556-1598) apparaît une profonde rupture à plusieurs niveaux mais pas sur l'essentiel. Certes, au début du nouveau règne les rapports sont encore empreints de l'atmosphère du précédent. Le souvenir de la bataille de Saint-Quentin (1557) reste encore trop frais ; le déblocage de Malte et le succès de Lépante (1571) pourraient donner à penser que tout ira bien. Mais déjà a commencé l'interminable guerre des Flandres et les ressources de l'Espagne ne permettent plus de pourvoir aux nécessités. Au moment où l'armée en aura le plus besoin, les moyens de remplir correctement sa mission et la compréhension du roi, son chef suprême, lui manqueront tout à la fois. Parallèlement, le gouvernement est toujours un peu plus aux mains des *letrados*, la noblesse de robe espagnole.

Le conflit sera violent. De ce combat de bureaux, les militaires sortiront vaincus. Outre la perte d'un rôle politique, au niveau du gouvernement central, les soldats vont devoir supporter les conséquences de l'économie monétaire. La solde, par trop immuable, ne leur permet plus de vivre sur un pied militaire et les soldats deviennent plus avides de butin pour survivre. Pour les militaires, la guerre n'a plus de sens. La gloire qu'ils continuent de glaner ne leur procure même plus de la considération hors de l'institution, mais seulement ruine, misère, captivité, mutilation…

Une longue lettre adressée à Philippe II par le capitaine Barahona décrit la nouvelle situation. Selon cet officier, l'armée devrait avoir la première place puisque quiconque se targue de quelque position sociale se fâche si on lui dit qu'il appartient à la robe et non à la milice. Or, dans tous les Conseils, il ne s'agit que de l'abaisser et d'enlever honneurs et récompenses à ceux qui en font profession. Il dénonce la cupidité des *letrados* dont il constate l'accroissement de la richesse alors que le soldat laisse à peine de quoi être enterré. Il ne comprend pas qu'on déshonore ceux qui se battent justement pour que les autres vivent en paix, jouissant de la quiétude de leurs foyers. Il interroge : Qui bouta les Maures hors d'Espagne ? Qui découvrit les Indes ? Qui conquit l'Italie et défendit les Flandres ? Avant d'affirmer que ce n'est pas le secrétaire avec sa plume. Il constate qu'à la Cour, il vaut mieux ne pas paraître habillé en militaire tant il semble qu'on en ait de dégoût.

On le voit, la position du militaire vis-à-vis du pouvoir a considérablement évolué. Mais malgré cette expérience de la domination de la nouvelle bureaucratie étatique il n'y a pas de réaction d'opposition du corps militaire. Jamais le souverain n'est attaqué. Au contraire, il y a une réaction de discipline qui a pour conséquence l'abandon de l'institution par l'élément militaire le plus pur. Ces hidalgos, tel ce « *Cavallero del Verde Gaván* », personnage du célèbre *Don Quichotte*, préfèrent vivre de leur maigre patrimoine. Oubliés peut-être mais vivant paisiblement. À partir de ce moment, à partir de cette rupture militaire qui est, elle-même, la conséquence d'autres ruptures — économique, démographique... — à l'extrême fin du règne de Philippe II, la composition même du corps militaire va changer.

III. Le XVIIe et le XVIIIe siècle : de la crise à la restructuration

Au XVIIe siècle, s'amorcent également deux périodes bien distinctes. D'une part, les règnes de Philippe III (1598-1621) et de Philippe IV (1621-1665), sous lesquels la mutation ne fera qu'empirer, à cause des difficultés financières accrues par les dimensions de l'appareil de défense. Sous Philippe III, les soldats se plaignent encore, mais n'osent plus s'adresser directement au souverain. Un *romance* populaire nous montre un pauvre et vieux soldat parlant seulement au portrait du roi en armure. Car s'il n'a pas craint la pique ennemie, il a peur de celle des gardes. Finalement il sera emprisonné pour vagabondage. Dans une large mesure, l'armée n'est plus qu'un point de passage obligé dans une carrière ou bien une intendance que recherchent momentanément ceux qui ont faim.

Dans ces conditions, le pouvoir réel de l'institution ne pouvait être que faible. La nécessité d'un fort recrutement d'éléments non espagnols pour maintenir les effectifs accentuait encore cette perte de pouvoir. On est entré dans un cercle vicieux où plus le prestige militaire diminue, plus la qualité du recrutement baisse, ce qui amenuise d'autant le prestige. Les difficultés du comte-duc d'Olivares et du roi Philippe IV lui-même pour attirer leur noblesse à l'armée sont tristement célèbres. Le marquis de Leganés, nouveau capitaine général de l'État de Milan, exigea une forte prime pour regagner son poste, pourtant intéressant. Néanmoins ces troupes du XVIIe siècle firent à peu près correctement leur devoir compte tenu de l'insuffisance des moyens octroyés par le gouvernement. Au moment de la paix des Pyrénées, l'armée espagnole n'est que l'ombre de ce qu'elle était un siècle auparavant. Des *tercios* réglementairement composés de 1 500 hommes ne pouvaient en présenter aux revues que quelques dizaines.

Cependant au XVIIe siècle, beaucoup d'Espagnols voient dans l'armée un moyen d'accéder à la noblesse. Ceux-là, ayant besoin de brillants états de services, remplissent extraordinairement leur mission. Dans ce sens, il y eut une certaine régénération de l'armée par le renouveau de sa fonction anoblissante originelle. Mais ce phénomène n'était pas de nature à modifier positivement une image flétrie. À la fin du siècle et sans scandaliser personne, le jurisconsulte Francisco de Amaya pourra qualifier les militaires de « sanie de débauchés, méchants, cruels, luxurieux, pirates, voleurs, parjures et blasphémateurs ». Dans une société particulièrement imbue d'honneurs, une telle image de marque vouait à l'ostracisme. L'armée espagnole touche le fond de sa déchéance alors que la noblesse, qui l'a abandonnée, a su profiter des circonstances pour réoccuper des positions de pouvoir privilégiées. Tout cela va évoluer au siècle suivant. D'abord il y a changement de dynastie dont l'héritage militaire est une faiblesse qu'il faut corriger.

Le réformisme militaire espagnol du XVIIIe siècle reprit sur bien des points des idées déjà anciennes qui n'avaient pas pu être mises en pratique. Et dès les premiers textes (1702-1704), un retour de la noblesse à l'armée va avoir pour conséquence une nouvelle symbiose entre les militaires et le pouvoir. Au cours de ce siècle, l'institution militaire subit une profonde transformation qui allait en faire une organisation nationale et permanente. Sous les Bourbons, l'armée connut un ensemble de réformes dont la promulgation des ordonnances militaires de Charles III et la division du territoire en *capitanías generales* vont constituer les faits les plus marquants. Par ailleurs, si les Ordonnances militaires ont été « actualisées » en 1978, la structure territoriale initiale de l'armée ne sera modifiée qu'en 2002, (mais les forces armées continuent d'avoir une représentation dans les principales communautés autonomes).

L'armée va devenir la structure la plus efficace de l'époque, ce qui renforce le développement d'un pouvoir militaire autonome. Le XVIIIe siècle pourrait être qualifié de « siècle militaire » à cause de l'influence de cette institution sur l'État et la société civile, sans oublier que, de haut en bas de la hiérarchie qui gère l'État, c'est le militaire qui prime. Beaucoup de ministres (Patiño, Campillo, La Ensenada, Aranda…) sont des soldats. Sans parler des intendants et des diplomates.

Chapitre 2

L'IRRUPTION DE L'ARMÉE DANS LA VIE POLITIQUE ESPAGNOLE (1808-1875)

Le XIXe siècle s'ouvre en Espagne avec un grand sursaut national : la guerre d'Indépendance (1808), guerre de libération, guerre populaire contre les envahisseurs français, va ébranler à tel point la société espagnole qu'on peut dire qu'entre 1808 et 1813 le sort de l'Ancien Régime est réglé et que commence une ère nouvelle. Les problèmes, dont on débat pendant les cinq ans que dure le conflit, orienteront l'action politique du XIXe siècle, au moins jusqu'en 1868. Les caractéristiques militaires de cette guerre auront des conséquences importantes pour l'institution.

I. La guerre contre Napoléon (1808-1813)

Tout en admettant son caractère de combat national, il ne faut pas oublier que la guerre d'indépendance fut aussi une véritable guerre civile, au cours de laquelle les Espagnols se divisèrent entre ennemis et partisans des principes révolutionnaires. Cependant, le conflit contre Napoléon permit l'éclosion d'une véritable conscience nationale.

La guerre d'Indépendance fut donc une guerre du peuple et l'armée régulière fut vite dépassée. Ce furent les paysans, stimulés par les curés et les moines qui organisèrent la guerre de guérilla, pour défendre ce qui était vital pour eux : leur territoire face à l'envahisseur étranger, leur religion et le Roi qu'ils croyaient prisonnier de Napoléon.

Tout au long de cette guerre, se forment d'authentiques chefs militaires qui deviennent ensuite des généraux de l'armée — abolissant de fait le privilège de commander des troupes, réservé jusqu'alors la noblesse. Ce fut le cas de Juan Martín Díaz dit *El Empecinado* (paysan-charbonnier) ou de Juan Díaz Porlier, aspirant de marine, ou encore de Francisco Espoz y Mina, un paysan, propriétaire de terres qui lui permettaient de vivre confortablement. Ces *cabecillas* étaient le plus souvent connues sous leur surnom plutôt que sous leur nom véritable : « Le Gilet », « L'Escargot », « L'Étudiant ». Ces surnoms faisaient allusion soit à des particularités vestimentaires soit à l'origine sociale, mettant la piétaille de plain-pied avec le chef ; ils ne marquaient, à son égard, ni dérision ni irrespect ; ils signifiaient plutôt le refus, purement formel, de la hiérarchie militaire traditionnelle.

Sur le plan sociologique, la guerre contre Napoléon permit l'accès aux grades les plus élevés de l'armée à des gens dont la bravoure et l'enthousiasme étaient incontestables, mais dont la connaissance des Ordonnances s'avérait très limitée. Ainsi, apparurent deux armées : celle formée des officiers de l'Ancien Régime et celle des officiers des régiments improvisés depuis 1809-1810, sans oublier les guérilleros. Sur le plan professionnel, ce conflit se traduisit par un accroissement démesuré du nombre des effectifs militaires, surtout au plus haut niveau de la hiérarchie, sans pour autant modifier les carences techniques de l'armée. Le romancier Benito Pérez Galdós écrivit que la guerre d'Indépendance servit d'école d'apprentissage aux futurs *Caudillos*. C'est là que les Espagnols passèrent maîtres dans l'art, pour certains incompréhensible, d'improviser des armées et de dominer une contrée pendant un temps plus ou moins long. Ils s'initièrent pendant ce conflit à la science de l'insurrection et les merveilles d'alors, concluait l'écrivain, nous les avons pleurées ensuite avec des larmes de sang.

II. L'ère des pronunciamientos (1814-1875)

Le lieutenant-colonel Riego fut le premier à utiliser le terme pronunciamiento dans une allocution à ses troupes, le 3 janvier 1820, à Cadix, avant de les conduire vers une rébellion armée.

Les pronunciamientos, ou d'une façon plus générale, les phénomènes d'intervention directe de l'armée en politique, ont constitué un fait majeur, caractéristique de l'histoire espagnole du XIXe siècle et d'une partie du XXe siècle. La cadence de leur apparition en a fait un mode de changement politique. Pendant la période qui va du règne de Ferdinand VII à celui d'Alphonse XIII, plus de trente pronunciamientos eurent lieu, c'est-à-dire, plus d'un tous les deux ans (voir annexe 1).

L'image du pronunciamiento telle qu'elle apparaît dans l'histoire contemporaine espagnole est, pour l'historien militaire Miguel Alonso Baquer, celle du sabre que l'on dégaine davantage pour signifier que l'on s'empare du pouvoir que pour frapper un adversaire. Il passe pour la synthèse d'un coup de force spectaculaire et d'un jeu ostentatoire. Le refrain est toujours le même : il y a toujours exigence d'un changement politique au nom de la liberté. La musique est dans le même ton : promesses de bonheur du peuple faites au nom d'un messie salvateur qui s'incarne dans la Constitution, parfois dans la personne du roi ou de la reine, ou, à leur place, en celle d'un général prestigieux. Le soliste est, bien entendu, un militaire professionnel. Le seul élément qui différencie les pronunciamientos les uns des autres est la composition du chœur, autrement dit, l'accompagnement musical.

On a utilisé, pour qualifier les pronunciamientos du XIXe siècle, les adjectifs de libéral ou progressiste, de royaliste ou d'absolutiste et de militaire. Une classification établie d'après les contenus habituels des uns et des autres nous amènerait à conclure que le pronunciamiento « libéral ou progressiste » est interprété face à l'opinion publique, le « royaliste ou absolutiste » face à la Couronne, et le « militaire » en quête des applaudissements des unités militaires. L'insuffisance du registre de l'initiateur du pronunciamiento amène à sortir de la situation initiale en ayant recours à celui des trois appuis auquel il s'identifie le plus, idéologiquement parlant, sans jamais dédaigner les deux autres. Tout pronunciamiento est une invitation à l'action collective plus qu'à une action spontanée. La première préoccupation de l'insurgé est donc, s'il est libéral, de sauver l'opinion publique muselée par le pouvoir ; s'il est royaliste, de libérer le monarque séquestré par ses ministres et s'il est militaire, de faire prendre en charge le pouvoir par des forces qui se croient obligées d'obéir aveuglément au despotique ministre de la Guerre.

Il n'est pas tellement surprenant que l'institution qui a le monopole de la force et de la violence organisée impose sa volonté dans un pays désorganisé. La faiblesse et la corruption du pouvoir civil après la guerre d'Indépendance, ainsi que le vide du pouvoir, expliqueraient que l'armée joue le rôle de pont historique entre la prépondérance de l'aristocratie au XVIIIe et la prépondérance de la bourgeoisie à la fin du XIXe. Cependant, au risque d'aller à l'encontre de beaucoup d'idées reçues concernant l'idéologie de l'armée espagnole, il faut rappeler ici que la plupart des pronunciamientos du XIXe siècle ont une orientation libérale. Pour plusieurs raisons :

- les officiers et les soldats que Napoléon avait amenés comme prisonniers en France, commencent à militer en faveur des idéologies progressistes ; certains deviennent membres actifs de la franc-maçonnerie ;
- on rendait responsable le groupe au pouvoir (surtout pendant la période de Ferdinand VII mais également après) de la désorganisation et du manque de moyens de l'armée ;
- le suffrage censitaire, et plus tard la fraude électorale et le caciquisme donnaient des facilités aux conservateurs pour se maintenir au pouvoir et poussaient l'opposition à forcer la relève gouvernementale en s'appuyant sur l'armée ;
- et, enfin, le fait que les académies militaires aient été ouvertes au peuple, dès 1811, a permis aux différentes classes sociales (surtout à la classe moyenne) d'avoir accès aux postes de commandement de l'armée et de remplacer

petit à petit la noblesse. Ce phénomène aura lieu bien plus tard dans d'autres pays de l'Europe occidentale.

Depuis 1814, date du premier pronunciamiento, il est nécessaire de considérer aussi qu'à l'origine des prises de position des différentes tendances chez les militaires, en plus des motivations politiques et idéologiques, se trouvent également des facteurs de type économico-corporatif. (Dans ce sens, les chefs traditionnels prêtent leur appui au roi Ferdinand VII parce que les Cortès de Cadix accordent des promotions aux chefs-guérilleros ; et en retour, Ferdinand VII fait monter en grade les officiers qui lui sont fidèles.) Ce mélange d'intérêts personnels et d'idéologies divergentes des généraux est une constante pendant tout le XIXe siècle. Ajoutons à cela que le pronunciamiento espagnol, quelle que soit sa typologie, naît, croît, se reproduit et meurt en général dans les ruptures et les crises de légitimité monarchique (1808, 1836, 1865 et 1917), mais paradoxalement il court toujours à la recherche d'une légitimité. Le pronunciamiento a en général pour origine les problèmes intérieurs des forces armées, mais c'est aussi un conflit politique dont la solution est la relève des titulaires du pouvoir. Le but des auteurs de ces interventions est de montrer que le gouvernement doit être changé, en mettant en lumière sa faible légitimité. Dans ce sens le philosophe espagnol, Balmes (1810-1848) écrivait que c'est la faiblesse du pouvoir civil qui est la raison essentielle de l'intervention militaire : « nous ne croyons pas que le pouvoir civil soit faible parce que le pouvoir militaire est fort ; mais au contraire, c'est le pouvoir militaire qui est fort parce que le pouvoir civil est faible. »

Le pronunciamiento ne vise pas le déclenchement d'un conflit militaire, et si l'on s'en tient à une définition stricte, il n'est jamais sanglant. Parfois, comme on le verra plus tard, le pronunciamiento militaire n'est que le bras armé d'un pronunciamiento civil. Jamais il ne débouchera sur une guerre civile, jusqu'en 1936 : et ce sera un grand changement. En revanche, il ne s'agit pas de querelles de comédie. Les militaires malchanceux qui ont été fusillés sont plusieurs dizaines (voir annexe 1). Et les vengeances sont déconcertantes : pour s'être opposé au « coup des sergents » en 1836, le général Quesada est assassiné : ses doigts coupés, portés au « café Nuevo », servent de cuillère à punch à ses ennemis.

Si au début les jeunes officiers sont libéraux, francs-maçons, progressistes, plus tard les chefs autoritaires et conservateurs, comme Narváez, sauront l'emporter. Mais le « général du peuple », démocrate ou qui se croit tel, aura bien été un type de la première moitié du XIXe siècle. Pour l'historien Pierre Vilar, le changement a lieu entre 1868-1873 : devant la volonté révolutionnaire du peuple, et l'idéologie nouvelle des intellectuels, l'armée se trouve de plus en plus rejetée vers « l'ordre » : ordre moral, ordre social. Cependant toute équivoque n'est pas dissipée. Des souvenirs, des traditions (francs-maçonnes en particulier) rendent encore possible, en 1930, un pronunciamiento républicain, et le soulèvement militaire de 1936 invoquera, auprès de certains esprits, l'habitude du coup d'État « contre l'arbitraire ». L'illusion ne durera pas, et, socialement, l'armée est désormais bien classée. Mais on voit en combien de sens divers a pu jouer la coutume du pronunciamiento.

III. Les guerres carlistes (1833-1876)

Le siècle avait commencé par la guerre dite d'Indépendance contre l'envahisseur napoléonien (1808). Le libéralisme des constituants de Cadix (1812) ne sera qu'une courte parenthèse avant le retour de l'absolutisme. De 1811 — avec la proclamation de l'indépendance du Venezuela — à 1825 — avec l'indépendance de la Bolivie — la majorité des colonies espagnoles d'Amérique du Sud vont devenir indépendantes. Des défaites américaines, il reste un goût d'humiliation, que ressentent particulièrement les généraux vaincus, ceux que l'on appelle avec une nuance de mépris les *Ayacuchos* (Ayacucho : lieu du Pérou où l'armée subit une importante défaite en 1824).

Cette perte est suivie de nouveaux heurts sur le sol national, des guerres civiles teintées d'un contentieux dynastique. En effet, la succession du roi Ferdinand VII, mort le 29 septembre

1833, ouvre un long conflit entre les partisans de don Carlos, frère du Roi, et ceux de sa fille Isabelle ; les partisans du premier invoquent la tradition bourbonienne de la loi salique qui écartait les femmes de la succession au trône. En réalité, il s'agit d'une opposition entre traditionalistes et libéraux. La première des guerres dites carlistes dure sept ans (1833-1840) et elle se déroule surtout dans le nord du pays ; la deuxième — après qu'Isabelle, majeure, a été proclamée reine — dure de 1846 à 1849 ; la troisième, au cours des années 1872-1875 et s'achève avec la proclamation d'Alphonse XII comme roi d'Espagne, par le général Martínez Campos.

Les guerres carlistes furent de véritables guerres civiles, où s'affrontèrent deux conceptions de la société. Comme l'écrit l'historien Raymond Carr, le carlisme était idéologiquement une sorte de contre-révolution : une croisade contre la révolution, héritière de l'hérésie du XVe siècle et de l'athéisme du XVIIIe siècle, visant l'élimination de la canaille libérale. La psychologie de ces guerres est celle du soulèvement de 1808 ; la prédication catholique absolutiste des religieux et des chefs locaux y garde le même caractère démagogique, lié à la défense des *fueros*[1] régionaux, des habitudes communautaires agraires. Sur trois foyers carlistes (Pays basque, Navarre, Haute Catalogne) deux sont aujourd'hui des nationalités historiques : est-ce sans signification ?, se demande Pierre Vilar. En tout cas les guerres carlistes annoncent 1936 : villages soulevés, haines inexpiables entre familles, rôle des militaires et du clergé dans le mouvement.

Dans le domaine politique, ces guerres civiles aboutissent à une situation de rupture, provoquant la disparition de la trans-

1. Ce terme a plusieurs sens. Il désigne, d'une part, les privilèges et les exemptions accordées par les rois à certaines municipalités au cours du Moyen Âge. Il se réfère, d'autre part, au droit qui régit certains territoires (royaumes et provinces) et qui fut codifié au Moyen Âge et à l'époque moderne : par exemple, le *fuero general* de Navarre ou le *fuero nuevo* de Bizcaye. Conformément à l'usage qu'en font les juristes français, nous utilisons l'adjectif *fuériste* pour désigner celui qui est partisan des *fueros*.

mission ordonnée du pouvoir et de l'obéissance dans la société espagnole. La conséquence immédiate fut l'irruption de l'armée en tant qu'institution et en tant que groupe social au premier plan de la vie politique. En effet, les militaires seront appelés à arbitrer les conflits que les classes dirigeantes n'avaient pas pu résoudre dans le cadre d'une société soumise à de profondes mutations.

L'incapacité des gouvernants à fournir le nécessaire aux armées en campagne pendant les guerres carlistes obligea les généraux à réaliser une irruption dramatique sur la scène politique en 1837. Les premières étapes de ce processus d'intromission dans la politique furent franchies lorsque des généraux, sans fonds du gouvernement central, devinrent des satrapes dans leurs régions militaires. Il ne s'agissait pas uniquement pour l'armée d'être le refuge du libéralisme contre le carlisme, mais aussi, avec l'éclatement de l'État du fait des guerres carlistes, de devenir la seule institution solide de l'État libéral. Les factions politiques, conscientes de leur faiblesse et de leur isolement, eurent recours, à partir de 1837, aux généraux. Ceux-ci mirent un certain temps à s'adapter à leur nouveau rôle de dirigeants permanents du parti libéral, et à ne plus être les interprètes occasionnels de la volonté nationale par le mécanisme du *pronunciamento*.

IV. Le régime des généraux (1835-1875)

Pendant la guerre carliste, les généraux gardent, sauf exception, leur fidélité au gouvernement de la reine régente Marie-Christine. Mais, dans cette Espagne divisée et humiliée, ils ont tendance à se présenter comme les défenseurs et les gardiens de l'unité nationale. Beaucoup d'entre eux ont trouvé dans les sociétés secrètes et dans la franc-maçonnerie une activité nouvelle, qui leur permet d'occuper une place de premier plan dans le parti libéral ; on estime généralement que près de la moitié des francs-maçons espagnols, en 1820, se recrutent dans l'armée. Indispensables au gouvernement, ils ont souvent la tentation de jouer les arbitres et de confisquer le pouvoir à leur profit.

C'est dans ces conditions que le général Baldomero Espartero, dont la personne s'identifiera pendant quinze ans au mouvement progressiste, impose à Marie-Christine un changement d'orientation politique, avant de l'amener à se démettre de ses fonctions en octobre 1840 et à se réfugier en France. La « régence » d'Espartero est un exercice du pouvoir sans partage de la part des progressistes. Jusqu'à cette date, les réticences de la Reine régente avaient limité leurs possibilités d'action. Désormais les contestations s'effacent ; le système politique est bloqué. Les modérés, ayant perdu leur principal appui, n'essaient même pas de pratiquer une opposition parlementaire. Il n'y a d'ailleurs pas d'élection pendant les trois années de la régence — il vaudrait mieux dire la dictature — d'Espartero. Ce gouvernement, qui agit au nom de la démocratie et de la liberté, réduit par la force armée les oppositions, qui emploient à leur tour les méthodes éprouvées de la conjuration et du pronunciamiento. Espartero dirige l'Espagne sous un régime d'état de siège, qui éloigne même de lui certains éléments progressistes.

La dictature d'Espartero prend ainsi la forme d'une action violente qui achève de dresser contre lui une partie importante des députés qui l'avaient soutenu dans un premier temps. Un double accord est scellé entre l'opposition progressiste et les modérés ; sur le plan parlementaire la majorité se trouve inversée. De la victoire d'une coalition aussi hétéroclite ne peut évidemment pas sortir une situation claire. Il reste que les querelles parlementaires n'ont pas eu, en l'occurrence, une grande signification. Les luttes politiques se présentent désormais sous l'aspect de rivalités entre chefs militaires prétendant au pouvoir. Les idéologies politiques s'effacent derrière les personnalités dominantes. Il ne peut guère y avoir, dans ces conditions, que des gouvernements de coalition, au gré des intérêts du moment. La population, dans son immense majorité, ne se sent plus concernée par ce qui apparaît comme de simples règlements de comptes entre généraux. Il ne faut cependant pas se tromper : ce n'est pas l'armée qui gouverne, mais des chefs de parti en uniforme comme l'a si souvent écrit l'historien Tuñón de Lara.

Le règne d'Isabelle II
La chute de la Monarchie

Au sortir d'une longue période de crises, d'agitations, d'affrontements violents, le règne d'Isabelle apparaît comme un moment de calme politique relatif. Le carlisme ne se manifeste plus que sporadiquement, et sans mettre vraiment en danger les institutions. La coutume du pronunciamiento ne s'est pas perdue ; mais, en dehors d'une crise brutale en 1854-1856, qui rappelle par bien des côtés les affrontements de 1820, la succession des gouvernements se fait sans trop de difficultés, en tout cas sans trop de violence. La monarchie semble s'être tempérée, les libéraux avoir perdu de leur intransigeance.

Ce n'est là qu'une façade. L'Espagne n'a résolu aucun des problèmes essentiels qui se posaient à elle au début du siècle. La monarchie se veut toujours autoritaire, et les concessions faites au libéralisme n'ont pas permis de régler la question des institutions de manière satisfaisante pour les partis en présence. La défaite du carlisme a entraîné l'échec du mouvement *fuériste*, mais le centralisme des militaires n'a pas étouffé les prétentions régionales, qui vont aisément se réveiller. Surtout, les difficultés économiques du pays n'ont pu que s'aggraver par le brigandage, la guerre civile, l'insécurité et l'incurie administrative.

Le personnel politique varie d'ailleurs trop souvent, les ministres se succèdent trop rapidement pour qu'une entreprise importante puisse être menée à bien. Ce sont pourtant les mêmes hommes qui se retrouvent périodiquement au gouvernement : González Bravo, puis Narváez exercent le pouvoir après la chute d'Espartero ; Narváez, puis O'Donnell, puis González Bravo sont encore les premiers ministres des dernières années d'Isabelle II. Mais aucun d'entre eux ne reste en place bien longtemps. Le gouvernement d'Union libérale de O'Donnell donne une surprenante impression de stabilité en se maintenant sans bouleversement majeur plusieurs années de suite. L'alternance des partis au pouvoir, au gré des circonstances et des conflits de personnes, offre un panorama assez complet des choix et des dissensions politiques, qui résument durant cette période l'histoire de l'Espagne.

En septembre 1868, le pronunciamiento de la flotte à Cadix annonce la fin du régime. L'une après l'autre, les villes de la périphérie méditerranéenne se soulèvent. La défaite, au pont d'Alcolea, le 28 septembre, des troupes restées fidèles à la Reine, assure la victoire du mouvement révolutionnaire. Isabelle II passe la frontière française, tandis que la capitale se rallie à l'insurrection. La révolution de septembre — la *Gloriosa* — l'emporte ainsi sans excès de violences. À vrai dire, le triomphe des généraux soulevés ne résout rien. Ce qui prend fin à cette date, c'est une certaine conception du pouvoir, dont aucun souverain espagnol n'a réussi à se débarrasser depuis 1814. La monarchie espagnole est désacralisée, déconsidérée dans l'opinion par la médiocrité de ses représentants ; elle a perdu tout appui populaire, et ne survit que grâce à l'appui de l'armée, ou tout au moins d'une faction militaire. Il suffit que cette armée se retourne contre elle pour qu'elle soit condamnée.

Le *Sexenio*[1] révolutionnaire (1868-1874)

Entre 1833 et 1874, l'Espagne doit affronter des problèmes importants qui deviendront récurrents, pour la plupart, jusqu'au début du XXe siècle : un développement économique inégal avec une amorce d'industrialisation dans les régions périphériques, tandis que dans le reste du pays subsistent des structures archaïques ; la permanence d'une question agraire explosive, avec des millions de paysans sans terre ; une vie politique dominée par une classe dirigeante réduite, formée par la fusion de l'ancienne aristocratie foncière et d'une haute bourgeoisie enrichie grâce aux biens de mainmorte et aux spéculations financières ; une opinion publique sans partis organisés qui laisse le champ libre aux militaires ; enfin, des divisions idéologiques

1. Terme qui désigne en espagnol une période de six ans.

entre carlistes et libéraux, traditionalistes et partisans des réformes. Au regard de ces problèmes de fond, les événements sont moins compliqués que ne le suggèrent le chaos apparent des péripéties politiques et la succession des pronunciamientos ; ils se présentent comme la difficile émergence d'une Espagne nouvelle qui n'est plus celle de l'Ancien Régime, mais qui est à la recherche d'une stabilité relative qui ne viendra qu'en 1875. Au cours de cette période que l'on a appelé le régime des généraux, on peut distinguer quatre étapes : les régences (1835-1843), la première partie du règne d'Isabelle II, la décennie modérée (1843-1854), la deuxième partie du règne d'Isabelle II (1854-1868), enfin la crise ouverte par la révolution de septembre 1868 qui se termine, à la fin de l'année 1874, avec la restauration des Bourbons, après l'échec d'une dynastie nouvelle et d'une première expérience républicaine.

La *Gloriosa*, nom donné en Espagne à la Révolution de septembre 1868, a été accueillie avec enthousiasme par le peuple espagnol. Un peu partout dans le pays s'organisent spontanément des juntes révolutionnaires, souvent sans lien apparent les unes avec les autres. Et pourtant on peut trouver, çà et là, dans les programmes élaborés, sans concertation préalable, un certain nombre de revendications communes et essentielles : des revendications économiques, d'autant plus vigoureusement exprimées qu'on est en période de crise, des demandes concernant les libertés politiques, et la liberté religieuse. C'est aussi à la tradition de la révolution urbaine, sous sa forme libérale de 1820 ou de 1854, qu'appartient la formation des milices locales. Dans tout le pays l'impression domine que la chute de la monarchie prépare un profond changement.

Très rapidement, les Espagnols sont ramenés à la réalité. Les militaires, maîtres de la situation politique, acceptent sans doute l'idée d'une évolution libérale. Mais ce sont avant tout des hommes d'ordre, partisans de l'unité nationale, qu'ils se proclament libéraux ou progressistes, ou que, dans le fond de leur cœur, ils regrettent les Bourbons. Ni le général Serrano, proclamé régent, ni le général Prim, désigné comme chef du gouvernement provisoire, n'entendent soutenir une révolution sociale, ni même aider au triomphe d'une république fédérale. Ils dissolvent les juntes révolutionnaires, à commencer par celle de Madrid, désarment les milices populaires, brisent, en octobre 1869, les émeutes localisées qu'appuient un certain nombre de leaders républicains. Les Cortès, en dépit de l'agitation républicaine, restent largement favorables au régime monarchique, selon le souhait clairement exprimé des dirigeants du moment.

La monarchie à l'anglaise, préconisée par Prim, implique l'arrivée d'un souverain venu de l'étranger qui puisse faire oublier les méfaits commis par la famille des Bourbons. En 1870, Amédée de Savoie est proclamé roi, il est imposé par le général Prim ; il n'a personnellement ni autorité sur les Cortès, ni prestige dans le pays. L'assassinat de Prim, le 27 décembre 1870, avant même l'entrée en fonction du Monarque, prive ce dernier de son soutien le plus important. Ce Roi, sans pouvoir, alors qu'il veut jouer le jeu constitutionnel, abdique après à peine deux ans de règne, sans avoir pu régler les graves problèmes qui se posent au nouveau régime.

L'absence, ou l'inexistence, d'un pouvoir d'État réel, une fois encore au cours de ce siècle, ne tarde pas à se traduire par la contestation armée. Le 11 février 1873, la République est proclamée, elle se veut fédérale. En attendant la rédaction d'une constitution qui reflète ce type d'État, des juntes locales ressurgissent un peu partout dans le sud du pays. C'est la Révolte cantonaliste.

La République n'est pas vraiment menacée par une révolution aussi disparate. Mais le fédéralisme en meurt. Salmerón, puis Castelar s'en remettent à l'armée pour liquider ce mouvement. Le 3 janvier 1874, le général Pavía fait irruption à cheval dans le Parlement en pleine séance (l'écrivain B. Pérez Galdós en rendra compte dans un de ses *Épisodes nationaux*). Il met fin à une République considérée encore comme trop libérale. Le 29 décembre 1874, le général Martínez Campos proclame Alphonse XII roi d'Espagne à Sagonte ; sa décision ne peut que gêner le prétendant ; elle risque de donner un caractère de pronunciamiento au retour du Roi. Pour oublier ce lourd héritage, il reste seulement à donner à la monarchie restaurée des bases institutionnelles solides qafin de lui permettre de durer. La Constitution de 1876 devra jouer ce rôle.

V. Une armée pléthorique et en situation précaire

« Le brigadier général Córdova a ouvert une souscription à Cadix, à son nom, aux fins de réunir des fonds pour offrir des pantalons de drap à chacun des vaillants soldats du régiment des Asturies ». Au-delà de l'anecdote, ce placard, recueilli par Friedrich Engels alors qu'il étudiait les mouvements politiques au sein de l'armée espagnole dans les années 1840-1850, illustre crûment la situation économique des forces armées espagnoles tout au long du XIXe siècle et même pendant une bonne partie du XXe. Ni durant la guerre d'Indépendance, ni après, on ne va créer en Espagne une armée moderne et efficace. Wellington regrettait également qu'on ne trouvât dans cette armée aucun général capable de commander un corps d'armée, ni de l'administrer, qu'il n'y eût ni haut-commandement ni intendance et, le pire de tout, affirmait-il, c'était qu'il n'y eût pas une seule personne capable d'y remédier.

En 1813, lorsque la guerre se termina, un grand nombre de soldats fut licencié, mais le nombre impressionnant d'officiers nommés pendant la guerre posait un problème épineux. Dorénavant ce corps d'officiers hypertrophié représenta la plus importante difficulté dans l'organisation de l'institution militaire espagnole au cours des deux siècles suivants. En 1816, par exemple, il y avait 736 généraux dans l'armée, ce qui, aux dires de spécialistes, était suffisant pour commander toutes les armées européennes. Ferdinand VII semblait cependant peu préoccupé par ce problème. Ce qui le l'inquiétait davantage, c'était la loyauté des officiers à son égard. C'est pourquoi, il y avait encore 801 généraux en 1819. Il sera donc difficile par la suite de réduire le nombre de cadres de cette armée, car la plupart était encore jeunes et il n'était pas possible de les convaincre d'accepter une retraite anticipée pour s'intégrer dans une société paralysée qui offrait peu d'emplois comme alternative.

Des décisions budgétaires allaient néanmoins être prises, elles entraînaient la suppression de beaucoup de régiments ; ceux qui demeuraient passaient de trois à deux bataillons et le nombre d'officiers par compagnie était aussi réduit de cinq à trois. Près de 75 % des officiers (entre 11 000 et 12 000) étaient ainsi privés de commandement. Un nombre semblable étaient nommés assistants des régiments qui restaient encore sur pied, ce qui laisse supposer à l'historien américain Payne, mais aussi à d'autres spécialistes de l'armée espagnole du XIXe siècle, que, en dépit de ces mesures prises dans certaines unités, il y avait autant d'officiers que de soldats. Cet excès d'officiers réduisait les possibilités de promotion mais, de plus, beaucoup d'officiers d'active ne percevaient pas leur solde complète. Et tandis que les officiers de haut rang et les généraux se pavanaient vêtus de vareuses resplendissantes aux cordons dorés et argentés, les soldats allaient en haillons.

La monarchie absolue de Ferdinand VII s'était avérée incapable également de poursuivre la guerre contre les colonies américaines qui luttaient pour l'indépendance. La plupart des officiers étaient peu motivés pour participer aux campagnes coloniales. Le gouvernement avait pourtant offert l'accès au grade supérieur à tous les volontaires, mais, malgré ces avantages, on n'enregistra pas d'enthousiasme particulier au sein d'une population qui continuait de penser que les campagnes américaines étaient extrêmement pénibles et peut-être sans espoir.

Recrutement et surenchère

Pendant les guerres carlistes (1833-1876), l'armée accrut encore ses effectifs, mais à sa tête ne se trouvait qu'un corps d'officiers formé d'un conglomérat de *camarillas* et de groupes dont les intérêts, l'efficacité et la loyauté étaient fort variables. La promotion rapide d'un grand nombre de chefs, le gonflement de certaines unités, les pertes dans les combats, le manque de cadres administratifs ou d'intendance, l'intervention ou les interférences de politiciens, furent des facteurs qui rendirent très difficile le développement d'un sentiment d'unité, d'une solidarité institutionnelle, voire même d'une discipline commune. La conséquence des guerres carlistes fut que l'armée allait demeurer aussi désorganisée qu'auparavant. Car, après la guerre, on continua de licencier les soldats, mais on garda la plupart des officiers, près de 9 000, ce qui signifiait un officier pour cinq ou six soldats : cette disproportion était toujours la plus importante de toutes les armées européennes de l'époque.

Quand les modérés arrivèrent au pouvoir, en 1843, ils s'efforcèrent de résoudre l'éternel problème des effectifs, mais le manque d'esprit de corps et d'une organisation nécessaire pour le fonctionnement d'une machine militaire, était tel que seule une révolution aurait pu unifier l'armée, et les modérés étaient tout sauf révolutionnaires. Le règlement militaire, lorsqu'il était appliqué, était toujours celui qui avait été promulgué en 1768 par Charles III. La répartition des troupes sur le territoire national n'était pas faite en fonction de la logique militaire, ni des exigences stratégiques, mais tout simplement pour satisfaire les pressions politiques des différentes régions du pays et pour maintenir l'ordre dans les différents points conflictuels du territoire. L'état-major était organisé comme un corps à part et ses fonctions étaient limitées à des tâches de routine ou à des fonctions de pure théorie, mais il ne coordonnait nullement les différents corps de l'armée. Quant aux différentes armes : l'infanterie, l'artillerie, le génie, etc., elles avaient leur propre directeur général qui d'habitude ne pouvait ou ne voulait pas coopérer avec ses collègues. Ces dysfonctionnements ne commenceront à être corrigés qu'après 1978.

Du point de vue technique, l'armée espagnole était en retard par rapport aux autres armées européennes : il restait peu d'argent dans le budget que l'État consacrait aux forces armées, une fois les soldes payées, pour renouveler le matériel nécessaire à l'instruction. Par ailleurs, l'Espagne ne possédait pas d'industrie pour équiper une armée moderne et ne disposait pas non plus de fonds suffisants pour acheter à l'étranger le matériel nécessaire. Le retard technique de l'armée espagnole par rapport à d'autres armées européennes ne faisait qu'augmenter.

Les réformes des modérés : vers une armée de bureaucrates

Les réformes entreprises par Narváez, telles que la réduction du budget, devaient entraîner d'abord une diminution du nombre d'officiers. Parmi les 530 généraux de 1866 il n'y avait des postes effectifs que pour 222, et pour la seule infanterie il y aurait eu 1 350 officiers en trop. Ces modifications ne vont cependant jamais être menées à terme en raison des changements continuels de gouvernement, du favoritisme existant dans la hiérarchie militaire qui, dans la plupart des cas, défendait le maintien du *statu quo* et, enfin, parce que les hommes politiques n'osaient pas toucher à l'armée, car ils avaient toujours besoin de son appui.

Le phénomène du sureffectif de la hiérarchie fut certainement une des raisons de l'interventionnisme militaire du XIXe siècle et de la première moitié du XXe. À cela deux raisons essentielles seront avancées par les historiens militaires. D'un côté, cette macrocéphalie et ses répercussions — insuffisance des soldes, lenteur des mouvements dans les échelons et conflits entre les membres des différentes armes et corps — entretinrent un déplorable climat de mécontentement, qui favorisa le passage à l'acte des insatisfaits. D'un autre côté, le mauvais accueil et le mépris observés par les militaires métropolitains de carrière conservateurs (soucieux de maintenir l'armée en l'état) à l'encontre, d'abord des « autodidactes » issus de la guérilla, puis des officiers coloniaux, et plus tard des *africanistes* (ceux qui avaient fait l'essentiel de leur carrière au Maroc). Cette attitude entraîna une politique arbitraire de promotion dans la hiérarchie, qui favorisait le bloc conservateur dominant. Les *ayacuchos* (militaires qui rentraient d'Amérique) comme les *africanistes*, restèrent en marge des hauts postes politiques et militaires. On pourrait citer plus tard le cas de Millán Astray qui ne sera pas nommé directeur de l'académie d'infanterie de Tolède en raison des pressions des membres des juntes (groupement d'officiers revendiquant, entre autres, un système de promotions à l'ancienneté pour tous les militaires, et non pas des promotions au mérite obtenues uniquement par les militaires affectés aux colonies).

À la veille de la Restauration, l'armée et le pouvoir militaire étaient bien consolidés dans le pays. Aucun État étranger ne menaçait militairement l'Espagne et le dernier conflit international, entre 1808 et 1814, contre l'invaincu Napoléon Bonaparte avait servi à reconstituer la fibre patriotique du pays pendant un siècle, mais les troupes françaises entrèrent à nouveau, et sans difficulté, sur le territoire en 1823 avec les « cent mille fils de Saint-Louis ». Après la défaite d'Ayacucho, et la perte des colonies, disparaît pour l'armée la possibilité de s'engager dans des entreprises militaires internationales. Entre la première guerre carliste et 1850, l'Espagne n'a envoyé que deux expéditions à l'extérieur : l'une au Portugal, en 1847, et l'autre à Rome, en 1849-1850, toutes les deux avec des finalités stratégiques fort modestes. O'Donnell, quant à lui, interviendra dans quelques opérations internationales afin d'essayer de reconquérir du prestige pour l'Espagne, mais en tout état de cause, ces opérations ne nécessitaient qu'une force militaire plutôt symbolique.

C'est une situation paradoxale donc que celle de l'Espagne au XIXe siècle : un pays qui n'a pas de capacité militaire internationale voit son armée conduire la vie politique. Il ne s'agissait pas au XIXe siècle, pas plus qu'au XXe, d'une institution conçue pour faire la guerre à un ennemi extérieur, il s'agissait plutôt, comme l'écrit l'historien Cardona, d'un corps de fonctionnaires armés destinés à garantir l'ordre et la sécurité d'un État faible dans les colonies et à l'intérieur de la Péninsule. En Espagne la profession militaire restait surtout bureaucratique, elle était bien plus politique que guerrière.

La création de la garde civile

C'est en 1844 que le général Narváez, très féru d'ordre, décida la création d'une police rurale dont les règlements s'inspiraient directement de ceux en vigueur dans la gendarmerie française. Force policière et militaire, la garde civile dépendra, au niveau de l'organisation, de la discipline, des cadres supérieurs et du matériel, de l'armée ; elle sera dès sa création au service de l'État et non pas d'un parti (comme ce fut le cas des milices créées par les libéraux après la guerre d'Indépendance). Les objectifs qui seront fixés à cette institution correspondent aux préoccupations du pouvoir que nous venons d'évoquer. Il s'agissait d'éliminer le banditisme bien enraciné dans le sud de l'Espagne, de protéger la propriété privée des grands *terratenientes*, de défendre l'ordre public et la sécurité, en collaboration avec les forces armées, et enfin d'enraciner, par une présence sur l'ensemble du territoire, la conception unitaire de l'État.

La création de la garde civile aura deux conséquences majeures pour l'histoire de l'Espagne contemporaine : la militarisation du concept d'ordre public (en vigueur jusqu'à la fin du franquisme) et la centralisation par la force de l'État espagnol. Elle fut dès sa création, et elle reste, une institution impopulaire. Federico García Lorca, dans l'un de ses poèmes célèbres, en fera le symbole de l'Espagne intolérante et répressive.

Chapitre 3

LA RESTAURATION OU LE RETRAIT DES MILITAIRES DE LA VIE POLITIQUE (1875-1923)

I. La transition

La vie politique espagnole reposait jusqu'à la Restauration sur l'équilibre précaire de trois forces internes : la Couronne, l'armée et les partis politiques. Dans ce contexte, l'armée devenait une véritable force politique, essentielle dans le fonctionnement délicat du système, la coalition de deux de ces trois forces permettant d'éliminer la troisième. Ce phénomène demeure une constante de la vie politique espagnole de 1840 à 1931 et cette situation amène l'armée à se considérer d'abord comme l'interprète et ensuite comme le dépositaire de la volonté populaire.

Au cours de cette période, l'histoire de l'Espagne offre plusieurs exemples du rôle des militaires dans le fonctionnement du système politique mis en place. En 1840, le général Espartero et le parti progressiste éliminent la Couronne. En 1874-1875, la Couronne et un homme politique, Cánovas del Castillo, réduisent l'importance de l'armée sur la scène politique. En 1923, la Couronne et une partie de l'armée — avec le général Primo de Rivera — font disparaître les partis politiques. Chaque fois que la Couronne perdait à la fois la confiance et l'appui de l'armée et des partis, elle devait se soumettre ou se démettre comme ce fut le cas en 1854, 1868 et 1931. Parfois, la menace de l'anarchie amenait les hommes politiques et une partie de l'armée à sauvegarder l'ordre représenté par la Couronne. Mais en 1936, la Couronne n'existait plus et les partisans de l'ordre furent obligés de lui chercher un substitut.

Toutefois, on peut distinguer deux étapes dans les interventions militaires. Avant 1875 — autrement dit avant la restauration monarchique — les interventions ne sont pas l'œuvre de l'institution militaire en tant que telle, mais ce sont des groupes de militaires, appartenant à une famille politique déterminée qui interviennent. Comme l'a fait remarquer l'historien Tuñón de Lara, l'armée ne prend pas le pouvoir pour elle-même, mais pour le remettre généralement à l'un ou à l'autre des groupes civils en présence. Les militaires, auteurs de pronunciamientos, agissaient moins en militaires qu'en fonction de leurs préférences politiques. À ce propos, on peut considérer qu'Espartero, Narváez, Prim et Serrano, étaient, plus que de brillants généraux recherchant le pouvoir, des hommes politiques en tenue militaire : ils n'aspiraient pas à la conquête du pouvoir pour l'armée, mais le voulaient pour leurs partis dans une Espagne où ceux-ci se montraient faibles et inefficaces. Les militaires, en se « prononçant » en tant qu'hommes politiques, se servaient toutefois de la force de coercition que leur condition de militaires leur procurait : ils utilisaient des moyens militaires à des fins non militaires. Il faut, donc, séparer l'armée, comme institution, des généraux qui interviennent dans la vie politique, car jusqu'à la date dont nous parlons on ne trouve pas en Espagne un programme politique de l'armée, ni un gouvernement de l'armée ou encore moins une action de l'armée comme un tout organique.

À partir de 1873, l'attitude de l'armée change. La République fédérale fut pourtant le régime politique qui, dans l'Espagne du XIXe siècle, arriva au pouvoir sans l'aide d'une intervention militaire, mais, en revanche, elle fut détruite par l'un des plus simples coups militaires qui aient jamais été réalisés, car le pronunciamiento qui en finit avec la République obtint l'appui presque unanime de l'armée. Le coup d'État du général Pavía (1874) est de ce fait le premier pronunciamiento apolitique qui exprime la mission que s'assignait l'armée de sauver le pays de la désagrégation, de la corruption et des schémas théoriques des professionnels de la politique. De ce point de vue, il constitue un précédent aux coups d'État de 1923 et 1936.

II. Une armée-rempart

C'est avec la stabilisation politique, entre 1875 et 1923, même si celle-ci n'est que relative, que l'armée devient une institution, un appareil d'État cohérent et fort qui laisse de côté le pronunciamiento, mais glisse définitivement vers des positions conservatrices. Alors que, jusqu'en 1873, le corps des officiers espagnols était plutôt libéral, il a adopté, sous la Restauration, une idéologie unitaire et ultra-conservatrice. Le pouvoir de la Restauration essaiera d'écarter l'institution militaire, le plus possible, tout en sachant que le nouveau régime, dont l'inspirateur est Cánovas del Castillo, ne pourrait durer que dans la mesure où il conserverait l'appui des principaux groupes de pression établis dans le pays.

Comme le soutien des généraux influents pouvait être un facteur important pour maintenir le prestige du régime, toute une série de promotions pour des raisons politiques eurent lieu à partir de 1875. C'est le cas de Martínez Campos et d'autres généraux de prestige qui seront nommés sénateurs à vie. Au cours des années suivantes, il devint rare de trouver des généraux à des réunions publiques, car leur présence pouvait être assimilée à une politique partisane ou à de l'agitation, mais, en revanche, que certains généraux soient élus députés dans des circonscriptions contrôlées par des caciques[1], qu'ils interviennent dans les séances parlementaires et même qu'ils écrivent des articles

1. Caciquisme. Déviation du système politique, qui fait reposer la réalité du pouvoir sur un certain nombre de personnalités influentes, les caciques, disposant d'une clientèle qui leur permet de contrôler les élections. Ce système, utilisé depuis le passage de Posaola Herrera au ministère de l'Intérieur, au milieu du XIXe siècle, a empêché tout déroulement démocratique des élections en Espagne, notamment pendant la Restauration.

politiques, ces activités, loin de leur être interdites, étaient considérées comme des services rendus à la patrie.

Avec cette politique contradictoire à l'égard de l'institution militaire, le régime de la Restauration finit par rallier la hiérarchie militaire ; le poste de ministre de la Guerre, essentiel pour dominer l'armée, revenait invariablement à l'un des grands noms associé au groupe qui détenait le pouvoir ou bien encore le poste était attribué à un général de haut rang, qui ne suscitait pas d'inquiétudes (voir à ce sujet l'annexe 2). La seule préoccupation des ministres qui se succédaient était d'éviter de toucher au problème de l'organisation militaire. Ce n'était pas paradoxalement à cause de leur sympathie pour l'armée que les leaders politiques manquaient d'énergie pour appliquer une réforme militaire ; c'était plutôt parce que, petit à petit ils s'apercevaient que l'institution était indispensable au maintien de l'ordre et à la répression du mouvement ouvrier. Les révoltes des décennies antérieures étaient finalement restées isolées par manque d'organisation et de conscience de classe, mais, à partir de 1868, surtout en Catalogne et en Andalousie, les organisations ouvrières se renforcent et leurs luttes deviennent alors plus conscientes et mieux structurées. D'autres problèmes vont se greffer à celui-ci, tels que la recrudescence des mouvements nationalistes au Pays basque et en Catalogne.

Dans ce contexte où des difficultés croissantes apparaissent, et malgré les déclarations de principe entendues aux Cortès sur l'apolitisme des forces armées, les chefs du gouvernement qui se succèdent n'en cachent pas moins leur dépendance vis-à-vis de l'armée. Castelar avouait que sans les généraux ils étaient si faibles qu'ils ne pouvaient pas vivre. Cánovas, à son tour, avait déclaré, à l'Athénée de Madrid en 1890, que l'armée serait pendant un long délai, peut-être pour toujours, un solide support de l'ordre social, et un barrage inébranlable contre les tentatives illégales du prolétariat qui ne réussirait par la violence qu'à verser inutilement son sang. La solution habituelle, face à quelque trouble grave, consistait à proclamer l'état de guerre et à faire appel à la troupe.

III. La naissance d'une nouvelle mentalité militaire : militarisme / antimilitarisme

Le régime de la Restauration voulait une armée docile au pouvoir civil, instruite à la prussienne, efficace dans la paix et dans les guerres coloniales. Le travail des gouvernements d'Alphonse XII, de la Régence et d'Alphonse XIII dans les académies et les écoles militaires fut considérable, à tel point que l'historien Vicens Vives pense que c'est entre 1890 et 1910 qu'a lieu la naissance d'une nouvelle mentalité militaire qui durera jusqu'à la fin du franquisme. Elle sera inculquée tout d'abord à travers l'éducation que les jeunes cadets reçoivent dans ces académies : l'inculcation des réflexes, des gestes et des comportements en constitue la première phase ; la prise en compte des idéaux surannés, des gloires d'un passé révolu en représente l'aboutissement.

Par ailleurs, des facteurs extérieurs contribuent également à forger cette nouvelle mentalité de l'officier espagnol : les mouvements nationalistes, surtout le catalan, perçus comme une atteinte à l'unité de la patrie ; les revendications ouvrières qui remettent en cause l'ordre politique et social ; les guerres coloniales, facteur de cohésion de la famille militaire, et enfin l'attitude des monarques Alphonse XII et Alphonse XIII prenant désormais l'habitude de considérer l'armée comme leur domaine réservé, établissant ainsi des relations directes et privilégiées entre la Couronne et les officiers supérieurs.

Le jour de son couronnement, le 17 mai 1902, Alphonse XIII, chef suprême des armées selon la Constitution, ne s'était-il pas adressé en ces termes aux officiers ? « Heureux le souverain qui voit en vous l'appui le plus ferme de l'ordre social, le ciment le plus sûr de la paix publique, le défenseur le plus résolu des institutions, la base la plus solide du bien-être et du bonheur de la patrie ». C'était inviter l'armée à faire passer la défense du régime et le maintien de l'ordre avant toute autre considération ; c'était aussi la confirmer dans le sentiment qu'elle avait droit à des égards particuliers. De plus en plus souvent, c'est à l'armée qu'on confie des tâches de police et, par exemple, le soin de briser les grèves.

À ces facteurs extérieurs et à cette relation privilégiée avec la Couronne, il faudrait ajouter les prérogatives juridico-politiques excessives qui sont accordées à l'institution comme l'insertion au sein du pouvoir législatif : le Sénat réserve des sièges permanents aux plus hautes personnalités militaires. Dans l'exécutif, des postes très importants leur sont accordés : ministère et présidence du Conseil des ministres et l'autonomie juridictionnelle avec la création des tribunaux militaires spéciaux pour juger les civils accusés des délits contre la patrie. Dans ce contexte, militarisme et antimilitarisme se croisent et se renforcent mutuellement. L'antimilitarisme provient de différents secteurs sociaux que les attitudes et prérogatives précitées ne peuvent que mécontenter : certains groupes politiques (les républicains, les libéraux fusionnistes[1], les socialistes, les anarchistes, et bien entendu, les catalanistes), les intellectuels issus de la petite bourgeoisie et devenus d'indispensables commentateurs critiques de l'actualité dans les colonnes d'une presse libérale en plein essor (*El Liberal, El Heraldo de Madrid, El Imparcial, El Resumen, El Globo*). La presse se révèle plus que jamais, à cette époque, comme un « quatrième pouvoir » : certains journaux notamment *El Imparcial, El Resumen, El Globo*, la revue catalane satirique *Cu-cut* n'hésitent pas à critiquer durement les hommes politiques, en général, et l'armée, en particulier. Contre ces accusations, les journaux militaires (*La Correspondencia Militar, El Eco militar*, par exemple) s'en prennent vivement au manque de patriotisme de ces journalistes qui, estiment-ils, n'hésitent pas à déformer la vérité. On peut trouver dans ces pages l'amalgame bien connu : « Les ennemis de l'armée, les ennemis de la patrie, les ennemis de l'Espagne, dans le fond, ce sont les mêmes et ce sont les seuls qui peuvent se réjouir de l'affaiblissement de

1. Le Parti libéral, dit fusionniste, sous la direction de Sagasta, se voulait plus proche de la démocratie, de l'idéal progressiste ; il préconisait une politique de tolérance religieuse, et obtint le rétablissement du suffrage universel (masculin) en 1890.

l'institution militaire ». Journalistes et militaires devinrent donc ennemis, les militaires n'hésitaient pas à se faire justice eux-mêmes, en attaquant les rédactions des périodiques qu'ils considéraient hostiles. En 1895, les rédactions des journaux madrilènes *El Resumen* et *El Globo* furent saccagées et, en 1905-1906, ce fut la revue satirique *Cu-Cut* à Barcelone, qui avait publié un dessin humoristique peu flatteur pour les militaires, accusés de ne pouvoir célébrer aucune victoire depuis fort longtemps. Dans tous les cas, on accusait ces journaux de « souiller » l'honneur de l'armée. Cette guerre entre militaires et journalistes allait entraîner, en 1906, le vote par les Cortès de la célèbre « loi des Juridictions » qui soumettait la presse, le droit de réunion et d'expression, au Code de justice militaire. Par cette loi, le pouvoir militaire allait contrôler les libertés fondamentales pendant la majeure partie du XXe siècle. Les attaques contre la patrie, le Roi et l'armée relèvent désormais des tribunaux militaires et non plus du droit commun. Cette loi, selon Manuel Ballbé, n'est que l'aboutissement de la militarisation de l'administration publique et de l'utilisation fréquente de la juridiction militaire pour juger des conflits en rapport avec l'ordre public, tout au long du XIXe siècle. Par ce biais, elle devient juge et partie d'un conflit où c'est, le sens même du concept de « nation espagnole » qui est en cause. À l'antimilitarisme d'une partie de l'opinion répond maintenant une réaction de caste : l'armée se considère comme la dépositaire du patriotisme et de l'honneur national et aussi comme la garante de l'ordre social. Elle s'érige en seul défenseur et unique interprète de ce qu'elle considère comme la véritable essence de la nation et de la patrie espagnole. Ainsi, l'armée devient *de facto* l'ennemie déclarée de tous les nationalismes périphériques qu'elle accuse de mettre en péril le concept unitaire de l'État espagnol. Ennemie du peuple et de la nation, elle rompt avec une tradition qui date de la guerre d'Indépendance. Pendant la plus grande partie du XIXe siècle, les militaires avaient fait cause commune avec la nation. Qu'ils soient libéraux, progressistes ou modérés, ils défendaient les mêmes idées politiques que les civils ; ils ne donnaient pas l'impression de former un corps en marge de la société. Le coup d'État du général Pavía, en décembre 1874, était quelque chose d'inhabituel : pour la première fois, l'armée renvoyait brutalement chez eux des députés incapables, selon elle, de mettre un terme au désordre. La politique coloniale (la défaite de Cuba et les guerres au Maroc), ne pouvait que creuser un peu plus le fossé entre l'armée et la nation.

IV. La politique coloniale

Cuba et les Philippines

Selon le discours officiel, et cela depuis l'époque de la Constitution de Cadix, Cuba, Porto-Rico et les Philippines étaient considérées comme partie intégrante de la patrie espagnole, et ce plus encore après la perte des colonies continentales d'Amérique, entre 1810 et 1830. Mais, dans la pratique, la métropole les traitait comme des colonies et se montrait incapable de supprimer les entraves au développement de leur économie, de plus en plus axée sur les échanges avec les États-Unis. Après la paix du Zanjón (1878) qui mit un terme à Cuba à la première guerre d'Indépendance (la *guerre de Dix-Ans*), les erreurs de l'administration continuèrent, les réformes promises restèrent lettre morte. Cánovas s'opposa aux projets réformistes de Maura en 1893, craignant qu'ils ne provoquassent une division au sein de l'oligarchie qui dominait l'île et qui défendait la souveraineté de l'Espagne. Après le début de l'insurrection armée à Cuba, Cánovas traita donc le problème comme s'il s'agissait d'une guerre civile : il adopta tout d'abord une politique qui combinait l'emploi de la force et de la négociation (c'est la période du général Martínez Campos), puis il essaya d'écraser définitivement les rebelles cubains (le général Weyler se chargea de réaliser la campagne de 1896-1897, destinée à terminer rapidement la guerre).

Les soldats étaient envoyés à Cuba en masse (en décembre 1897, il y avait là 82 033 volontaires et 184 647 soldats du « service obligatoire »). Les socialistes axèrent leur campagne contre la guerre sur l'inégalité devant le « service obligatoire », étant donné qu'on pouvait y échapper en payant une certaine somme, ce qui faisait supporter la saignée de la guerre aux classes les plus démunies.

De nombreux témoins qui participèrent à cette guerre ont laissé dans leurs mémoires une vision très réaliste des conditions pénibles où vivaient ces recrues. En l'absence de services sanitaires suffisants, les maladies tropicales (en particulier, la fièvre jaune), faisaient plus que décimer les rangs de ces troupes : en 1896, 232 000 soldats furent hospitalisés et, pendant le premier semestre de 1897, 231 000. Le nombre de morts par maladie était vingt-cinq fois supérieur au nombre des morts au combat. Ce phénomène, la mort des soldats du fait des maladies tropicales, était la règle dans toutes les armées coloniales, l'armée anglaise ne faisant pas exception, comme on peut le constater à la lecture de Kipling. Le retour au pays des malades et des moribonds se faisaient dans des conditions de transport et d'attention sanitaire lamentables (la compagnie *Transatlántica* fit de considérables bénéfices dans cette affaire) et, une fois en métropole, les anciens de Cuba, mutilés ou affaiblis par les maladies, ne recevaient aucune aide officielle, ce qui les plongeait dans la misère la plus totale et en faisait des parias.

Les insurrections de Cuba et des Philippines, sans l'intervention des États-Unis, auraient vraisemblablement été écrasées vers 1897, étant donné le changement de politique de Cánovas indiqué plus haut et la brutale répression menée par le général Weyler à Cuba, et par le général Camilo Polavieja et son successeur aux Philippines. Les États-Unis, dans une conjoncture où les autres grandes puissances, dans le Pacifique et en Afrique, se répartissaient des zones d'influence, ne pouvaient rester inactifs. L'intervention aux Philippines était une bonne occasion de s'assurer des bases pour leur politique économique et commerciale en Extrême-Orient. En ce qui concerne Cuba, l'élection de McKinley comme président des États-Unis en 1896 permit de précipiter l'intervention, une fois le terrain préparé par des campagnes de presse hostiles aux Espagnols et souvent mensongères, menées par les grands magnats de la presse, Pulitzer et Hearst. La concession par l'Espagne d'un régime d'autonomie à Cuba arrive trop tard (le 1er janvier 1898). Les États-Unis envoient des navires de guerre pour protéger leurs résidents dans l'île. Le cuirassé *The Maine*, navire malchanceux qui avait accumulé les avaries tout au long de son histoire, arrive le 25 janvier 1898 au port de la Havane pour « protéger les résidents américains », et, coup de théâtre, le 15 février, vraisemblablement à la suite d'une explosion interne due à la propagation d'une combustion de la soute à charbon à celle des munitions, 266 marins sont tués et des dizaines sont blessés. Les « faucons » du gouvernement américain, dont le secrétaire adjoint Théodore Roosevelt, utilisant cette explosion comme prétexte, poussent le Président à l'intervention militaire contre l'Espagne : celle-ci se produit en avril 1898 et c'est sur mer que le sort de la guerre va se décider, car les campagnes terrestres n'avantagent pas l'armée américaine. Le 3 juillet, l'escadre de l'amiral Cervera se décide à faire une sortie en haute mer à partir du port de Santiago de Cuba, et elle est détruite en quinze minutes par la marine des États-Unis (dont tous les spécialistes d'histoire militaire semblent être d'accord pour dire qu'elle était loin d'être invincible).

À Cavite (aux Philippines), le 30 avril, la flotte du Pacifique avait subi une défaite retentissante devant l'escadre nord-américaine (167 morts du côté espagnol et aucun du côté américain). Le 12 août, l'armistice est signé et, en décembre 1898, le traité de Paris confirmait la perte de toutes les colonies espagnoles d'outre-mer (dont Cuba, Porto-Rico, les Philippines et l'île de Guam).

Le Maroc

L'armée espagnole se trouve, dans les années difficiles du début du XXe siècle, un autre champ d'action, le Maroc, qui remplacera pour quelques années l'Amérique. Pour cette institution toujours surencadrée (20 000 généraux, colonels, officiers et sous-officiers pour 100 000 hommes de troupes) le Maroc allait être désormais une occasion de promotions et de titres de gloire.

Le théâtre marocain reproduisit les mêmes conditionnements déjà signalés pour le milieu d'outre-mer antérieur à l'année 1898 — à cela près que la distance géographique était moindre : le même éloignement spirituel, l'ignorance de la réalité marocaine, et le manque d'harmonie entre l'action politique et l'action coloniale. Vue de la métropole, la guerre du Maroc était peu compréhensible : « d'Espagne nous parviennent les rumeurs de l'indifférence du pays pour la politique du protectorat », écrivait Franco, alors commandant. Il s'agissait d'une guerre impopulaire, dont les raisons profondes — économiques ou internationales — étaient comprises par peu de gens. Au Maroc, tout était difficile à comprendre et pénible à admettre. Par conséquent, rien n'était plus facile que d'encourager les mouvements populaires et passionnels contre le sacrifice au Maroc. L'africanisme espagnol, intelligent, sage et sincère était un mouvement très réduit si on le compare au colonialisme français et il devait s'efforcer en vain de neutraliser ces courants, faisait observer l'historien Jesús Pabón. Au Maroc, il n'y avait pas les liens affectifs qui s'étaient créés entre l'Espagne et Cuba, ni l'existence d'une population hispano-cubaine, née d'un métissage. Le problème du Maroc n'était pas exactement le même que celui de la France avec l'Algérie dans la décennie de 1950 ni de celui du Portugal d'outre-mer avant la crise de 1974.

La guerre de 1859-1860, engagée par O'Donnell, avait pourtant montré les obstacles considérables que risquait de rencontrer l'armée dans sa lutte contre les montagnards du Rif. Toutefois le terrain est proche, facile à atteindre. La situation internationale est devenue favorable à un accord entre Paris et Madrid. Dès 1904, un premier projet de partage est rédigé. L'affaire pourtant se complique. Les militaires espagnols se heurtent au cours des opérations à une vive résistance ; ils subissent un grave échec au *Barranco del Lobo* (Les Gorges du Loup). Cette défaite achève d'ébranler le gouvernement Maura ; le rappel de réservistes qui suit provoque une violente émeute à Barcelone. C'est la « Semaine tragique » de juillet 1909.

Entre temps, l'affaire marocaine est devenue une affaire internationale, traitée comme telle à la conférence d'Algésiras. Les grandes puissances reconnaissent la position privilégiée de la France et de l'Espagne ; mais le traité franco-espagnol du 27 novembre 1912 ne laisse plus à l'Espagne qu'une zone septentrionale singulièrement réduite. Les troupes espagnoles pénètrent lentement dans cette région montagneuse ; et la difficile lutte ainsi entreprise met en évidence les insuffisances de leur préparation et la médiocrité de leur commandement. Les militaires eux-mêmes sont divisés sur l'opportunité de poursuivre les opérations.

En 1921, l'armée espagnole subit à Annoual un véritable désastre. Le choc psychologique qu'il provoque précipite la crise politique que vit le pays depuis quelques années. Militaires et nationalistes refusent désormais un régime qui ne peut même plus se donner les apparences de la démocratie parlementaire « dualiste » de Cánovas, et qui se montre incapable de contenir les forces de contestation et de révolution sociales. Celles-ci servent seulement de révélateur et d'accélérateur au mouvement de désagrégation qui atteint le système de la Restauration depuis le début du XXe siècle.

L'humiliation de l'armée : divisions et isolement

S'il est vrai que les années de service et de commandement outre-mer façonnèrent une mentalité militaire particulière, la perte des colonies et l'humiliation subie devaient marquer des hommes qui en furent tout à la fois les artisans et les premières victimes. Le sacrifice apparemment inutile de l'armée d'outremer et l'abandon dans lequel elle se sentit pendant la guerre, et après la défaite, marquèrent toute une génération de militaires. « Notre empire colonial fut perdu par manque d'efficacité, abstraction faite des grosses erreurs commises dans le domaine politique — estime Romanones — parce qu'il n'y eut jamais une organisation convenable, pourvue des éléments indispensables au maintien de l'ordre à l'intérieur, ce qui rendit inutile l'énorme sacrifice de la patrie, qui donna son argent mais surtout versa son sang, en envoyant tardivement non pas des soldats, mais des hommes dépourvus de formation militaire, qui perdirent leur vie sans que la nation n'en tirât aucun bénéfice. Il n'y eut jamais outre-mer ce qui sert de complément à l'effort du combattant : des voies ferrées stratégiques, des parcs, des fortifications… L'empire colonial fut perdu sans gloire ».

Dans le contexte de ce que l'on nomme la « littérature du désastre », il existe un chapitre représenté par le témoignage d'un secteur de l'armée qui se trouve « sans mission déterminée, harcelé après les événements de 1898, oublié ensuite, une fois supprimée la ligne de partage qui lui abandonnait la lointaine activité coloniale ». C'est là, dans les responsabilités de la crise de 1898 que se trouve le germe de l'une des causes du processus conduisant, en 1916, à l'apparition des juntes, dont le manifeste fait référence à ceux « qui se résignèrent pendant de si longues années à toutes sortes de sacrifices, y compris celui de leur dignité, depuis la fin désastreuse des campagnes coloniales » et « pour lesquels l'administration ne s'est pas améliorée et l'armée se trouve absolument désorganisée, méprisée et négligée ». Comme beaucoup d'autres catégories sociales, les officiers voient leur pouvoir d'achat baisser par suite de la hausse des prix. Il y a entre eux des rivalités. Ceux qui servent au Maroc peuvent bénéficier de promotions accélérées pour mérites de guerre ; c'est le cas des officiers d'infanterie et de cavalerie. Les artilleurs, au contraire, avancent seulement à l'ancienneté et en sont réduits à mener une existence médiocre dans une ville de garnison. Cela crée des tensions entre les différentes armes. À partir de 1917, on assiste à la création de « syndicats d'officiers » (juntes militaires de défense), relativement proches de la sensibilité de certains partis libéraux et révélateurs de la permanence d'une sourde tradition maçonne, mais bien décidés, surtout, à participer à une « totale rénovation de la vie du pays ». Formulation maximaliste nullement déplacée, en un sens, tant les problèmes du microcosme militaire étaient le reflet direct de ceux de l'ensemble de la nation.

Sous l'effet de ce sentiment d'inutilité et de ce malaise généralisé, le processus de la pernicieuse division interne de l'armée commença sa gestation. Ainsi que devait l'écrire un autre militaire, cubain par ses origines et *africaniste* par sa formation, Emilio Mola : « Au fur et à mesure que la nation se soustrayait à la politique internationale et que diminuait sa puissance militaire, la plus grande partie du corps des officiers cessa de prendre goût à la guerre et petit à petit acquit la conviction que sa mission n'était autre que de végéter tranquillement dans les garnisons à moins que ce ne fût dans des postes sédentaires — au sein de la complexe et abondante bureaucratie officielle ». Naturellement, l'intense pression exercée autour des emplois publics, à travers les multiples réseaux de clientèles des divers caciques, n'était pas, comme on l'a vu pour la première partie du XIXe siècle, sans rapport avec le maintien d'effectifs aussi pléthoriques, générateurs à leur tour de frustrations parmi les élus d'un jour, bloqués ensuite dans leur avancement. Entrés dans la carrière des armes avec un tel état d'esprit, bon nombre d'officiers, d'autre part, nourrissaient un véritable sentiment de propriété vis-à-vis de leur « statut bureaucratique » proclamé sans détour en certaines occasions et plaisamment dénoncé par Valle-Inclán, entre autres, dans ses évocations riches en couleurs — « redingotes bleues, pantalons déformés aux genoux, calvities éclatantes, aspect paisible de braves horlogers » — de gradés épris de grands mots mais plus sensibles encore au confort douillet de la vie de café. Telle était la raison de l'opposition, accentuée de jour en jour, entre le militaire de la péninsule et le militaire colonial, que résumait également la remarque d'un officier, personnage d'un des romans de Pío Baroja : « Moi, j'établis une différence entre le militaire et le guerrier ; l'un est celui que l'on voit dans les parades, l'autre celui qui livre bataille ». L'affaire du Maroc servit à accentuer et à rendre évidente cette division interne de l'armée, ce caractère *africaniste* différent de l'esprit de *junte*. Une autre division paraît plus significative encore ; elle porte sur la conception que les uns et les autres se font de l'armée. Pour les *africanistes*, l'armée est investie d'une mission — la défense de la patrie, au-dehors comme au-dedans —, ce qui lui confère une place particulière dans la nation à laquelle elle s'identifie volontiers. D'autres officiers, au contraire, considèrent que l'armée ne peut rester indifférente aux problèmes de l'ensemble de la nation ; ils sont sensibles au malaise de la société et conscients que des réformes sont nécessaires. À leur façon, les Juntes de défense de 1917 expriment des préoccupations de cet ordre. Elles font, en effet, de la politique parce que les problèmes posés exigent des solutions politiques. Contrairement à ce que l'on croit, l'armée, dans l'Espagne du début du XXe siècle, n'est pas monolithique. Avant comme après 1931, il y aura des officiers républicains. Il y en aura en 1936 et il n'est pas indifférent de noter que le chef du soulèvement militaire, Franco, est le plus représentatif des *africanistes*, de ces officiers qui ont gagné leurs galons grâce à la guerre coloniale et à ces promotions accélérées dénoncées par les Juntes de défense.

La nouvelle mentalité militaire qui se forge et progresse sous la Restauration et dont les défaites coloniales constituent un des facteurs décisifs, aura une autre conséquence : le corporatisme et l'isolement des forces armées dans la société espagnole. Le philosophe José Ortega y Gasset dans son ouvrage *Espagne invertébrée* (1921) soulignait à ce propos que la classe militaire était enfermée dans des compartiments étanches, isolée, dénationalisée, sans liens avec les autres classes sociales. L'affrontement dans ce contexte devint inévitable ; plus encore, d'après le philosophe espagnol : « le Maroc transformera l'âme éclatée de l'armée en un poing fermé, disposé moralement pour l'attaque. »

Chapitre 4

L'ARMÉE, COLONNE VERTÉBRALE DE LA PATRIE : LA DICTATURE DE PRIMO DE RIVERA (1923-1930)

I. Le général « régénérationniste »

En 1923, le pays avait subi depuis six ans des désordres sociaux, politiques, économiques et militaires. Les demandes constantes d'une révision de la Constitution et de mise en œuvre de vastes réformes avaient été ignorées. Les syndicats ouvriers avaient été attaqués, les hommes politiques avaient échoué dans les tentatives de transformation du pays, les votes des zones rurales avaient été systématiquement manipulés par les caciques. Le Roi refusait de faire face aux problèmes nationaux et les Cortès se trouvaient constamment paralysées. Bien que la situation économique se fût améliorée, les problèmes politiques et diplomatiques étaient de plus en plus épineux. Il n'est pas surprenant que la plupart des Espagnols ayant une conscience politique aient alors pensé que seul un grand bouleversement serait capable de sortir le pays de cette crise profonde.

Depuis 1900, certains intellectuels, parmi les plus influents du pays, lançaient des appels pour qu'une nouvelle élite se créât, dont le rôle devait être « la régénération » du pays, et la plupart d'entre eux ne craignaient point le recours aux méthodes autoritaires. Joaquín Costa, le plus important de ces intellectuels qui demandaient une réforme urgente depuis le début du siècle, appelait de ses vœux un chirurgien de fer, qui fût capable d'entreprendre une radicale opération chirurgicale, nécessaire pour amputer les parties malades du système existant. Parmi les « chirurgiens » possibles, Miguel Primo de Rivera, général aux ambitions politiques, se sentait capable d'imposer son autorité aux civils et aux militaires. Il provenait d'une famille de propriétaires fonciers andalous et était, à dix-huit ans, sous-lieutenant à l'École d'application de l'infanterie. Il avait combattu à Cuba, aux Philippines et au Maroc, obtenant plusieurs décorations au combat (médailles que ses ennemis ne trouvaient pas tout à fait méritées). Plus important que ce *curriculum vitae* était le fait que son oncle avait été un des généraux politiques les plus influents de l'armée. Il réussit à être promu rapidement, selon les uns pour mérites de guerre, selon les autres par favoritisme ; en 1919, à l'âge de quarante-neuf ans, il avait le grade de lieutenant-général, grade que la plupart des officiers de l'époque n'atteignaient qu'en fin de carrière.

Primo de Rivera se considérait comme un libéral, influencé par les idées de Costa. La réforme qu'il imaginait avait un caractère autoritaire, nationaliste, et « apolitique », car il avait été élevé à l'exemple des *caudillos* du XIXe siècle, et avait vécu parmi des gens qui parlaient avec mépris de la politique et des hommes politiques. Il n'était pas trop populaire parmi ses collègues qui l'associaient au favoritisme et à *la camarilla* du palais. En 1920, on songea à lui confier le ministère de la Guerre, mais on le jugeait trop dangereux car il ne cachait pas ses idées sur les affaires considérées comme délicates, comme le montrent ses réflexions très tranchées, en 1917 et 1921, sur la difficulté de créer un protectorat au Maroc. À cause de ces déclarations, il avait toujours été considéré comme un défaitiste par le groupe des militaires *africanistes*.

En 1922, Primo de Rivera passe au premier plan de la vie politique lorsque le gouvernement le nomme capitaine-général de Barcelone. Les luttes politiques et sociales en Catalogne faisaient de ce poste le plus important d'Espagne. Primo de Rivera en tira profit. Plus discret et plus souple que son prédécesseur, Martínez Anido, il impressionna favorablement les dirigeants de la bourgeoisie et de la classe moyenne catalanes. Ces classes sociales avaient besoin d'alliés, car leurs efforts en faveur d'un élargissement de l'autonomie catalane étaient bloqués, et on assistait en Catalogne à une recrudescence du terrorisme anarchiste. Les dirigeants catalans demandaient avec anxiété qu'une autorité forte fût rétablie. Primo de Rivera leur fit savoir qu'il était favorable à une autonomie régionale à l'intérieur d'une organisation nationale efficace, et, à partir de l'hiver 1923, certains hommes politiques des plus influents parmi les conservateurs et les modérés catalans commencèrent à penser qu'il constituait la solution à leur problème.

Par ailleurs, le Roi ne voyait pas d'un œil défavorable la perspective d'un gouvernement militaire au moment où les difficultés recommençaient au Maroc et alors que les Cortès allaient discuter des responsabilités encourues à la suite du désastre d'Annoual, ce qui allait inéluctablement éclabousser le trône. L'instabilité était totale dans le pays au cours de cet été 1923 : l'armée demandait davantage d'hommes et davantage d'argent et des grèves à caractère politique se succédaient à l'occasion des départs de nouvelles recrues pour la guerre du Maroc. On pensait donc que, à l'exemple de Mussolini, avec « sa marche sur Rome » il fallait instaurer un régime fort et autoritaire. Les préparatifs de Primo de Rivera n'étaient un secret pour personne. Sanjurjo y prenait déjà part en tant que gouverneur militaire de Saragosse.

II. Coup d'État et directoire militaire

Le 13 septembre au matin, Primo de Rivera adressait son manifeste à la nation, dans lequel, comme dans les nombreuses proclamations qui précédaient les sempiternels pronunciamientos du XIXe siècle, le capitaine-général de Barcelone souhaitait la mise à l'écart des partis politiques, la remise du pouvoir à un directoire militaire et il exposait les problèmes les plus urgents qui se posaient au pays : terrorisme, inflation, désordres financiers, propagande communiste, impiété, agitation des séparatistes, problème du Maroc, immobilisme politique et intention de certains d'exploiter politiquement l'enquête qui visait à établir les responsabilités du désastre d'Annoual.

À un journaliste de Barcelone qui lui demandait si le mouvement militaire s'était inspiré de la marche fasciste sur Rome réalisée onze mois plus tôt, le général répondit qu'il n'avait pas été nécessaire d'imiter les fascistes ou le très digne Mussolini, bien que son exemple fût utile. En Espagne, il existait le *Somatén* (milices armées créées au Moyen Âge en Catalogne), confiait-il, et nous avions eu Prim, militaire de prestige et importante personnalité politique. L'armée espagnole n'avait pas besoin pour intervenir dans la vie politique de trouver ses références ailleurs que dans son histoire la plus proche.

Néanmoins, le coup d'État de 1923 marqua une rupture par rapport aux pronunciamientos précédents. Jusque-là, l'armée n'avait agi qu'à la demande du pouvoir civil, jouant le rôle d'arbitre, même dans les cas, comme en 1868 et 1874, où son intervention avait fait l'unanimité et avait eu lieu de façon plus énergique. Le pouvoir n'était jamais resté entre ses mains, mais il fut toujours remis aux civils. Le pouvoir civil, jusqu'à l'avènement de Primo de Rivera, ne fut ni déplacé ni remplacé. En 1923, le pouvoir civil abandonna sans lutte la place aux militaires avec l'appui inconditionnel du Monarque qui avait déclaré : « De 1921 à 1923, le gouvernement espagnol n'a pas rempli son devoir envers la nation et le Parlement ne l'a pas fait, non plus, vis-à-vis de l'armée ». Par ce soutien, l'avenir de la monarchie espagnole reste lié définitivement au régime militaire. La chute de la dictature allait provoquer la fin du régime monarchique.

Le 15 septembre, Primo de Rivera arrive à Madrid et nomme un directoire militaire composé de généraux de brigade et d'un contre-amiral. Il confirme la proclamation de l'état de guerre sur tout le territoire national et nomme le général Aizpuru haut-commissaire au Maroc. Il est décidé à sauver la patrie sans Cortès et sans commission d'enquête pour établir la vérité sur les événements du Maroc, celle-là même qui devait apprécier la « responsabilité » de l'armée dans la défaite d'Annoual. Convaincu de l'inefficacité des Cortès d'alors, il propose de doter le pays d'un parlement nouveau, où l'opinion publique, jusque-là masquée par les politiciens professionnels, serait représentée sans intrigues ni subterfuges. L'opinion publique est d'accord sur le fait qu'en 1923 la monarchie constitutionnelle espagnole était arrivée à une impasse et avait un besoin urgent de changer de cap. Cette nécessité encouragea Primo de Rivera et d'autres militaires à tenter l'aventure. Même les groupes les plus représentés aux Cortès semblaient douter de l'efficacité d'une solution politique « normale » à la crise gouvernementale.

L'établissement du Directoire reçut donc l'approbation de la plupart des citoyens des différentes classes sociales et il y eut très peu de réactions de la part de l'opposition et des hommes politiques. Des libéraux, aussi connus qu'Ortega y Gasset, croyaient que le système parlementaire espagnol, tel qu'il était, ne pouvait plus durer et acceptèrent momentanément de signer un chèque en blanc au pouvoir militaire. Cet enthousiasme des libéraux pour le pronunciamiento se traduisit par la confiance accordée aux promesses faites par Primo de Rivera qui prétendait qu'il allait se limiter à présider un comité réformateur provisoire pendant quatre-vingt-dix jours pour préparer la réorganisation dont le pays avait tant besoin. Ils pensaient donc que le rôle de Primo de Rivera, qui répétait sans cesse des phrases de Joaquín Costa, se bornerait à diriger un pronunciamiento du type de ceux de Riego ou de Prim.

En province, les paysans et la classe moyenne acceptèrent de très bon gré l'arrivée « d'une main forte » au gouvernement de Madrid qui les libérerait de l'emprise du « caciquisme » local. Quant aux socialistes, ils prônaient l'abstention et la prudence aux organisations ouvrières, tout en manifestant leur opposition au régime. Tactique prudente, teintée même par la suite de neutralité tacite entre le nouveau régime et le mouvement socialiste.

Les trois premiers mois de dictature de l'année 1923 se passèrent donc relativement sans heurts. Les souverains firent un voyage en Italie, ce qui permit à Mussolini de penser qu'il avait trouvé un bon imitateur et un sauveur de l'Espagne en la personne de Primo de Rivera. Peut-être ce voyage donna-t-il à ce dernier l'idée de créer lui aussi un parti unique, l'Union patriotique, qui compléterait la mission de sa milice, les *somatenes*, créés bien antérieurement en Catalogne, et qui allait s'organiser dans toute l'Espagne, à la suite d'un décret royal du 18 septembre 1923. En avril 1924, Primo de Rivera enjoignit aux gouverneurs civils (préfets) de procéder à la création de Comités du parti naissant. Cependant, sans principe d'action, sans organisation réelle, l'Union patriotique était une structure mort-née. Il serait absurde de comparer cette association de caciques et de petits chefs locaux avec les partis de Mussolini ou de Hitler, transformés en partis uniques, après la conquête du pouvoir. L'Union patriotique donnait plutôt l'impression d'un organisme improvisé, incohérent et incapable de diriger le pays, ressemblant davantage à ce que sera par la suite la *Phalange*, devenue plus tard « le Mouvement national ».

Si Primo de Rivera respecte le trône et la personne du Roi, il défait cependant l'édifice bâti par Cánovas. Il supprime donc les élections, le Parlement, les partis, (il crée un parti unique) et suspend la Constitution de 1876. Agissant par décret, depuis son arrivée au pouvoir il a l'ambition d'être efficace parce qu'il est autoritaire, et utile parce qu'il interprète l'authentique intérêt national. Instaurant une censure préalable (pour la presse), interdisant les organisations « subversives », telles que la CNT anarcho-syndicaliste ou le jeune PCE (Parti communiste espagnol), n'hésitant pas à fermer l'Athénée (cénacle des intellectuels) et à engager des poursuites contre des figures intellectuelles de premier plan (Valle-Inclán, Blasco Ibáñez, Unamuno sera destitué de sa chaire de Salamanque et exilé aux Canaries). De plus, le directoire militaire oublia les promesses faites à la bourgeoisie catalane, au patronat et aux nationalistes catalans. Il s'attaqua bien vite à eux : le drapeau et la langue catalans furent interdits et la *Mancomunidad* (organisation à caractère pré-autonome pour la Catalogne) dissoute en mai 1924. La bourgeoisie catalane, y compris la *Lliga*, rejoignit l'opposition ; dès 1925 le divorce était prononcé entre la Catalogne et le régime de Primo de Rivera.

III. Primo de Rivera et le Maroc

Quelques mois après son arrivée au pouvoir, le dictateur envisagea de modifier le dispositif espagnol au Maroc. Ce dispositif consistait à multiplier les postes aux points stratégiques, mais faute d'hommes pour les relier solidement, ceux-ci étaient exposés aux attaques des guerriers marocains et à des sièges tantôt rompus par l'arrivée de colonnes de secours, tantôt terminés tragiquement. Tout cela coûtait cher et n'aboutissait à rien. Mieux valait, pensait Primo de Rivera, concentrer les forces espagnoles sur le littoral en une zone continue facile à défendre et trouver un terrain d'entente avec les Marocains de l'intérieur. Ces intentions ayant été connues, l'indignation fut grande dans l'armée d'Afrique. Les hommes qui se battaient depuis des années au Maroc et qui savaient combien de sang avait coûté la possession des villes et des bourgades de l'intérieur qu'ils occupaient, ne comprenaient pas que le chef du gouvernement espagnol, militaire de surcroît, pût envisager de les abandonner froidement. Des rumeurs prétendirent au début de l'année 1924 que Xauén et Yebala seraient évacués. C'est-à-dire les conquêtes que Dámaso Berenguer avait réalisées en 1920. La situation était toujours difficile dans le Rif pendant l'été 1924. Le 10 juillet, Primo de Rivera prit l'affaire en main et alla sur place, dans le nord du Maroc. Il parlait, avant de partir, de repli, d'abandon, de conversations. La réception que lui firent les chefs militaires qui s'étaient sentis trahis, moralement et matériellement par ses déclarations, et qui étaient décidés à poursuivre coûte que coûte la guerre, fut plus que fraîche. Le dictateur eut un entretien orageux avec le jeune lieutenant-colonel Francisco Franco Bahamonde qui avait remplacé Millán Astray comme chef de la Légion. Il avait déjà, comme le rapporte l'écrivain Arturo Barea dans son roman *La Forja de un rebelde*, un grand ascendant sur ses compagnons d'armes, les *africanistes*. Ces officiers finirent par convaincre Primo de Rivera de la nécessité de changer d'opinion sur la question du Maroc.

Un nouveau désastre se produisit, près de Tétouan, en novembre 1924. Du côté français, le maréchal Lyautey demandait des renforts au gouvernement du Cartel des Gauches, pour défendre la zone française. L'année 1925 marque un moment important dans la politique coloniale espagnole : la collaboration avec l'armée française. Jusqu'à cette date, la France avait semblé plutôt se réjouir des difficultés de l'Espagne au Maroc. Les Français n'avaient pas une opinion très favorable du courage des militaires espagnols après la défaite d'Annoual et il n'était pas rare d'entendre, dans leurs mess, des officiers qualifier les Espagnols de « lièvres » et d'ajouter « que les Espagnols étaient des soldats pires encore que les Portugais et les Italiens ».

Le 13 avril 1925, les Rifains attaquent le front français et arrivent à 30 kilomètres de Fez. Des pertes importantes en hommes et en matériel font prendre conscience aux Français qu'Abd-el-Krim est plus qu'un « sauvage chanceux ». Devant la situation nouvelle, Lyautey est remplacé par Pétain qui arrive avec 100 000 nouveaux soldats. La collaboration entre la France et l'Espagne s'impose : le 28 juillet, Primo de Rivera et Pétain se rencontrent à Tétouan pour discuter d'un plan d'ensemble. La France penchait pour une offensive générale, alors que les Espagnols prônaient un débarquement à Alhucemas. C'est ce dernier plan qui sera retenu et on décida que les troupes espagnoles effectueraient le débarquement, protégées par une flotte franco-espagnole. Tous les généraux déclinèrent l'honneur de diriger les troupes espagnoles en faveur de Primo de Rivera qui endossera personnellement la responsabilité de cette opération, risquant, si elle échouait, non seulement sa réputation mais aussi le pouvoir. Ce fut donc une opération de grande envergure : 18 000 hommes seront débarqués dont 9 000 en provenance de Ceuta et Melilla.

La colonne de Ceuta était commandée par le général Saro avec, en avant-garde, le colonel Franco, chef de la Légion. Celle de Melilla, dirigée par le général Fernández Pérez, était composée par les troupes du colonel d'état-major Goded et des *harcas* (unités d'encadrement des troupes indigènes) du commandant Varela et de Muñoz Grandes. Y participèrent également, dans l'aviation, Kindelán et Ramón Franco (le frère cadet de Francisco Franco) (nous avons là une grande partie des officiers qui vont déclencher, en juillet 1936, le coup d'État contre la République).

Après la victoire d'Alhucemas, Primo de Rivera apparaît très vite comme « le prince de la paix ». Non seulement son opposition à la conquête du territoire était connue — au moins depuis 1917 — mais de plus, le général était, à partir de 1926, le vainqueur incontesté d'une bataille militaire et d'une revanche politique. L'année 1926 dissipe, en effet, le goût amer des différents revers militaires subis par l'Espagne au Maroc. La chute d'Abd-el-Krim, chef de la rébellion rifaine, consacre la victoire remportée aux côtés des troupes françaises. Le triomphe de 1926 chasse, en partie, dans l'esprit du peuple la croyance en un fatalisme de la défaite militaire, accentué peut-être par la volonté du pouvoir politique sous la Restauration d'impliquer à dessein l'armée. Par effet inverse, 1926 marque une revanche sur l'incapacité politique à régler le problème marocain.

IV. La création de la Légion étrangère

Devant les nombreuses défaites subies par l'armée espagnole au Maroc, et les pertes humaines importantes, le gouvernement espagnol avait autorisé la création, en 1911, par Berenguer des *Regulares* (sur le modèle des tirailleurs algériens) et, en 1920, du *Tercio* étranger (du nom des troupes d'élite de l'infanterie espagnole qui s'illustrèrent au XVIe siècle). Le ministre de la Guerre — un civil — le vicomte de Eza chargea le lieutenant-colonel Millán Astray de l'organisation, et à son tour celui-ci choisit le commandant Franco comme adjoint. La création des *Regulares*, ainsi que du *Tercio* permettra de compenser l'incompétence de l'armée régulière et d'économiser des vies des soldats espagnols et en conséquence, pense le gouvernement, d'apaiser les critiques que lui adresse l'opposition à propos de sa politique militaire au Maroc. Le *Tercio* s'inspire du modèle français pour ce qui est de la variété du recrutement. Comme ce fut le cas à la Légion étrangère française dès sa création, de nombreux étrangers s'engagèrent dans ses rangs, mais par la suite le recrutement devint presque exclusivement espagnol au point que l'appellation *Tercio* étranger finit par disparaître. Millán Astray lui-même ne voulait entendre parler que de la Légion, sans autre qualificatif. Son noyau originel fut la Première *Bandera* (Compagnie), confiée à Franco. Elle arborait le fanion noir frappé aux armes de la Maison de Bourgogne. Une *Bandera* correspondait à un petit bataillon — deux compagnies de fusiliers et une de mitrailleurs plus les services logistiques : sapeurs, train, etc. Dès le 22 octobre naquirent la 2e *Bandera*, dont l'emblème était l'aigle bicéphale de Charles Quint, et la 3e, avec son léopard rampant sur fond d'azur. Une 4e, sous l'invocation de don Juan d'Autriche, le vainqueur de Lépante, vit le jour un peu plus tard. Enfin, par la suite, quatre nouvelles *Banderas* furent créées ainsi qu'un escadron de lanciers.

Le fondateur de la Légion savait, ainsi que Franco, que la condition de la réussite de son œuvre était la création d'un esprit légionnaire, capable de donner un idéal commun aux volontaires qui répondaient à leur appel. Cet idéal inspiré du *Bushido*, code des Samouraïs japonais, devait reposer sur le culte de la bravoure, sur l'orgueil d'appartenir à un corps d'élite, sur une solidarité sans failles entre les légionnaires, ainsi que sur le mépris de la mort qu'exprimait le cri qui allait devenir légendaire : « *¡Viva la muerte!* » La création d'un esprit légionnaire semblait d'autant plus nécessaire que le type de recrutement que la Légion opérait était plus proche de la formation des armées de l'Ancien Régime que de celles du XXe siècle. L'image révolue d'un officier gentilhomme dirigeant des soldats déshérités plaisait assez à Franco et à Millán Astray. Ils rédigent le *Credo du légionnaire*, corpus doctrinaire comportant dix principes à travers lesquels ses auteurs essaient de donner aux soldats engagés un idéal, une foi, un esprit de corps et un code de conduite. Lorsque la guerre de pacification prit fin en 1927, la Légion avait payé un tribut d'environ 2 000 tués et de 6 096 blessés sur les 20 883 soldats et officiers qui avaient servi dans ses rangs. La nouvelle force créée par Millán Astray deviendra l'élite de l'armée d'Afrique, mais elle représentera toujours, comme l'écrit Payne, « une fraction trop petite de l'ensemble pour contrebalancer vraiment le ton général d'incompétence, d'irresponsabilité et d'absence de moral qui caractérisait cette armée. »

Chapitre 5

FIN DE LA DICTATURE ET EFFONDREMENT DE LA MONARCHIE

I. Le malaise dans l'armée

La pacification du protectorat marocain fut le premier succès de l'armée espagnole depuis cinquante ans. Et pourtant, pendant qu'il dirigeait les opérations au Maroc, Primo de Rivera dut affronter des moments difficiles pour imposer son autorité personnelle sur un corps d'officiers inquiet. Si les victoires du Maroc augmentèrent sa popularité, elles accrurent aussi l'influence des *africanistes* et firent ressurgir la jalousie des groupes militaires rivaux, ces officiers affectés dans la Péninsule qui recevaient des salaires moins importants et qui ne voyaient progresser leur carrière que très lentement.

À son retour à Madrid, après l'opération d'Alhucemas, le général Primo de Rivera découvrit l'existence d'une conspiration militaire menée contre son directoire. La raison de cette conspiration peut se trouver dans le malaise que ressentait l'armée face à la création d'une « junte de classification » qui accordait les promotions non pas « à l'ancienneté » ni « au mérite », mais « au choix » en fonction de la fidélité exprimée au Directoire. À cela s'ajoute le fait qu'une partie des garnisons de la Péninsule ne voyait pas d'un bon œil l'utilisation de l'armée pour soutenir la dictature.

En 1926, un groupe d'officiers de prestige tels que les généraux Weyler, Aguilera, Batet, et le capitaine Fermín Galán, mécontents de la dictature, préparent une conspiration avec la participation des hommes politiques républicains, des intellectuels (dont José Ortega y Gasset, Antonio Machado, Gregorio Marañón) et d'anciens ministres de la Monarchie. Malgré l'importance des forces réunies, les méthodes employées étaient celles d'un pronunciamiento classique confié aux militaires. Ses objectifs étaient peu ambitieux et son impact auprès des citoyens assez faible. Il s'agissait donc d'un véritable pronunciamiento libéral et bien que le manifeste précisât qu'il ne s'agissait pas du retour aux modalités et à la corruption politique définitivement condamnées, il constituait une tentative de sauvetage de la monarchie, avec la participation des représentants de l'oligarchie. Les méthodes de la conspiration étaient les mêmes que celles employées par Espartero et Prim, et il n'est donc pas étonnant que les services de la police aient pu obtenir une information suffisante pour faire avorter le soulèvement. Mais la conspiration de San Juan, comme on l'a nommée, ne fut pas le dernier affrontement entre le Dictateur et ses compagnons d'armes, et d'autres conflits vont se produire à partir de 1927, notamment avec l'artillerie. Puisque *La Sanjuanada* avait été perçue avec une certaine indifférence et que la rébellion de l'artillerie avait été efficacement réprimée, le Dictateur ne s'attendait plus, en 1928, à avoir des difficultés sérieuses avec l'armée. Il continuait de prononcer des discours périodiquement pour souligner le besoin de discipline, ce qui finissait par rappeler à ses auditeurs que son propre régime était basé sur une révolte militaire, et ce rapprochement ne pouvait que le gêner.

On a souvent comparé la dictature de Primo de Rivera à la carrière d'un coureur cycliste : c'est-à-dire qu'il lui fallait continuellement décrocher de nouvelles victoires, faute de péricliter. Dès 1927, la Dictature avait mis fin à la guerre au Maroc, ce qui était en quelque sorte son but. Après cela elle ne pouvait se maintenir au pouvoir que si elle continuait à s'attirer les faveurs d'un nombre considérable d'Espagnols. Comme la prospérité économique était le facteur le plus important pour calmer les inquiétudes politiques, le nouveau gouvernement se devait de maintenir celle-ci. Un des principaux problèmes qui se posaient toujours au régime était son incapacité à équilibrer le budget, car, comme les dépenses de l'armée et les opérations au Maroc demandaient près de 30 % du budget national, la Dictature n'avait pas mieux réussi en ce domaine que le régime antérieur.

En 1927, la guerre du Rif avait grossi les rangs de l'armée jusqu'à atteindre le nouveau record du XXe siècle. L'annuaire militaire de 1927 publiait les chiffres suivants : 219 généraux et 19 906 officiers, pour 207 000 soldats. À ces officiers il faut ajouter 5 000 officiers de réserve. D'après Payne, la proportion officier-soldat était deux fois celle de l'armée française.

Si l'on tient compte du fait qu'en 1922, 10 192 nouveaux cadets étaient entrés dans les académies militaires, et que pour la période 1923-1925 on enregistre autour de 550 inscriptions par an, on pourra facilement déduire que la plupart des dépenses de l'armée étaient destinées aux soldes et au maintien de la troupe, sans que le gouvernement puisse entreprendre une véritable modernisation de l'armement. Dès la fin de la guerre au Maroc, le nombre d'élèves admis dans les académies fut réduit : 250 en 1928, 200 en 1929 et 100 en 1930. Quand la Dictature prit fin, en 1930, les officiers n'étaient plus que 22 208 (réservistes inclus), ce qui représentait une diminution de près de 10 % par rapport aux chiffres antérieurs. En même temps que le régime faisait des efforts pour diminuer les dépenses en réduisant le personnel militaire, il augmenta les frais destinés à l'achat du nouveau matériel de guerre. L'armement ancien en provenance de l'étranger, et l'armement national en mauvais état utilisé pendant les premières années de la guerre au Maroc, provoqua d'importantes protestations de la part des officiers. En 1926, le gouvernement annonça l'entrée en vigueur d'un programme d'investissements pour une période de dix ans ; l'armée recevrait 26 % du budget national pour améliorer son matériel et l'instruction de la troupe. Mais cette augmentation des dépenses militaires mettait en danger l'équilibre fragile du budget national, bien qu'elle fût nécessaire pour maintenir les meilleurs rapports possibles avec l'armée.

II. L'académie militaire de Saragosse (1928-1931)

Un autre pas important fut franchi par la Dictature pour s'attirer la sympathie de certains officiers et pallier certaines erreurs commises ; ce fut la création d'une académie générale. Pendant le XIXe siècle, on avait souvent parlé de la nécessité de créer une académie générale qui préparerait pendant un certain temps les cadets avant leur affectation vers les différentes académies spéciales (écoles d'application). L'académie générale fut créée à Saragosse en 1928 et le général de brigade Francisco Franco en fut son premier directeur. La raison de ce choix est due au fait que le gouvernement voulait que l'académie fût dirigée par des officiers ayant une expérience du combat, en marge des intrigues continuelles que les garnisons de la Péninsule ourdissaient et, surtout, le gouvernement comptait sur de tels officiers pour transmettre aux jeunes cadets les idéaux et la mystique professionnelle des *africanistes.* Ces valeurs, Franco les avait développées aussi bien dans la pratique que dans ses écrits (deux journaux autobiographiques écrits pendant son séjour au Maroc, de nombreux articles pour la revue militaire *Africa* et le *Credo légionnaire*).

Sur la liste des professeurs choisis par Franco, ne figure pas un seul de ceux qui se signaleront plus tard comme d'importants techniciens de l'armée. Pas un seul non plus des officiers libéraux (Batet, Rojo, Aranda), mais la fine fleur de ceux qui avaient été ses compagnons d'armes au Maroc : Monasterio, Franco Salgado, Camilo Alonso Vega, Vicario, des hommes qui l'accompagneront dans le camp nationaliste pendant la guerre civile et occuperont, après 1939, des postes ministériels au sein de son régime, exception faite du général Campins, fusillé par les troupes nationalistes pour avoir refusé d'adhérer au coup d'État du 18 juillet 1936. L'enseignement moral, qu'il condense dans le *Décalogue du cadet* (influencé par le *Credo légionnaire*), ne différait guère des maximes de la vieille tradition espagnole. Il préférait la praxis aux doctrines, il attachait plus d'importance à la mise en condition physique et morale de ses élèves qu'au développement de leur culture scientifique. La valeur militaire essentielle à ses yeux devait tout à la pratique du combat et du type même de combat qu'il avait mené en Afrique, bien plus proche de la guérilla que des savantes manœuvres des champs de bataille européens. Mais en définitive cette déficience apparente était plutôt une vertu dans le cadre d'une mission qui ne consistait pas à spécialiser ces jeunes gens, mais à les endurcir et à les fondre dans un même creuset. Il faut d'ailleurs croire qu'ils gardèrent un bon souvenir de leur passage à l'académie militaire de Saragosse et surtout de leur directeur puisque la presque totalité d'entre eux luttera à ses côtés en 1936.

Le 29 juin 1931, Azaña rendit public un décret par lequel il ordonnait la fermeture de ce centre militaire. C'était un coup mortel porté à l'esprit militaire tel que le général Franco, le concevait et l'enseignait. Face au soldat-mercenaire cher à Franco, le ministre de la Guerre de la IIe République allait imposer le modèle du soldat-citoyen qu'il s'était forgé au cours de ses lectures sur l'armée française.

III. L'armée abandonne Primo de Rivera

Entre 1928 et le début de 1930, la décomposition de la dictature et du régime monarchique va se précipiter. Au printemps 1928, Martínez Anido, ministre de l'Intérieur, fit une enquête secrète parmi un groupe de chefs militaires sélectionnés ; il découvrit que la plupart de ces officiers étaient contre la prolongation de la dictature. Pendant l'année 1929, le gouvernement surveilla plus attentivement les activités et les conversations des militaires. Plusieurs officiers furent relevés de leurs fonctions ou mutés, et d'autres furent sanctionnés avec de fortes amendes pour des infractions commises contre ce que Primo de Rivera appelait « le bon esprit militaire ». Ces mesures ne servirent qu'à augmenter la désaffection psychologique de la plupart des officiers par rapport à la dictature. En 1929, les trois ministres civils les plus importants du gouvernement — Aunós, Calvo Sotelo et le comte des Andes — adressèrent un appel à Primo de Rivera pour lui demander de réaliser dans les plus brefs délais des transformations urgentes.

Mais il était déjà trop tard, car dans ces circonstances l'opposition était passée au premier plan. Certains libéraux des classes moyennes, dont la plupart étaient républicains, créèrent un comité clandestin à Madrid en 1929. Ils croyaient que l'armée était toujours l'instrument le plus efficace pour mettre fin au régime, et que de nombreux groupes militaires pouvaient collaborer à cette tâche : la majorité de l'artillerie, les officiers déposés par la Dictature, la minorité libérale de l'armée, les généraux les plus gradés désireux de voir Primo de Rivera remis à sa place de subordonné, les officiers frustrés professionnellement, et même certains officiers d'état-major ayant mal accueilli la dissolution de l'état-major. L'esprit de révolte était particulièrement aigu dans l'aviation, l'arme la plus moderne et la plus radicale. Au début de 1930, la conspiration était centrée autour du général Goded ; Primo de Rivera, au courant de ce nouveau conflit et très préoccupé, décida de tenter sa dernière chance : le dimanche 26 janvier 1930 au matin, la presse espagnole publiait une note de Primo de Rivera, lequel, considérant que son pouvoir lui était venu d'une proclamation de militaires, demandait à ceux-ci d'approuver ou de désapprouver sa politique. En cas de désaccord, il était prêt à présenter sa démission au Roi. Les dix capitaines-généraux des dix régions militaires, le chef suprême des forces espagnoles au Maroc, les trois capitaines-généraux des préfectures maritimes, les directeurs de la garde civile, des carabiniers et des invalides furent donc consultés. Les réponses furent presque toutes négatives. Le 28 janvier, Primo de Rivera présentait sa démission au Roi qui lui avait déjà reproché, en tant que chef de l'exécutif, sa façon d'agir et de consulter. La fin de la Dictature, c'est aussi l'agonie de la Monarchie. Quatorze mois plus tard, celle-ci disparaissait, pour n'être plus mentionnée que « sur le papier », dans les lois organiques de l'Espagne franquiste. Le 14 avril 1931, la Monarchie se voyait privée de son épée.

IV. Le prélude du régime républicain

En 1930, la plupart des militaires avaient un sentiment de dégoût envers la politique. L'expérience de Primo de Rivera avait dissipé l'activisme des années précédentes et les officiers étaient déçus et perplexes. La plupart des militaires préféraient donc s'éloigner du pouvoir.

Après la chute de la Dictature, le roi Alphonse XIII s'aperçut que la solution la plus prudente pour le maintien de la monarchie serait la libéralisation graduelle de la structure politique du pays, de façon à restaurer un gouvernement constitutionnel. Dans ce cas, Primo de Rivera serait remplacé par un autre général qui exercerait aussi le pouvoir par décret, mais qui supprimerait progressivement les rigueurs de la Dictature. L'homme que le Roi avait appelé pour succéder au dictateur était le général Berenguer qui avait encouru la vindicte de ce dernier et qu'Alphonse XIII venait de réhabiliter en le faisant comte de Xauén. L'ancien haut-commissaire au Maroc n'était pas de taille à affronter les problèmes qui se posaient désormais à l'Espagne. Il amorça un retour timide au régime constitutionnel, mais dans une perspective trop conservatrice pour avoir quelque chance de rallier l'opposition antimonarchique. Les partisans, de plus en plus nombreux, de l'instauration d'une république avaient d'ailleurs tiré la leçon des événements : s'il avait été si facile de chasser le dictateur, il ne le serait pas moins de se débarrasser du dernier Bourbon. Sans pour autant être devenu républicain, le pays avait cessé d'être royaliste, et l'armée, de plus en plus, épousait cet état d'esprit général fait de lassitude et de vague mais impérieux désir de changement. Une des premières mesures prises par le cabinet fut de supprimer certains des changements introduits par Primo de Rivera dans la structure militaire qui lui avaient valu l'animosité des militaires.

Les ennemis les plus radicaux du régime, tels Ramón Franco, organisèrent pendant les premières semaines du gouvernement de Berenguer l'Association militaire républicaine (AMR), dont le premier manifeste fut distribué dans les garnisons. Les jeunes officiers de l'artillerie, ainsi que de l'aviation apportèrent leur soutien presque massivement à cette association clandestine. Le général Queipo de Llano était le plus important des conspirateurs militaires en 1930. Il avait accumulé une grande haine contre le régime de la Dictature qui l'avait arrêté et fait passer à la réserve. Queipo de Llano, éternel mécontent, pensait que le salut de l'Espagne ne pourrait venir que de la République. Pourtant, six ans après, il allait jouer un important rôle dans la rébellion contre la République, pour l'implantation de laquelle il avait lutté. En 1930, son ancienneté le fit devenir dirigeant de l'AMR.

Au fur et à mesure que les mois passaient, les élections étaient retardées, et l'opposition grandissait. Des couches de plus en plus importantes de la classe moyenne pensaient que la solution était dans un changement de régime. Parmi les militaires, la confusion et l'indifférence politique donnaient le ton général : ni pour la monarchie ni pour la République. Malgré cela, deux groupes de conspirateurs s'étaient formés tout au long de l'année 1930, le premier autour de Queipo de Llano et Ramón Franco à Madrid, l'autre organisé à la garnison de Jaca par le capitaine Fermín Galán, officier qui avait participé à la *Sanjuanada*. Galán était plus qu'un simple républicain, car il croyait que la rébellion ne devait être que le prélude d'une action révolutionnaire de masse qui changerait totalement les conditions sociales et culturelles du pays. Les conspirateurs les plus actifs de l'armée, en collaboration avec les républicains civils avaient décidé de réaliser un pronunciamiento pour la mi-décembre. Pendant ce temps, Galán avait avancé de vingt-quatre heures son plan et croyait que la capacité de résistance du régime monarchique était des plus réduites. Et, bien qu'il se rendît compte que les autres républicains n'étaient peut-être pas prêts à le seconder immédiatement, il décida, avec le style propre des auteurs de pronunciamientos, que l'essentiel était de frapper dans la bonne direction. Après quoi, la plupart des chefs de garnisons suivraient l'exemple, pensait-il. Mais le soulèvement échoua faute de moyens et de coordination ; Galán et son second, le capitaine Hernández, furent arrêtés, jugés et exécutés, le lendemain. Ils deviendront ainsi les premiers martyrs de la République. Le lendemain, les dirigeants de l'AMR, Queipo de Llano et Ramón Franco, tentèrent un nouveau pronunciamiento à Madrid, qui ne fut pas suivi par les autres unités de la capitale.

À la suite de ces événements, le gouvernement perdit toute confiance dans l'armée, bien que, en réalité, très peu d'officiers eussent alors été capables de risquer leur tête pour le renverser. Mais ces deux soulèvements avortés servirent à démontrer que l'armée n'était pas capable d'en finir avec cette situation et que, seuls un gouvernement ou des civils mécontents pouvaient le faire.

Après maintes hésitations et de nouveaux changements à la tête du gouvernement (Berenguer fut remplacé par Aznar), le gouvernement décida enfin le retour au régime parlementaire et organisa des élections municipales pour le 12 avril. Le but de ces élections était de montrer que les républicains n'étaient pas majoritaires dans le pays. Comme prévu, la plupart des circonscriptions rurales, où le *caciquisme* n'avait pas été déraciné, votèrent en faveur des candidats monarchiques. Les grandes villes, en revanche, et cela causa la surprise, votèrent de façon majoritaire pour les républicains. Ces résultats qui venaient s'ajouter à l'indifférence de la majorité de la population envers le régime monarchique, firent accepter au Roi une situation irréversible. Il quitta le pays, pendant que la IIe République était proclamée dans l'euphorie générale.

Chapitre 6

LA POLITIQUE MILITAIRE DE LA IIe RÉPUBLIQUE (1931-1936)

I. L'armée devant le changement de régime

En 1931, comme il a été dit au chapitre précédent, l'armée était fatiguée de supporter les conséquences du soutien à un régime caduc ; c'est pourquoi si elle n'amena pas la République — ce fut le peuple par les urnes qui la demanda — elle ne retarda pas l'avènement de celle-ci. On pourrait même dire que l'armée facilita la transition d'un régime à l'autre en ne s'y opposant pas (c'est le cas de Mola, comme directeur de la Sécurité), ou en l'appuyant directement (cas de Sanjurjo à la tête de la garde civile). En définitive, l'armée considérait que la cause du Roi était complètement perdue, que le soutien populaire à la République était presque unanime, et qu'il n'y avait pas de raison pour que l'armée fut « plus maltraitée » par ce nouveau régime.

Dans la Constitution de 1931, on ne trouve aucune référence globale à l'armée, qui y était considérée implicitement comme un instrument du pouvoir exécutif. Les seules allusions directes, dans la loi fondamentale, apparaissent aux articles 70 et 76. Dans le premier il est spécifié qu'aucun militaire, sauf s'il est à la retraite depuis dix ans, ne peut être élu président de la République. Et dans l'article 76 on accorde au président la faculté de « déclarer la guerre » et de « conférer les emplois civils et militaires ». Mais malgré cette présence discrète de l'armée dans le texte constitutionnel, dès les premiers mois de la République une profonde transformation du panorama traditionnel des forces armées espagnoles va être entreprise. Le principal acteur de cette tentative sera Manuel Azaña, ministre de la Guerre du gouvernement provisoire, portefeuille qu'il détiendra du 15 octobre 1931 au 12 septembre 1933, tout en étant chef du gouvernement. Pour entreprendre cette réforme, Azaña comptera sur la collaboration du sous-secrétaire du département de la Guerre, le général Ruiz Fornells, et sur l'aide d'un groupe de militaires et d'intellectuels, à la tête duquel était le lieutenant-colonel Hernández Sarabia.

Les deux institutions espagnoles que Azaña considérait comme les principales responsables du retard du pays étaient l'armée et l'Église. Une majorité de la gauche républicaine croyait nécessaire de séparer l'Église de l'État, de supprimer l'enseignement catholique et les subventions au clergé. À la fin de 1931, ces mesures qui figuraient désormais dans la Constitution, suscitèrent l'union des catholiques contre le régime. Tandis que l'anticléricalisme agissait comme élément unificateur du gouvernement de coalition, la politique militaire d'Azaña était plus personnelle.

Azaña s'était toujours beaucoup intéressé à l'armée, qu'il méprisait par ailleurs, à cause de l'ignorance de ses membres, de son inefficacité et de ses prétentions. Il croyait que l'ambition des militaires et leurs interférences avec le pouvoir civil étaient l'un des plus grands obstacles institutionnels à la modernisation du pays. C'est pour cela qu'il estimait nécessaire d'entreprendre une réforme drastique de l'organisation militaire. Pendant plusieurs années, Azaña avait étudié soigneusement la politique militaire française, car pour lui la IIIe République française était le modèle du « constitutionnalisme éclairé ». Quand, en avril 1931, il prit le portefeuille de la Guerre, il savait exactement ce qu'il voulait : réduire le nombre important d'officiers, maîtriser les dépenses, et démocratiser l'armée. Il ne voulait pas copier directement le système français, car il se rendait compte que la position espagnole dans le monde n'était en rien comparable à la française. La République ne devrait compter que sur une petite armée défensive qui servirait à éviter une éventuelle agression de l'extérieur. Sans aucun doute, les 190 généraux et les

21 996 officiers (chiffres de l'annuaire militaire de 1931) n'étaient pas nécessaires pour accomplir les modestes buts que s'était fixés la République. Le problème essentiel était donc le trop grand nombre d'officiers par rapport au nombre de soldats : 21 996 pour 100 000 hommes. Les conséquences, comme au XIXe siècle, étaient une grave hypertrophie du commandement, une bureaucratisation excessive et un manque d'efficacité. Il y avait, de surcroît, de grandes différences entre l'armée métropolitaine et l'armée coloniale, constituée en majorité par des troupes professionnelles : la Légion étrangère, fondée, comme on l'a vu, en 1924 et organisée par Millán Astray et Franco, et les *Regulares*, corps créé en 1911, formé par des Marocains sous les ordres des officiers et sous-officiers de l'armée espagnole.

L'armée du Maroc, bien que moins nombreuse, était beaucoup plus forte que l'armée métropolitaine. Cette dernière était constituée de seize divisions, mal organisées et dotées d'un armement très ancien. Presque tous les fusils en usage étaient encore des Mauser, modèle 1893 ; la plupart des canons étaient inutilisables ; les régiments du « train » avaient à peine commencé à se motoriser. De son côté, la marine n'était qu'un conglomérat de bateaux munis de batteries anciennes et elle était très mal équipée. Quant à l'aviation, elle comptait sur quelques avions, de modèles très différents et dans un état d'entretien déplorable, malgré quelques efforts réalisés par Primo de Rivera. En somme, après la pacification du Maroc, l'armée espagnole était entrée dans une phase de détérioration progressive, de bureaucratisation croissante et de manque d'activité. D'après Cardona, la République avait hérité, plutôt que d'une armée, d'un ensemble de fonctionnaires armés, fiers et toujours mécontents, marqués par 8 ans de gouvernement militaire, par vingt-cinq ans de « loi des Juridictions » et par plus d'un siècle de pronunciamientos. Face à cette situation, Manuel Azaña, en tant que ministre de la Guerre, s'empressa de mettre en application les réformes annoncées.

II. Les réformes d'Azaña

Manuel Azaña fut, parmi les ministres de la Guerre qui se succédèrent (Cassola, Luque et Juan de la Cierva) entre la Restauration de 1875 et les bouleversements imposés par Primo de Rivera à l'institution, un de ceux qui cherchèrent à réaliser vraiment une réforme militaire (voir annexe 2). Il s'attaquait à des problèmes anciens en proposant souvent des solutions déjà partiellement mises en œuvre, mais avec cette grande différence que, grâce à sa forte personnalité, à la longue durée de son mandat, au prestige initial de la République et à la passivité politique de l'armée pendant ces deux premières années, il put appliquer des mesures qui, à une autre époque auraient entraîné la chute du ministre. Par ailleurs, les réformes proposées par le titulaire du ministère de la Guerre s'inséraient dans un cadre de théories et de pratiques politico-militaires européennes débattues avant et après la Première Guerre mondiale.

Le décret du 25 avril 1931

La plus connue de ces réformes fut peut-être celle qu'annonçait le décret du 25 avril qui permettait aux militaires de prendre leur retraite dans un délai d'un mois après sa publication, avec pleine solde ainsi qu'avec d'autres avantages, mais sans les primes qui constituaient une partie des rétributions.

L'importance du nombre d'officiers (21 996 officiers et 190 généraux) — ainsi que la pyramide des âges et l'organisation hiérarchique — ne correspondaient pas aux besoins réels du pays ni à ses possibilités économiques. On pourrait expliquer cela, cependant, par le fait que l'Espagne, à l'époque en voie de développement, voyait dans une telle armée un moyen d'assurer la promotion sociale de la petite classe moyenne. Ainsi peut-on considérer Azaña non seulement comme un réformateur de l'armée, mais encore comme l'initiateur de la transformation d'un corps privilégié de la société en une force technique à son service. Le désir de réduire le nombre d'officiers n'était nouveau ni en Espagne ni en Europe. La France avait procédé à cette réduction pendant les années 1920, et presque tous les ministres espagnols de la Guerre avaient dans leurs dossiers un projet semblable (il en a été question aux chapitres précédents). Pour Azaña, une réduction radicale du nombre d'officiers était une partie des mesures « urgentes et simples à réaliser », incluses dans le projet. Malgré la réaction de la presse militaire, Azaña insista pour que cette réduction fût un préalable à la réorganisation de l'armée et non l'inverse. En effet, il avait projeté l'avancement de carrière des sous-officiers, ainsi que la fusion de la *Escala de reserva retribuida* (des sous-officiers devenus officiers) avec la *Escula activa* (des officiers formés dans les académies militaires). Il avait également le projet de créer un nouveau corps d'officiers plus adaptés au nouveau rôle de l'armée au sein de la République. Le ministre voulait enfin réduire la durée du service militaire, mais en contrepartie, il voulait supprimer la tradition de dispenses et d'exemptions au bénéfice des classes bourgeoises, qui faisait reposer le service militaire sur les classes ouvrière et paysanne. Ce système avait pour conséquence une pénurie d'officiers de réserve — issus de la classe bourgeoise — et obligeait, pour combler cette carence, à promouvoir constamment des sous-officiers aux grades de sous-lieutenant et de lieutenant, d'où un nombre pléthorique d'officiers d'active.

Le décret du 25 avril 1931, en menaçant d'expulsion les militaires en surnombre si les demandes de mise à la retraite n'étaient pas suffisantes, eut pour effet un afflux de demandes : en 1931-1932 le nombre de généraux en activité tomba de 190 à 90. Le nombre de colonels et lieutenants-colonels diminua des 2/3, celui des capitaines de 40 %, celui des lieutenants de 37 % et celui des sous-lieutenants de 46 %. Sur un total de 21 996 officiers, 8 203 prirent la retraite, c'est-à-dire 36,9 %. Pourtant, d'après Michael Alpert, le succès de cette mesure créa quelques déséquilibres. En effet, bien que le décret annulât les postes vacants, quelques-uns durent être pourvus. La mise à la retraite rendit possible l'avancement de certains colonels en activité, dont la plupart devinrent généraux. Mais une fois les postes vacants pourvus, les possibilités d'avancement furent beaucoup plus rares.

Le décret du 25 avril 1931 prévoyait également que les seize divisions de l'armée seraient réduites à huit, une par région militaire, concentrant ainsi les effectifs militaires en unités plus complètes. À la tête de chaque région militaire fut placé un commandant militaire (généralement un général de division), grade qui, après la suppression de ceux de capitaine-général et lieutenant-général, devint le grade le plus élevé dans la hiérarchie militaire. Azaña modifia, par ce même décret, la structure du ministère de la Guerre. Les services, auparavant dispersés dans différentes armes, furent centralisés et on procéda également à la réorganisation de l'état-major. La suppression de la « loi des Juridictions » de 1906 fut d'une importance capitale dans le cadre de ces réformes. Progressivement furent dissous les organismes judiciaires de l'armée et le Conseil suprême de la justice militaire. Pour remplacer ce dernier, on créa une Cour spéciale pour les affaires militaires au sein du Tribunal suprême.

Le Maroc, chasse gardée des *africanistes* commença à être démilitarisé. L'ancienne administration militaire fut remplacée par une administration à caractère civil, et l'armée coloniale eut des fonctions strictement techniques d'occupation et de sécurité. Ses effectifs furent réduits pendant les deux premières années de la République. Le général Miguel Cabanellas, un des plus grands ennemis de la dictature de Primo de Rivera, fut nommé commandant en chef des troupes du Maroc.

Pour ce qui est de l'amélioration de l'armement, si Azaña ne put mettre en œuvre un programme du type de celui que préconisa Gil Robles en 1935, ce fut parce que le contexte méditerranéen n'était pas encore devenu ce qu'il allait être, quatre ans plus tard, sous l'aiguillon du bellicisme de Mussolini. Le ministre était préoccupé par le manque de moyens des forces armées, mais son projet était de les réorganiser tout en restructurant l'industrie d'armement. Il était inutile d'équiper l'armée sans en modifier profondément l'organisation. Le ministre de la Guerre avait mis en œuvre, par ailleurs, un programme d'achats et d'amélioration des casernes et des champs de tir, et avait commandé une étude des fortifications des Baléares, sans oublier d'autres mesures de moindre importance qui démentent les accusations de ceux qui prétendent qu'il était davantage préoccupé par l'idéologie que par les questions d'organisation.

De nouveaux officiers ?

Azaña avait voulu remodeler la structure de l'armée par trois décrets : celui du 14 juillet 1931, qui fusionnait l'ensemble des sous-officiers promus officiers avec les militaires sortis des académies ; celui du 4 décembre 1931, qui créait le corps de sous-officiers et la loi du 12 septembre 1932, sur le recrutement et l'avancement des officiers. Cette dernière montrait l'importance accordée par le ministre à la réforme des écoles militaires.

C'est dans ce cadre qu'il convient de situer un décret antérieur, celui du 29 juin 1931 par lequel le ministre de la Guerre décrétait la fermeture de l'académie militaire de Saragosse, ce qui fut un rude coup porté à son directeur, Francisco Franco. La mystique africaine recréée au sein de cette académie était aux antipodes de l'armée démocratique, moderne et républicaine, dont Azaña rêvait. Il y avait une autre raison pour fermer ce centre : la République se trouvait face à une armée sur laquelle elle n'avait pas de prise, qui se voulait, surtout depuis l'épisode marocain, au-dessus de toutes les institutions, de tous les organismes et de toutes les conventions, comme en marge de la vie du pays, soucieuse de voir la vie politique se conformer à ses désirs. Cette institution publique qui aurait dû être au service de la nation, était devenue un organisme vivant, immense, doté d'un pouvoir et d'une force propres, avec lequel il fallait compter et que la nation devait servir pour qu'il n'intervienne pas activement en tâchant d'imposer sa loi. De telles conditions étaient une grave hypothèque pour le pays et pour le nouveau régime, et l'académie était devenue le laboratoire par excellence de cette idéologie. Mises à part ces raisons idéologiques, il y a dans la décision d'Azaña des raisons purement techniques en rapport avec la réforme de l'armée dans son ensemble : la loi de recrutement et d'avancement des officiers de l'armée, outre qu'elle avait mis en évidence l'offensive d'Azaña contre les écoles militaires, représentait un effort pour élever le niveau culturel et technique des officiers espagnols. La loi exigeait des civils qui voulaient entrer dans les écoles militaires, le baccalauréat et certaines études universitaires. De plus, ils devaient accomplir un service militaire de six mois comme simples soldats. De cette façon, l'armée espagnole adoptait la meilleure pratique en vigueur alors en Europe. Selon les annuaires militaires, avant 1931, des jeunes gens avaient été incorporés entre quatorze et seize ans ; ce qui obligeait l'armée à jouer un rôle d'école secondaire. Les nouvelles mesures visaient à « déséminariser » (le mot est de Michael Alpert) l'enseignement militaire.

C'est dans le contexte de ces réflexions sur l'enseignement militaire qu'il faudrait situer la fermeture de l'académie militaire de Saragosse. Par le décret du 15 juin 1931, on fusionnera l'ensemble de ces écoles militaires en deux entités, comme en Angleterre et en France : la première pour l'infanterie, la cavalerie et l'intendance, l'autre pour les corps techniques. Reste que beaucoup d'historiens n'ont voulu voir dans la fermeture de ce centre militaire, qui venait d'être inauguré trois ans auparavant, que les conséquences de l'animosité qu'Azaña ressentait envers le général Franco. Il serait exagéré de mettre au premier plan ces questions personnelles, alors que la décision fait partie plutôt d'un plan d'ensemble sur la réforme de l'enseignement militaire.

Il est vrai néanmoins que l'existence de l'académie de Saragosse n'était pas sans préoccuper le ministre depuis les premiers jours de son gouvernement et qu'elle continuera de l'obséder longtemps après sa fermeture. Un an plus tard, en effet, Lerroux prononça devant les édiles municipaux de Saragosse un discours enflammé au cours duquel il déclara se faire fort d'obtenir la réouverture de cette institution militaire. Azaña avait écrit, à la suite de ce discours, un paragraphe bien curieux dans son journal intime où il faisait état d'une nuit d'insomnie au cours de laquelle il voyait danser le spectre de cette académie militaire. Sans doute cette hantise avait-elle pour objet autant que l'école, son directeur, qu'Azaña tenait déjà en 1931 pour « le plus dangereux des généraux ».

III. Les réactions de l'armée face aux réformes

C'est sur l'aspect politique de la réforme, qui par ailleurs allait de pair avec la rationalisation de l'armée, que l'hostilité d'une partie de l'institution se manifesta de façon plus virulente. Le fait qu'Azaña ait étudié dans ses écrits la séparation de l'armée et du pouvoir civil en France et la subordination de l'une à l'autre ne voulait pas dire qu'il avait l'intention de suivre aveuglément le même modèle en Espagne. Ce qui importait — et c'était un but primordial pour la République — c'était d'éliminer le pouvoir militaire de la sphère politique.

La presse militaire se plut à rappeler constamment à propos de chacune de ces mesures des expressions malheures (« triturer » ou « mettre à genoux ») qu'Azaña prononça dans un discours, le 6 juin 1931, et dont il assura maintes fois qu'elles s'appliquaient aux caciques et non aux militaires.

Dans cette situation tendue, où chaque militaire voyait son avenir compromis, ses valeurs et ses codes mis en cause, le fait, par exemple, d'enlever à l'armée ses prérogatives judiciaires, dans un contexte de troubles populaires, ne fit que susciter sa colère ; elle réagit comme on pouvait s'y attendre, préoccupée par les problèmes d'ordre public qui s'étendaient à l'ensemble du pays.

Mais les ennemis les plus virulents du ministre de la Guerre se trouvaient parmi les *africanistes*, qui voyaient avec inquiétude d'abord et hostilité ensuite les conséquences du décret du 28 janvier 1932 qui annulait les droits à l'ancienneté acquis pour mérites de guerre pendant la dictature de Primo de Rivera — c'était le cas de Goded, Fanjul et Franco. Une raison supplémentaire de l'effervescence de certains militaires se trouvait dans la relégation que subirent certains chefs accusés ou suspectés d'esprit antirépublicain. Les généraux et les chefs *africanistes* commencèrent à se soucier de leur avenir professionnel à cause de la décision du gouvernement de ne pas utiliser l'armée — dans la mesure du possible — comme instrument du maintien de l'ordre public. Ceci entraîna la création au cours des premiers mois de la République, de la garde d'assaut (*Guardia de asalto*) organisée de façon très efficace par le commandant Agustín Muñoz Grandes (en 1932, ses effectifs s'élèveront à 10 000 hommes) qui aurait dû devenir un corps aussi important que la garde civile. Ces deux forces auraient été ensemble aussi puissantes que l'armée elle-même. Si à cela on ajoute l'importance donnée à l'armée de réserve, il n'est pas étonnant que beaucoup de militaires d'active aient été inquiets pour leur avenir professionnel.

Il faudrait cependant ajouter une explication sociologique à cette hostilité rencontrée chez de nombreux officiers à l'encontre des réformes entreprises par Azaña et du ministre lui-même. Ces officiers ne faisaient que manifester leur opposition au républicanisme du ministre. Respectueux de l'Église, hostiles aux mouvements ouvriers et régionalistes (comme par le passé), élevés dans les valeurs traditionnelles, ils voyaient dans Azaña l'incarnation d'un rationalisme corrosif qu'ils redoutaient. Sa personnalité de bourgeois et son implacable logique constituaient pour eux une menace et une trahison. Ils rejetaient d'emblée tant sa personne que ses discours où l'éthique et la culture primaient sur le courage et la discipline aveugle. L'avènement de la majorité républicaine et socialiste aux Cortès signifiait pour les militaires la fin d'une civilisation et le premier pas vers une révolution, tout comme l'activité de Kerensky l'avait été quelques années auparavant en Russie et comme la République de Weimar menaçait de le devenir en Allemagne. Azaña, tout particulièrement, personnifiait pour certains militaires tout ce qu'ils détestaient et craignaient le plus. C'est pour cette raison que ses éloges à l'égard de l'armée et sa volonté réitérée de maintenir une armée permanente, malgré l'indifférence ou l'hostilité de la majorité parlementaire et les forces de la rue, n'eurent aucun effet. Rien ne pouvait modifier l'attitude des militaires à son égard, d'autant plus, qu'*a fortiori*, il s'agissait d'un ministre dur et compétent. Pour Cardona, la réforme entreprise par Manuel Azaña reste toujours difficile à évaluer, car le ministre n'aurait pas eu le temps suffisant pour la mener à son terme. Pour l'historien militaire, il faudrait souligner, quand même, deux conséquences importantes et incontestables de la gestion du ministre : la diminution du rôle politique de l'armée et l'absence d'influence des intrigues des généraux sur les décisions du gouvernement.

Chapitre 7

LA RÉPUBLIQUE EN PROIE À L'INSTABILITÉ ET AUX VIOLENCES

Il est aisé, soixante-dix ans après, de condamner l'impuissance de la IIe République, son incapacité à faire des choix politiques, et surtout à les imposer. Il faut tout de même rappeler que la crise est tellement aiguë, les antagonismes sociaux si profonds qu'il est bien difficile d'éviter les confrontations. La République n'a pas l'unité ambiguë de la Dictature. La République espagnole n'est pas morte de ses hésitations. Son échec est lié, entre autres, à l'excès des passions politiques dans l'Espagne des années 1930 et à la montée générale de la violence en Europe.

I. La *Sanjurjada* : premier pronunciamiento (1932)

Si pendant les premiers mois de la République, l'attitude des militaires fut plutôt passive, ou du moins expectative, en 1932 les préparatifs des groupes antirépublicains et monarchistes se firent plus menaçants. Cela explique qu'en 1931 le général Orgaz ait réussi à avoir un très faible succès dans ses plans subversifs en collaboration avec les monarchistes, et qu'en août 1932 éclate le premier soulèvement militaire sérieux contre la République, dirigé par le général monarchiste Sanjurjo. Deux autres circonstances contribuèrent au malaise des militaires qui, en août 1932, s'essayèrent au pronunciamiento : la première raison est la discussion sur le statut de la Catalogne, qui allait accorder l'autonomie à cette région, à laquelle Maciá avait promis « qu'il ne permettrait pas que ses fils aillent faire le service militaire en dehors de ses frontières ». La deuxième raison, ce furent les mouvements de grève et les désordres publics continuels qui, pour les militaires, n'étaient pas suffisamment réprimés.

L'échec du soulèvement, de la *Sanjurjada*, célébré comme un triomphe par tous les républicains, les amena à penser que l'armée était déjà complètement « républicanisée ». Des officiers qui participèrent au pronunciamiento — cent quarante-cinq — seul Sanjurjo fut condamné à mort ; sa peine étant finalement commuée à trente ans de réclusion. Le gouvernement ne voulut pas faire de héros. La situation réelle du pays était pourtant bien différente de cette image qu'on avait donnée aux Cortès. Si cet essai de coup d'État contre le régime ne fut pas suivi d'effet, ce fut parce que la plupart des chefs et officiers antirépublicains, qui auraient pu le soutenir et qui étaient au courant des préparatifs, estimèrent que le pronunciamiento avait été insuffisamment préparé et que ses buts étaient assez confus.

Si l'échec de Sanjurjo permit d'accélérer les débats sur la loi de réforme agraire et rendit possible le consensus final sur le statut catalan, il entraîna aussi la mise en route immédiate d'une nouvelle conspiration militaire, qui devait être une constante pendant toute l'histoire républicaine. Cette fois-ci, à la fin de 1932, la direction en fut assumée par le lieutenant-colonel Valentín Galarza. Il avait participé aux projets d'août 1932, mais, faute de preuves, il ne put être inculpé. Pendant que les monarchistes des deux branches (carlistes et alfonsins) conspiraient plus ou moins ouvertement depuis Rome, où se trouvait Alphonse XIII en exil, une organisation clandestine, l'Union militaire espagnole (UME) fut créée dans l'armée à la fin de 1933. Son principal problème étant le manque de coordination, cela ne l'empêchait pas d'avoir des représentants dans presque tous les centres militaires, bien que l'organisation ne réussît pas à compromettre un seul général. Il semble que « les trois grands » — Mola, Goded et Franco — connaissaient ses mouvements. Mais ils se méfiaient de la capacité et de la vigueur de l'UME, et ils attendaient encore que la République pût évoluer dans un sens moins défavorable à la conception traditionnelle de l'armée qui était la leur. La conspiration militaire s'affaiblit après les élections de novembre 1933. Avec Lerroux comme chef du gouvernement, et Diego Hidalgo comme ministre de la Guerre, dès le début de 1934, jusqu'après la révolution des Asturies, un grand nombre de dispositions des deux premières années du régime républicain considérées comme « antimilitaristes » furent revues. Le budget consacré à l'armée augmenta, les généraux *africanistes* eurent la confiance de la coalition radicale — Franco fut promu général de division — et l'armée espagnole réalisa sa dernière conquête à l'extérieur en avril de cette année, avec l'occupation effective du territoire d'Ifni et comme nous allons le voir, les forces armées auront une importante participation dans les événements d'octobre qui avaient, sans doute, été prévus par l'état-major central.

II. La révolution des Asturies (1934)

Au début du mois d'octobre 1934, le gouvernement minoritaire radical fut renversé. Le président de la République Alcalá Zamora chargea Lerroux de former un nouveau gouvernement, mais le chef radical ne put avoir la majorité nécessaire qu'en acceptant dans le ministère l'entrée de trois membres de la CEDA (Confédération espagnole de droites autonomes). La formation du nouveau cabinet déclencha une grève générale dans tout le pays et une rébellion armée à Barcelone et dans les Asturies.

Ce mouvement, tout comme la révolte catalane qui l'accompagna, échoua car il ne put compter sur le soutien suffisant des masses. Mais l'insurrection des Asturies eut un caractère différent. Socialistes, communistes et anarcho-syndicalistes s'unirent et la révolution des Asturies devint la première tentative de révolution prolétarienne de l'histoire de l'Espagne. En quelques jours, les mineurs occupèrent toute la région. Pour mater cette révolte, le ministre de la Guerre nomma le général Franco, conseiller technique de l'état-major. La plupart des historiens pensent que ce fut Franco qui imposa la décision de recourir aux troupes de volontaires du Maroc pour écraser la révolution. Plusieurs unités de la Légion et des *Regulares* sous le commandement du lieutenant-colonel Yagüe, un africaniste compagnon de Franco, arrivèrent dans la Péninsule. En neuf jours, la rébellion fut complètement dominée et la répression qui suivit fut importante. Il était inévitable que légionnaires et *Regulares* appliquassent dans les Asturies les méthodes de « pacification » auxquelles ils étaient habitués de l'autre côté de la Méditerranée. L'utilisation des soldats marocains en métropole — et, qui plus est, dans la seule province d'Espagne, avec le Pays basque, qui se vantait de n'avoir jamais été soumise par les Maures — provoqua dans les milieux libéraux des réactions qui allaient de la réprobation à l'indignation. Les méthodes de lutte imposées par ces chefs légionnaires n'en étaient pas moins les mêmes ici et là. Ce n'était pas pour rien que Franco avait appuyé le lieutenant-colonel Yagüe contre le général López Ochoa (ardent républicain et respectueux de la légalité). Efficacité d'abord ! Et la terreur était une forme non négligeable de l'efficacité comme Franco l'avait si bien dit dans les articles et les notes intimes qu'il avait rédigés lors de son séjour au Maroc dans les années 1920.

L'armée avait offert aux Asturies et en Catalogne un front uni contre la rébellion, à l'exception de quelques officiers et gardes d'assaut catalans ainsi que d'un sergent qui étaient passés dans les rangs des insurgés asturiens. Mais l'affrontement entre López Ochoa et Yagüe était révélateur des tensions qui existaient parmi les militaires et il laissait deviner l'inévitable conflit qui les déchirerait en 1936. Après la révolution des Asturies, presque tous les groupes de droite et du centre essayèrent de s'attirer la confiance des militaires. Gil Robles précisa, au début de l'année 1935, que les forces armées étaient fort bien considérées et il ajouta que « la droite vivait à l'ombre de l'épée ».

III. Gil Robles, ministre de la Guerre Franco, chef de l'état-major (1935-1936)

Mais la collaboration des militaires africanistes avec la République arriva à son point culminant, avec la désignation de Gil Robles comme ministre de la Guerre, en mai 1935. Dès sa prise de fonctions, il imposa une série de changements importants dans le commandement. Le 17 mai, Franco perdit son poste de commandant en chef au Maroc et fut nommé chef de l'état-major central et membre du Conseil supérieur de la guerre. Celui que *ABC* avait acclamé peu auparavant comme le « jeune *caudillo* », se trouvait désormais à un poste-clé pour mener à bien la réorganisation technique de l'armée. Franco avait probablement à cette époque un prestige professionnel plus grand que n'importe quel autre général, son excellent *curriculum vitae* au Maroc, son rôle très apprécié comme directeur de l'académie de Saragosse, son comportement discret pendant la République et la direction de la répression des événements des Asturies, faisaient de lui le candidat idéal pour ce poste. Mola fut envoyé au Maroc, recevant ainsi son premier poste de commandement pendant la République — et Goded devint inspecteur de l'armée. Le général Fanjul, monarchiste et membre de l'UME, fut nommé sous-secrétaire du ministère de la Guerre. En somme, les militaires qui, quelques mois auparavant écoutaient les tentations des conspirateurs, disposaient maintenant des postes-clés. À partir des échelons supérieurs, les autres changements n'apportèrent aucune surprise : mise à l'écart des chefs et officiers libéraux et des républicains de gauche (Riquelme, Miaja) qui furent remplacés par des *africanistes* ou par des officiers notoirement anti-républicains (réhabilitation de Sanjurjo et de Varela). Le nouveau ministre s'efforça d'améliorer le matériel de combat et l'instruction de la troupe : des manœuvres commencèrent dans le nord-ouest de l'Espagne, et aux Asturies, et le budget consacré à l'armée augmenta.

Grâce à cette politique, menée par Gil Robles pendant toute l'année 1935, la conspiration militaire faiblit. Les aspirations de l'armée dans sa configuration traditionnelle semblaient être comblées par la promotion des personnalités militaires que nous venons de citer à la tête du ministère de la Guerre. On pouvait accuser Gil Robles et Franco de « triturer » à leur tour les promotions de certains cadres de l'armée, mais cette politique n'affecta pas l'armée elle-même qui, en tant qu'institution, retrouva tous ses anciens privilèges. Ils redonnèrent aux régiments leurs noms traditionnels, restaurèrent les « tribunaux d'honneur » qui permettaient de régler leurs querelles en famille, autorisèrent de nouveau les cérémonies religieuses dans le cadre officiel de la vie militaire, privilégièrent bien entendu « le mérite de guerre » dans les tableaux d'avancement. Franco, en revanche, ne réussit pas à obtenir la réouverture de son académie.

Si dans le domaine technique le maigre budget de l'armée ne permit pas de grands bouleversements, il fut néanmoins sérieusement renforcé sous la menace de guerre que le conflit italo-éthiopien faisait peser sur le bassin méditerranéen. De sérieux efforts furent entrepris pour moderniser cette armée espagnole : les parcs d'artillerie s'enrichirent de quelques nouvelles batteries, la base navale de Carthagène fut modernisée, des chars furent commandés dans le but d'équiper deux divisions motorisées. Enfin des contrats furent passés en France pour l'achat de chasseurs et de bombardiers modernes qui devaient être assemblés à Guadalajara. Le 12 octobre 1935, pour la fête de la Race[1], instaurée par Primo de Rivera, les troupes qui défilèrent sur la *Castellana* portaient, comme symbole de cette renaissance militaire, le casque à l'allemande que Franco leur avait choisi. L'armée forgée par Franco en 1935 devint une armée qui s'apprêtait, si besoin était, à contrôler le pays et qui s'en donnait les moyens en hommes et en matériel. L'une des tâches du chef de l'état-major aura été de mettre au point tous les éléments concernant l'application éventuelle de la loi martiale et le transfert des pouvoirs à l'armée en cas de nécessité. Franco, chef de l'état-major de la République, réussira en quelques mois à

1. En 1899, avait été instituée la « fête de la Race » pour commémorer l'arrivée de Christophe Colomb aux Antilles, le 12 octobre 1492, et exalter, au lendemain du désastre de Cuba, les valeurs spirituelles face au matérialisme incarné par les États-Unis. Primo de Rivera prolongea cette initiative en célébrant cet anniversaire avec davantage de solennité. Depuis le rétablissement de la démocratie, la « fête de l'Hispanité » a remplacé celle de la race. L'appelation primitive n'avait aucune connotation raciste. Il faut entendre par race un ensemble de traits culturels, une façon de vivre, de penser... C'est en ce sens qu'Ortega employait ce terme.

remonter le moral de l'armée et à reconstituer en partie la puissance matérielle de celle-ci.

IV. Le Front populaire (février 1936)

La politique de plus en plus conservatrice des gouvernements qui se succédèrent depuis novembre 1933 et surtout le souvenir de la répression du mouvement révolutionnaire des Asturies en octobre 1934 — qui galvanisa et unit la gauche — rendirent impossible l'avènement d'une République de droite avec un solide noyau autoritaire à la « Dollfuss[1] ».

De nouvelles élections furent convoquées pour le 16 février 1936. Il faut néanmoins rappeler, pour expliquer l'affolement de certaines couches de la population espagnole, les conditions dans lesquelles le scrutin se déroula. Ayant joué au profit de la gauche en 1931, note Guy Hermet, puis à celui de la droite en 1933, le mode de scrutin, qui favorisait la constitution de vastes rassemblements, servit cette fois le Front populaire. Dès le premier tour, les pronostics, qui donnaient un certain avantage à la droite, se trouvent démentis. Le Front populaire l'emporte assez nettement sur la droite prise isolément, tandis que le centre fait un score électoral particulièrement décevant (Hugh Thomas attribue 4 176 000 voix au Front populaire, 3 787 000 à la coalition de droite, 681 000 au regroupement centriste et 130 000 aux nationalistes basques).

Bien qu'incertains et controversés en raison de l'absence de décompte officiel, les résultats du vote traduisent à la fois cette victoire de la gauche et la polarisation des Espagnols entre deux masses politiques approximativement égales : le Bloc national et le Front populaire.

1. Engelbert Dollfuss : homme d'État autrichien (1892-1934) qui devint chancelier en 1932, avec une très faible majorité (une voix). Il voulut créer un État chrétien et autoritaire, suspendit le régime parlementaire et remplaça les partis politiques par un front patriotique. Il fut assassiné, le 25 juillet 1934, par un groupe nazi.

Les électeurs conservateurs, parmi lesquels se trouvent un grand nombre d'officiers et de cadres de l'armée, ne manquent pas d'interpréter ce retournement du sort comme un vice du régime républicain. L'historiographie franquiste profitera de ces moments de trouble et de confusion pour parler d'élections truquées, d'un gouvernement de Front populaire illégitime et en conséquence justifier l'intervention de l'armée, le 18 juillet, pour revenir, enfin, à la légalité.

Le nouveau gouvernement formé par Manuel Azaña fut entièrement composé de républicains de gauche, et ne pouvait certes pas être qualifié d'extrémiste. Les socialistes — sans parler de communistes — n'y participaient pas. L'armée sentit immédiatement les effets du changement. Les chefs considérés comme les plus dangereux furent écartés : on affecta Franco et Goded respectivement aux Canaries et aux Baléares, Mola dut abandonner son poste au Maroc et fut nommé chef de la garnison de Pampelune. Fanjul fut retiré du service actif. Entre le 22 et le 28 février, de tels changements eurent lieu dans la hiérarchie militaire que tous les postes à responsabilité furent attribués à des généraux considérés comme républicains. Au ministère de la Guerre, on nomma le général Masquelet que Franco avait remplacé en 1934 et le général Miaja prit la tête de la division de Madrid.

Au printemps de 1936, parmi quatre-vingt-quatre généraux qui restaient dans l'armée, la plupart avaient des opinions politiques modérées, et, après les divers changements, il ne restait qu'une petite minorité de généraux anti-républicains ou proches des partis de droite. Cette minorité était composée en grande partie, mais pas exclusivement, d'*africanistes*. Quant à la grande majorité des officiers, en 1936 elle continuait d'être par son origine sociale, petite bourgeoise, bien que les mesures de démocratisation de l'armée eussent encouragé des jeunes gens des couches sociales modestes à s'engager. Les officiers en général n'avaient pas d'autre objectif politique que de voir le pays prospère et en ordre, sans extrémismes ni grèves. Mais, au printemps 1936, l'affrontement entre les deux camps idéologiques opposés se profile et la violence s'installe un peu partout en Espagne.

Le gouvernement dispose de 34 000 gardes civils, 17 000 gardes d'assaut et 14 000 carabiniers pour maintenir l'ordre, auxquels s'ajoute une armée de 130 000 hommes dont la fidélité paraît, il est vrai, sujette à caution. Mais ces forces ne suffisent pas à la tâche. En outre, elles craignent d'être désavouées par le nouveau pouvoir et se divisent entre la garde civile plutôt conservatrice et la garde d'assaut réputée républicaine. La violence et la contre-violence se déchaînent, avec leur cortège d'assassinats, d'enlèvements, de grèves à l'allure révolutionnaire, d'occupation de terres ou d'usines et, aussi de mises à sac ou d'incendies d'édifices religieux, de centres de partis et de syndicats. Les décès par mort violente pour motif politique passent de quarante-cinq pour l'ensemble de l'année 1935 à deux cent soixante-neuf pour les seuls six premiers mois de 1936, dans un climat où ils ne représentent que le paroxysme d'un désordre érigé en règle de fait.

V. Le dernier complot militaire contre la République

Dans ce contexte, l'UME va se développer et, d'après une circulaire parue cette année-là, elle réunirait 3 436 officiers d'active, 2 131 sous-officiers et hommes de troupe et 1 843 officiers de réserve ou à la retraite. Si les statistiques citées par Payne et Cardona sont exactes (et elles ne sont probablement pas trop exagérées) l'UME comptait sur l'appui de presque la moitié du corps des officiers et d'un grand nombre de sous-officiers. Il manquait uniquement à l'Union militaire espagnole de mettre sur pied un réseau organisé pour coordonner la révolte. Il ne pouvait y avoir de rébellion sans un noyau central qui coordonnât l'ensemble et seul Sanjurjo semblait avoir le prestige suffisant pour maintenir l'unité parmi les rebelles. Le 30 mai, Sanjurjo accepta ce rôle.

Certains officiers républicains et partisans du gouvernement insistèrent auprès des autorités pour que des mesures soient prises contre les conspirateurs (qui depuis le mois de mai agissaient presque au grand jour). Cependant Azaña et le nouveau président du gouvernement, Casares Quiroga, craignirent que leur intervention ne causât davantage de problèmes. Par ailleurs, autant les chefs politiques pro-gouvernementaux que les socialistes de gauche opposés au gouvernement, considéraient la victoire du Front populaire aux élections comme définitive et ils pouvaient à peine imaginer que cette armée, qu'ils qualifiaient d'armée d'opérette, fût capable de se soulever contre le peuple. Chaque fois que quelqu'un évoquait ce danger, on lui répondait en rappelant de façon moqueuse le pronunciamiento avorté de Sanjurjo. Les seules mesures prises en conséquence par les autorités, quand elles étaient informées en détail du développement des intrigues dans une garnison, se limitaient à transférer certains officiers dans une autre garnison. Mais le gouvernement n'osa toucher ni à Mola ni à Goded. En réalité Azaña, Casares Quiroga ainsi que la droite, croyaient que la menace la plus importante contre la République venait de la gauche révolutionnaire, même si leurs discours, devant les militaires, se voulaient rassurants lorsqu'ils évoquaient ce danger.

L'arrivée au pouvoir du Front populaire et le refus des hommes politiques de la République de s'appuyer sur l'armée pour arrêter ou même modérer le cours de ce qu'ils pensaient être déjà une révolution, marquaient, sans doute, pour un grand nombre de chefs militaires, la fin d'une période d'obéissance résignée au régime. Puisque les institutions légales ne parvenaient pas à protéger le pays des dangers qui planaient sur lui, l'armée espagnole, élevée dans une tradition interventionniste depuis le XIXe siècle, pensait qu'elle devait prendre l'initiative de sa défense.

La tâche de Mola, qui avait été désigné comme le « cerveau » de la conspiration militaire, dans ces conditions s'avérait délicate. D'un côté, il ne pouvait compter que sur un groupe d'officiers brillants, certes, mais peu nombreux encore, et, de l'autre, le climat d'énervement général qui régnait dans les casernes rendait possible à tout moment le déclenchement d'un incident qui pouvait précipiter, ici ou là, un soulèvement prématuré qui compromettrait tous ses plans.

L'assassinat du leader monarchiste Calvo Sotelo, survenu le 14 juillet (riposte à l'assassinat par un groupe de *pistoleros* de la Phalange du lieutenant de la garde d'assaut, Castillo) le rend désormais irréversible, dans la mesure où ce crime perpétré par des gardes d'assaut au service de la République suscite l'indignation de l'ensemble de la population conservatrice et paraît sonner le glas de la légalité en vigueur. Le dispositif est en place depuis le 10 juillet. Mola assume depuis Pampelune la responsabilité du secteur nord. Le général Goded doit s'envoler de Majorque pour prendre le commandement des insurgés à Barcelone. De son côté, le général en retraite Villegas doit occuper le ministère de la Guerre à Madrid, tandis que le général Queipo de Llano a pour tâche de se rendre maître de Séville et que d'autres encore reçoivent des missions du même type. Au Portugal, le général Sanjurjo attend, de son côté, l'avion qui le conduira vers le commandement suprême.

De plus, Franco, que les conjurés s'étaient un peu lassés de solliciter, est lui aussi de la partie. Pendant le printemps 1936, il a évité de trop se commettre avec eux. Feignant la correction vis-à-vis du gouvernement, il a même pris soin au mois de mars de mettre Manuel Azaña, alors président du Conseil, en garde contre le malaise de l'armée. Il réitère cette démarche le 23 juin, dans une longue lettre au nouveau chef du gouvernement Casares Quiroga. Franco y souligne les dangers que les mesures de réorganisation font courir à son unité. Il y voit « les signes avant-coureurs de futurs troubles civils », et convie son correspondant, le Premier ministre, à y « remédier par des mesures de justice et d'équité ». Toutefois, il va finalement détenir le rôle clé dans la conjuration : celui de chef des troupes coloniales au Maroc. Bien qu'il leur faille franchir le détroit de Gibraltar pour intervenir en Espagne, celles-ci sont les plus aguerries, les plus disciplinées et les mieux équipées. Elles peuvent décider de l'issue de l'opération et c'est bien ce qui se produira. Dans l'île de

Tenerife, le futur Généralissime attend, lui aussi, l'avion anglais en location — *Dragon rapide* — qui doit le mener à Tétouan.

Les difficultés ne cessent pas pour autant de se multiplier. En définitive, le putsch tant de fois ajourné va devoir être avancé sous la pression d'événements de dernière minute. Au Maroc précisément, les préparatifs du soulèvement deviennent un secret de Polichinelle, tandis que Mola tire une impression identique de la visite qu'il rend à Burgos au général loyaliste Batet. Il convient d'opérer au plus tôt. Ce sera les 17 et 18 juillet par la force des circonstances, au moment où les carlistes se rallient enfin à Mola dans cette situation dramatique.

Ni la tentation — permanente — du coup d'État, ni la faiblesse du pouvoir civil n'étaient en Espagne une nouveauté. Le danger de guerre civile, venait de la méconnaissance des nouvelles forces sociales en Espagne dotées de capacités inattendues.

Chapitre 8

DU PRONUNCIAMIENTO À LA GUERRE CIVILE

Le régime franquiste a toujours nié devoir ses origines à un pronunciamiento. Il les attribue à un « soulèvement national » émanant du peuple, contre la violence et les injustices tolérées par la République. Bien que le pronunciamiento se soit appuyé sur d'importantes forces politico-sociales de certaines régions de la Péninsule, il reste cependant une conspiration militaire. Depuis des mois, des officiers conspirent. Ils ont pour chef le responsable exilé du dernier complot : le général Sanjurjo, lié à certains politiciens de l'extrême-droite tels que Calvo Sotelo, Goicoechea, Fal Conde, etc. Ils ont des contacts dans les garnisons, dans les partis, dans les classes dirigeantes, ils sont très influents dans certaines régions, mais aussi à l'étranger (en Allemagne, en Italie, en Angleterre même). Ils devaient se soulever en mai, puis ils décident de profiter de l'impact causé par l'assassinat de Calvo Sotelo.

Le 17 juillet 1936, l'armée du Maroc, fer de lance de l'opération, est la première à se soulever ; le 18, les généraux écartés par le gouvernement républicain prennent des mesures là où ils se trouvent (Goded aux Baléares, Franco aux Canaries), puis rejoignent les points sensibles : Barcelone et le Maroc, respectivement. Ce jour-là toutes les garnisons se soulèvent, sortent dans les rues, proclament l'état de guerre. Il était prévu, selon le modèle classique de pronunciamiento, que le gouvernement céderait face à une simple menace.

Tout cela c'est encore le XIXe siècle, mais nous n'avons plus affaire aux pronunciamientos à caractère modérateur et restaurateur — ainsi que Alonso Baquer les définit — majoritaires jusqu'en 1868. À partir de cette date, l'intervention politique des militaires, si jamais elle se produisait, devait suivre un étroit sentier entre deux versants, l'un des deux était un mur difficilement franchissable sans une guerre civile déclarée, sous la forme d'un soulèvement populaire ou national, l'autre, le gouffre d'une révolution. L'effet de surprise a disparu. La nation devine ce qui se prépare et l'unanimité devient impossible parce que l'on demande plutôt que le maintien de l'ordre, un ordre nouveau. C'est le cas pour l'Espagne de 1936 ; les forces qui se soulèvent, le 18 juillet, n'ont pas uniquement l'intention de rétablir l'ordre, elles entendent créer un autre ordre. C'est dans la mesure où il n'y eut pas unanimité sur la nature de cet « ordre nouveau » qu'il y eut affrontement et guerre.

I. L'échec du pronunciamiento des 17-18 juillet 1936

Le « Mouvement » part du Maroc, le 17 juillet, quelques heures plus tôt que prévu, de crainte que le complot ne soit découvert. On prévoit des résistances civiles (peu armées) ; elles sont balayées par la Légion. Le colonel Yagüe, proche de la Phalange, contrôle Ceuta. À Melilla, le gouverneur militaire Romerales est abattu par ses collègues car il refusait de soutenir la rébellion. Seuls résistent les aviateurs de l'aérodrome de Tétouan. Le haut-commissaire sera exécuté quelques jours plus tard.

Le 18 juillet, aux Canaries, Franco a proclamé « l'état de guerre », félicité les rebelles du Maroc, lancé un manifeste (*Manifeste de Las Palmas*) qu'il a rédigé le 14 juillet à Tenerife. Ce manifeste, c'est déjà un véritable discours-programme, qui affirme que l'armée se soulève contre le Front populaire et non contre la République. Ce régime avait — pensait-il — des partisans parmi les chefs militaires à côté d'ennemis résolus. L'armée voulait avant tout rétablir la paix intérieure et l'unité nationale de l'Espagne et éliminer les révolutionnaires. Il n'y a pas dans le manifeste un seul mot qui puisse déplaire aux monarchistes, aux phalangistes ou contrarier les républicains.

La journée du 18 juillet sera décisive pour l'Andalousie. On connaît le coup d'audace de Queipo de Llano, alors général de carabiniers, qui, en « inspection » à Séville, parvient, presque seul, à enfermer les principaux officiers de la garnison, à faire occuper par ses faibles troupes les postes de commandement de la ville. Mais les faubourgs populaires, anarchistes et communistes, entrent en insurrection. Dans les autres villes andalouses (Algésiras, La Línea, Jerez, Cadix, Cordoue, Grenade, Malaga), l'état de guerre est proclamé et la répression suit.

Tête de pont de toute opération venant du Maroc, l'Andalousie pose un problème essentiel qui n'est pas résolu avant le 19 juillet. Ce jour-là à Cadix un *tabor* marocain, débarqué, est venu à bout du gouvernement civil. À Séville, quelques légionnaires aéroportés, spectaculairement montrés dans les rues, ont renforcé l'impression d'occupation de la ville. Le sud de la région est dominé. Almería et Malaga restent républicaines. La tête de pont andalouse existe bel et bien. En Castille et en Aragon, c'est le 18, mais seulement dans la nuit, que les grandes places se soulèvent. À Burgos et Valladolid, des généraux fidèles au gouvernement, récemment installés, sont démis de leurs fonctions, arrêtés, remplacés. À Saragosse, le général Cabanellas, républicain et franc-maçon, attend la nuit, fait occuper la rue par l'artillerie, ordonne l'arrestation de trois-cent cinquante responsables politiques et syndicalistes ; il proclame l'état de guerre, le 19 au matin, dans un texte où il rappelle son attachement à la République. Mola rejoint la rébellion également le 19 au matin ; il avait sa garnison bien en main grâce à l'afflux de carlistes et à la mort du seul opposant, le chef local de la garde civile, Rodríguez Medel, tué d'un coup de pistolet sur le seuil de la caserne. Mais pendant ces deux jours l'attention se porte davantage sur Barcelone et Madrid, avec des pronostics différents.

À Madrid, le pronunciamiento n'est pas sûr de l'emporter. On fait le siège du pouvoir, où beaucoup d'officiers sont républicains, où la supériorité de l'UGT sur la CNT peut inciter le gouvernement à armer les ouvriers. La tactique des insurgés sera donc défensive : on résistera dans les casernes. On compte sur ce que Mola appellera bientôt sa « 5e colonne » (l'expression revient cependant au romancier Ramón Sender), action ouverte ou secrète des civils favorables au soulèvement. Quatre autres colonnes, à partir des provinces soulevées, convergeront vers la capitale. Encore une image du XIXe siècle pour bon nombre d'historiens.

À Barcelone, l'attente sera différente. L'image qu'on y retient est celle du 6 octobre 1934. On craint que la *Generalitat* ne soit pas capable de contrôler les forces de l'ordre. Et plus encore qu'elle ose accepter l'aide de la CNT. On croit celle-ci peu armée, mal organisée. La tactique des militaires sera donc offensive : ils sortiront des casernes périphériques et convergeront vers la vieille ville, siège des institutions catalanes supposées mal défendues. Le plan qui s'applique, le 19 juillet, à Barcelone sera résumé ainsi par Pierre Vilar : au gouvernement catalan, le souvenir du 6 octobre 1934 a joué dans l'autre sens. Il a bien encadré ses unités de police. Il s'est gardé, cette fois, de se couper de la CNT ; sans alliance formelle, ni distribution officielle d'armes, il a fermé les yeux sur des coups de main dans quelques dépôts. Le groupe anarchiste dirigeant — Buenaventura Durruti, Juan García Oliver, Francisco Ascaso — étudie depuis quelques mois le plan de la ville, les accès aux quartiers ouvriers. Quand les régiments sortent des casernes, les sirènes d'usine ont remplacé le rôle du vieux tocsin.

Le général Goded, arrivé de Majorque par avion, a pris le commandement des troupes insurgées, ce qu'avait refusé de faire le capitaine-général en place, Aranguren. Mais la Capitainerie est pratiquement assiégée et les combats sont terriblement meurtriers. Condamné à mort, le 11 août, par un « tribunal révolutionnaire », Manuel Goded sera fusillé le lendemain du verdict, dans les fossés de la forteresse de Montjuich.

Le 20 juillet fait encore partie de la phase du pronunciamiento. À Madrid, le ministère Giral, formé la veille, toujours républicain modéré, a pourtant décidé de licencier les soldats, et d'armer le peuple. Mais, parmi ceux qui voudraient « s'armer », grand paradoxe dans ce type de conflit, beaucoup n'ont jamais touché une arme. Et sur 55 000 fusils distribuables, 45 000 ont leurs culasses stockées dans la caserne de la Montaña (vieille précaution contre les émeutes). C'est dans cette caserne madrilène, comptant beaucoup de cadres, et où s'étaient concentrés de nombreux militants phalangistes, que le général Fanjul, responsable du « soulèvement » à Madrid, lance son manifeste au ton moins éclectique que celui rédigé par Franco à Las Palmas.

Très vite, il est clair qu'il est assiégé, réduit à la défensive. Une foule anonyme entoure la caserne. Deux canons, un 155 et un 75 entrent en action ; plus efficace est l'aviation, fidèle au gouvernement, qui lance sur la caserne des bombes, mais aussi des tracts invitant les soldats à rentrer chez eux. Le découragement gagne alors la troupe contre les « meneurs » vrais ou supposés. Enfin c'est l'assaut, où l'armement des gardes d'assaut et des gardes civils compense les faiblesses des tireurs improvisés (la narration de ces événements est falsifiée à la plus grande gloire du *Caudillo* dans le scénario écrit pour le film *Raza* par le général Franco lui-même, en 1942).

Dans le reste de l'Espagne, la situation est aussi variée. À Oviedo, par exemple, le colonel Aranda, fidèle à la République pour les uns, feignant de l'être pour les autres, arme une colonne de mineurs, l'envoie au secours de Madrid, et transforme lui-même Oviedo en ville assiégée, au service des insurgés

Cependant, il est important de noter que deux résultats contradictoires se dessinent au soir du 20 juillet. La Galice, après quelques hésitations, apparaît nettement dominée par les militaires. Tandis que le Levant, de l'Èbre à Malaga en passant par la région de Valence, sans doute sous le coup de la résistance de Barcelone, se soumet au gouvernement. La guerre commence ainsi dans le désordre le plus total, une frontière encore indécise séparant désormais deux Espagnes lancées l'une contre l'autre dans un affrontement sans merci, dont les excès vont justifier, *a posteriori*, la phrase prononcée le 18 juillet, par Queipo de Llano au micro de Radio-Séville : « Nous autres, Espagnols, nous nous trouvons désormais séparés par un abîme infranchissable ».

Le pronunciamiento a échoué. La Guerre civile commence (voir annexe 3).

II. Un nouveau type d'affrontement : clivages chez les combattants de deux camps

Le mécanisme du pronunciamiento a donc été classique. Ce qui est nouveau en revanche, c'est une politisation des masses qui n'avait jamais eu d'équivalent, même lors de la révolution de 1868. Après l'expérience républicaine, le pronunciamiento est interprété différemment par les organisations politiques et sociales, par la population et bien entendu par l'armée. Au sein de cette institution, se produit un clivage qui ne sera pas de même nature chez les généraux, les officiers supérieurs, les sous-officiers et les soldats.

Chez les officiers, les généraux, hommes d'âge mûr, chez qui ont pu jouer les réflexes de prudence et de discipline, se sont divisés plus qu'on ne l'a cru : 22 généraux sont restés fidèles à la République, 17 seulement ont soutenu le coup d'État. Cela remet en cause toute impression d'unanimité. Pour les officiers supérieurs et subalternes, les chiffres sont moins clairs ; les choix politiques furent plus passionnés chez les jeunes officiers, y compris au sein d'une minorité que l'on pourrait appeler antifasciste (républicains, socialistes, communistes) groupés dans l'UMRA (Union militaire républicaine antifasciste). Cette minorité est plus forte dans les corps spécialisés : l'aviation compte 35 % d'officiers républicains, qui assureront au gouvernement 80 % des appareils. Dans la marine, où les jeunes cadres sont très engagés à droite, les officiers techniciens résistent au coup d'État.

Chez les sous-officiers et les soldats, l'engagement se fera différemment. En 1936, l'égalité devant le service militaire n'était pas encore absolue ; les jeunes gens aisés, les étudiants, avaient un statut spécial (ni membres du « contingent », ni « officiers de réserve ») ; ces jeunes gens qui bénéficiaient d'exemption étaient souvent sensibles à la propagande phalangiste. Quant aux soldats d'origine populaire, qui ne sont plus le sous-prolétariat quasi mercenaire d'autrefois, le coup d'État n'a pas cherché à les convaincre. Les ordres sont venus au dernier moment. On en a caché le sens réel (l'on n'en est pas encore à l'époque des médias actuels comme au moment du coup d'État du 23 février 1981). S'il y a une réaction efficace des autorités et des masses, les soldats lâchent leurs chefs. Si ceux-ci s'imposent vite, on voit peu de résistance à la base. De ce fait, cette proportion a pu varier notablement car, au moment du soulèvement — on est en plein été — quelque 14 000 soldats de la zone républicaine sont en vacances, tout comme 13 000 soldats de la zone nationaliste. On ignore dans quelle mesure les soldats en permission ont pu ou non rejoindre leurs unités.

En tout conflit il paraît nécessaire de faire appel au quantitatif lorsque l'on présente l'état des forces de deux camps. Cependant dans ce qui est en train de devenir une guerre civile, le quantitatif devient une référence plutôt factice. Il ne s'agit pas de compter des unités comme une certaine historiographie franquiste l'a fait pendant de nombreuses années et continue de le faire ; le problème serait plutôt de savoir qui dispose d'un instrument efficace. Il ne faut pas sous-estimer, du côté républicain, la présence, au sommet, d'une petite élite de militaires. Mais, au niveau intermédiaire, sur quelque 16 000 Espagnols ayant statut d'officiers, le gouvernement ne peut en utiliser qu'entre 2 000 et 3 000. Son grand problème fut l'organisation de cadres moyens, qui souvent, comme les cadres supérieurs, étaient tenus dans la plus grande suspicion et mis à l'écart. En Catalogne, en particulier, ce fut le cas des officiers de Bayo, Escofet ou Guarner (Manuel Azaña s'en fait l'écho dans sa pièce de théâtre *La velada de Benicarló — La veillée de Benicarló* — écrite à la fin de la guerre civile). Dans l'armée insurgée, les corps coloniaux avaient leurs propres cadres. Plus tard, quand il faudra songer aux « réservistes », l'aspirant supplétif (*alférez provisional*, sous-lieutenant provisoire) sera exalté comme le héros de ce nouveau conflit. Dans le camp républicain, le jeune bourgeois aisé et instruit est trop peu sûr politiquement pour offrir la figure équivalente ; l'officier populaire de rang moyen ne se formera qu'avec le temps.

Quant aux armements, à première vue le partage initial n'est pas défavorable au gouvernement : une bonne moitié des armes courantes, les 3/4 des unités de la marine, les 4/5 des avions. On comprend qu'une certaine historiographie récente (très souvent orientée) s'attaque à l'image qui domina, en 1936, l'opinion démocratique mondiale : celle d'un peuple désarmé, fort de son seul enthousiasme, contre une minorité militaire puissamment dotée. On peut se demander si cette image n'était pas, en fait, plus vraie que les chiffres. Soldats improvisés, cadres novices ou pu sûrs très souvent, matériel vétuste, marine sans officiers. Peut-on appeler cela une armée ?

Le général Ramón Salas Larrazabal auteur, parmi d'autres ouvrages, *Données exactes de la Guerre civile*, qui continue, pour de nombreux historiens, de faire encore autorité en la matière, admet la supériorité écrasante des loyalistes et reconnaît que les chances des insurgés étaient pratiquement nulles. L'auteur de l'ouvrage décrit ainsi la situation : le 21 juillet s'établit un certain équilibre des forces potentielles, favorables au gouvernement dans la Péninsule, et qui ne pourrait être rompu que par l'intervention de l'armée d'Afrique, avantage compensé par la supériorité aérienne et navale du camp gouvernemental, qui annulerait cette force potentielle en la retenant immobile et impuissante sur ses bases africaines et extra-péninsulaires.

Ce tableau est-il exact ? Théoriquement. Cependant, dès le 19 juillet des troupes marocaines arrivent (Séville, Cadix), le 25, un petit convoi passe, un « pont aérien » fonctionne, le 29 ; le 2 août, deux formations marocaines partent de Séville vers le nord et le 5, le convoi dit de « la victoire » (25 000 hommes) passe le détroit. La supériorité gouvernementale, que l'on avait qualifiée d'écrasante, a été donc vite annulée par ces nouvelles données, puis davantage encore par l'intervention étrangère, rapide, efficace (l'Italie et l'Allemagne) en faveur du coup d'État.

III. L'unité, un leurre dans les deux futures armées ?

Dans l'histoire des pronunciamientos espagnols, celui du 18 juillet 1936 réunit une double condition : tout d'abord, c'est un échec en tant que pronunciamiento en ce sens que l'armée ne contrôle qu'une partie restreinte du territoire. Ailleurs la population se soulève, comme elle l'avait fait en 1808 contre l'envahisseur français, à partir des pouvoirs locaux de type politique ou syndical. Mais bien qu'*a priori* il ait toutes les allures d'un échec, le coup d'État réussit à priver le régime républicain d'une quantité importante des cadres des forces armées ; au XIXe siècle jamais un gouvernement n'a résisté en pareil cas. Malgré les ordres parfois inopérants du gouvernement légal de la République, des milices vont se constituer et elles réussiront, dans certaines régions, et non des moindres, à faire échouer le pronunciamiento initial.

Les officiers sont au départ divisés et les soldats en sont conscients. L'historiographie d'après-guerre, dans les deux camps, a eu tendance à surestimer l'unanimité de l'armée, d'un côté, pour en exalter le rôle, de l'autre, pour magnifier l'élan populaire. On fit appel, de part et d'autre, à l'union sacrée de l'armée et du peuple. Seulement le terme d'union n'eut pas le même sens chez les républicains et chez les insurgés. Pour les premiers, l'armée allait se dissoudre dans les milices, pour les seconds, la milice fut intégrée dans l'armée.

Reconstituer les pouvoirs, concilier tendances novatrices et vieilles formules, tel fut (dominé par les nécessités de la guerre, l'état des ressources, les attitudes étrangères) le problème politique dans chaque camp. La façon de le résoudre fut également différente. Dans la zone républicaine, eut lieu, le 18 juillet, l'éclatement des pouvoirs classiques en Espagne. Le phénomène le plus frappant de la première phase de la guerre, écrira Pietro Nenni, fut l'absence d'un véritable pouvoir, d'une direction centrale. L'État n'existait plus. Les ministères s'efforçaient d'assurer une certaine continuité gouvernementale, mais l'autorité avait disparu et on ne la retrouvait, dispersée, fragmentaire, qu'au sein des formations syndicales et politiques.

Dès le 19 juillet, ces symptômes sont bien visibles. Mêlés au prolétariat en armes, gardes civils et gardes d'assaut relâchent inévitablement leur discipline. Les valeurs qui constituent l'ossature des forces de sécurité et des forces armées sont mises en cause dans le meilleur des cas, bafouées très souvent. Ce climat compliqua considérablement la tâche des militaires restés, par conviction ou nécessité, fidèles au gouvernement. Il poussa nombre d'entre eux à rallier à la première occasion le camp rebelle. Mais la Révolution fait passer aussi un grand souffle d'épopée sur l'Espagne républicaine. Les ouvriers, les paysans sans terre, savent maintenant ce qu'ils ont à défendre. Le pouvoir est à eux ; ils mourront pour le garder. Devant l'armée rebelle, commandée par ses généraux et ses officiers traditionnels, se dressent soudain ces soldats de l'an II.

Dans le camp nationaliste, le processus s'avère différent, nettement moins complexe malgré des difficultés qui seront évoquées par la suite. Les rivalités et les oppositions qui se produisent entre les divers courants politiques (monarchistes « alphonsins », carlistes, phalangistes) aggravent inévitablement les divisions propres à l'appareil militaire. Car l'armée compte aussi des carlistes, des partisans du retour d'Alphonse XIII, également des phalangistes, nombreux surtout parmi les officiers de grade moyen. Elle réunit encore nombre d'opportunistes hostiles au tournant pris par la République du Front populaire, mais nullement convaincus de la viabilité d'une solution monarchiste ou fasciste.

En effet, en dépit de leurs tempéraments et de leurs passés politiques différents, les généraux putschistes n'auront qu'un seul objectif : gagner la guerre, et pour cela leur commandement politique et militaire sera concentré dès le début ; tandis que dans le camp républicain, les différentes forces politiques ne réussiront pas à se mettre d'accord sur la priorité à accorder à la révolution ou à la guerre.

La lecture des dépêches parues presque simultanément dans les différentes villes soulevées, les déclarations des chefs militaires insurgés à la presse étrangère et les premières émissions de radio confirmaient le rôle que devait jouer l'armée. Dans la dépêche déclarant l'état de guerre à Séville, le 18 juillet 1936, Queipo de Llano affirme notamment qu'il devient nécessaire que l'armée, si elle doit être la sauvegarde de la nation, prenne en charge la direction du pays, pour la rendre plus tard, quand la tranquillité et l'ordre seront rétablis, aux éléments civils préparés pour cela. Le général Fanjul ne disait pas autre chose dans la dépêche par laquelle il déclarait l'état de guerre à Madrid, le 19 juillet 1936. À travers ces manifestations apparaissait un commun dénominateur : le rejet du régime consacré par la Constitution de 1931, la condamnation des gouvernements et des hommes politiques (qualifiés de « bandes d'assassins ») qui dirigeaient le pays depuis le 16 février 1936, et étaient responsables, pour ces officiers, du chaos dans lequel se trouvait l'Espagne. Les mots employés par Sanjurjo en 1932, lors de son putsch manqué reviennent, ainsi que les discours de la minorité de droite au Parlement, dont Calvo Sotelo fut le porte-parole. Les insurgés étaient unis, en quelque sorte, par « ce qu'ils ne voulaient pas » mais quant à « ce qu'ils voulaient », leurs positions ne reflétaient que le contre-pied de ce qu'ils réprouvaient, sans définir pour autant un État et un gouvernement autoritaires, centralisés et donnant satisfaction aux aspirations de l'armée.

La radio joua un rôle très important pendant l'insurrection mais les proclamations qui y étaient diffusées au nom de la « nouvelle Espagne » étaient également fort diverses. On se proclamait républicain au centre de l'Andalousie, au Maroc et en Galice. « Rétablir l'ordre dans la République » avait été le programme de Franco dans son premier communiqué publié à Melilla ; on était monarchiste en Castille, mais phalangiste à Valladolid, carliste à Pampelune... Le manque de programme idéologique minimum pouvait se voir à travers les *vivas* lancés par les différents chefs militaires : « Vive la République ! » alternait avec « Vive l'armée ! » pour devenir, enfin, pour tous, « Vive l'Espagne ! » ou encore « *¡Arriba España!* » interjection utilisée dans la période préélectorale par le bloc national de droite et les phalangistes. Les drapeaux étaient, durant ces premiers jours, indistinctement monarchistes ou républicains, à part ceux qui correspondaient aux partis qui s'étaient dotés de milices. Cette différenciation des symboles est le reflet de l'éclatement qui se produisit dans l'institution militaire. Cette atomisation est une conséquence du coup d'État. Le lien qui relie l'armée à l'État fut brisé par la rébellion, une partie de la structure de celle-ci fut désarticulée, les principes essentiels de discipline, de hiérarchie et d'obéissance furent remis en cause.

Chacun des chefs occasionnels du pronunciamiento devient donc, dans la mesure de ses possibilités, une sorte de vice-roi d'un corps national difficile à cerner, qui tout d'abord est désigné sous le nom très vague de « soulèvement national » et plus tard d'« Espagne nationale », de la même façon que fut désigné le territoire dominé, par une terminologie toute militaire : « zone occupée ». Ces chefs militaires, à cause des circonstances extérieures, ou à cause d'une initiative personnelle audacieuse vont agir comme de réels gouvernants ; les gouvernants d'un État qui n'existe pas encore, mais qui finira par s'imposer. L'exemple le plus frappant est celui de Queipo de Llano, qui organisa une « junte régularisatrice d'importation et exportation de la zone du sud de l'Espagne », qui monopolisera tout ce qui concerne l'aspect commercial des relations extérieures, et qui, dans les premiers temps, prit même des mesures relatives aux communications, aux passeports, et aux douanes, avec le Portugal et Gibraltar qui ont des frontières avec l'Andalousie. D'ailleurs, à la fin de la guerre, il deviendra difficile, même au *Caudillo*, de déposséder Queipo de Llano de son autorité.

Enfin le passage entre le coup d'État et l'état de guerre se fit dès lors que de nombreuses régions du territoire, souvent les plus riches et les plus industrialisées s'opposaient aux insurgés. Mais cette transition était d'autant moins prévisible que, à la suite de ce que certains historiens ont appelé une quasi-démilitarisation de l'armée de la part de la République, les munitions n'étaient pas suffisantes pour une guerre longue. Le besoin d'une aide extérieure était patent, ce que les insurgés avaient prévu. Des nazis du Maroc, comme Bernhardt, que Franco rencontra dès le 18 juillet, servirent d'intermédiaires pour obtenir une aide de toute urgence de la part d'Hitler ; il en sera de même avec l'Italie, dès le 30 juillet. Lorsque l'aide allemande et italienne arriva, on passa du pronunciamiento à la guerre civile.

Quant à la diplomatie de la République, elle a une double orientation. Elle tend, en premier lieu, à développer des relations privilégiées, non seulement avec l'Union soviétique mais encore, avec d'autres pays hostiles à la cause franquiste. En second lieu, notamment à l'époque de deux gouvernements Negrín, l'objectif est également d'obtenir que la Société des Nations reprenne l'initiative face à la tutelle exercée par le Comité de non-intervention. Le bilan fut décevant dans les deux cas.

Chapitre 9

DEUX ÉTATS, DEUX ARMÉES (1936-1939)

I. Armée contre milices : succès rapides des insurgés, résistance à Madrid

Le 6 août 1936, Franco atterrissait à Séville pour diriger les opérations militaires. Il était optimiste mais il savait, comme il l'avait confié à l'époque au général Kindelán, que la guerre serait longue. Lorsque Franco arrive à Séville, il est, depuis le 24 juillet, reconnu par la junte de Burgos comme général en chef des troupes du Maroc et du sud de l'Espagne. De Tétouan, il a lancé, une semaine plus tôt, son premier ordre de marche aux colonnes qui vont progresser vers Madrid par la route de l'ouest, la plus longue peut-être mais la plus sûre car leur avance se fera dans un pays ami et permettra d'établir au plus tôt la jonction avec les troupes de Mola dont les avant-gardes sont déjà sur le Tage. Le 3 août, Franco a eu la satisfaction de voir son nom figurer parmi ceux des généraux de la junte de Défense nationale. Raison de plus, maintenant qu'il est à Séville, dans la Péninsule, pour multiplier les initiatives qui débordent du cadre strict de son commandement, ce qui ne lui confère, légitimement, que des compétences locales. Il faut qu'il affirme son ascendant sur l'ensemble du champ de bataille. Le 14 août, Yagüe, à la tête des colonnes d'Asensio et de Castejón qui se sont engouffrées sur la route d'Extrémadure, s'empare de Badajoz avec 3 000 vétérans de l'armée d'Afrique — légionnaires et *Regulares* — contre 5 000 défenseurs, des miliciens inexpérimentés pour la plupart. C'est la première grande défaite de la République, la première révélation aussi des méthodes de guerre de l'armée d'Afrique : « Il fallait purger d'ennemis tout le territoire conquis », avait-il écrit à Mola quelques jours avant la conquête de Badajoz.

Après la chute de la ville, le contact est établi entre les avant-gardes des armées nationalistes du sud et du nord, celle de Franco et celle de Mola. Sur les fronts secondaires d'Andalousie, la situation est également favorable aux rebelles. Le front sud, celui de Franco, est devenu le centre d'intérêt de tous les observateurs, celui dont on attend désormais une véritable décision militaire. Si Madrid doit tomber aux mains des insurgés, c'est Franco, au train où il va, qui, presque sûrement, y fera le premier son entrée. C'est, en effet, Madrid qui devenait l'objectif de l'armée et sa prise aurait permis l'organisation du nouveau gouvernement espagnol. Le 3 septembre, les troupes d'Afrique ne sont plus qu'à cent seize kilomètres de leur objectif. Or l'armée victorieuse s'arrêta, interrompant son offensive et entreprit une nouvelle opération vers Tolède. Certes la raison militaire conseillait à Franco de forcer la marche sur Madrid sans désemparer, en profitant du désarroi des colonnes républicaines. Mais inversement, la raison politique lui suggère plutôt de délivrer l'Alcazar.

Pour l'opinion conservatrice, les jeunes cadets — mais aussi des gardes civils, des officiers, des phalangistes et des otages civils, et leur chef le colonel Moscardó — qui étaient enfermés dans la forteresse, étaient les chevaliers magnifiques d'un vieux combat qui commença à Saragosse et Gérone face aux maréchaux de Napoléon, ou, auparavant, à l'époque de l'Empire romain, un rappel de Numance et de son héros, Viriato. Cette poignée d'hommes, qui défendaient pied à pied leur citadelle, ne savait pas qu'ils étaient devenus, pour une certaine partie de l'opinion mondiale, le symbole de l'insurrection nationale. « Des héroïques cadets de l'Alcazar » pour les uns (Brasillach), des « fascistes » pour les autres. Pour Franco, ce sont des chevaliers d'une nouvelle croisade. Le 27 septembre, Varela entrait dans l'Alcazar. Le 29 septembre, le futur *Caudillo* s'y rendit avec Millán Astray. Il parcourut les ruines de l'académie accompagné de Moscardó en évoquant les années d'étude passées dans cette enceinte. Si la victoire de Tolède avait une extraordinaire valeur émotionnelle pour ses partisans, il n'empêche que Franco sera obligé de reconnaître qu'il a commis « une erreur militaire » en donnant la priorité à Tolède sur Madrid. Cette victoire au grand retentissement national et international pèsera, cependant, d'un grand poids auprès de ses pairs, alors que la course au pouvoir était engagée.

De Tolède à Madrid (70 km), l'offensive prend plus d'un mois, bien que les forces coloniales combinent désormais leur action avec la cavalerie de Mola, et disposent de quelques chars allemands. Madrid est durement bombardée. Les milices se structurent, mais manquent d'expérience. Ni les attaquants, ni les milieux internationaux (diplomatie, presse) ne doutent de l'issue ; tout est prévu pour l'occupation, l'épuration, le ravitaillement, les cérémonies ; on compte sur une rapide reconnaissance diplomatique. C'est alors qu'a lieu la seconde surprise du grand affrontement : Madrid résiste. Un front défensif s'est constitué : trente kilomètres de tranchées et de barricades. Le 6 novembre, le gouvernement est transféré à Valence. Mais une « junte de Défense » mobilise à la fois les milices et la population.

Le 8 novembre, les premières formations des « Brigades internationales » ont défilé dans Madrid, rejoignant le front. Il serait excessif de dire (on l'a fait parfois) que cette présence fut décisive. Elle était faible numériquement, et il ne faut pas exagérer l'expérience de guerre des « internationaux » (sauf chez quelques officiers). Mais ces « volontaires de la liberté » se battirent avec tant de foi que l'effet psychologique fut considérable, dans un combat où les valeurs symboliques furent parfois déterminantes. L'aide soviétique, elle aussi, accueillie dans l'enthousiasme populaire, se traduisit surtout, à cette date, par l'apparition d'une aviation de chasse (les « Moscas ») contre les Heinkel allemands, et par l'appui aux fantassins de conducteurs de char expérimentés. Le 23 novembre, Franco renonçait à prendre Madrid.

Si la délivrance de l'Alcazar avait été pour les insurgés une victoire psychologique, la résistance de Madrid en compensa largement l'effet. Elle devint le symbole mondial de la lutte contre le fascisme (*¡No pasarán!*).

II. Révolution ou politique de guerre ?

En principe, les autorités républicaines représentaient une légalité démocratique attaquée par une partie des forces armées en insurrection ouverte. Cela ne sera pas contesté par la plupart des puissances démocratiques jusqu'aux derniers jours du conflit. Cependant les puissances fascistes et certains courants d'opinion dans les pays européens démocratiques ont petit à petit adhéré à l'idée que l'insurrection était légitimée par les désordres latents et, qu'après le 20 juillet, l'éclatement de fait du pouvoir dans le camp républicain ôtait toute réalité à sa légalité juridique.

À l'inverse du territoire soumis par les insurgés, le territoire contrôlé par le gouvernement légal se rétrécit peu à peu, au point d'imposer un transfert précipité des ministères de Madrid à Valence, puis à Barcelone, enfin et de nouveau à Valence. Les républicains conservent trente-cinq provinces sur cinquante en août 1936. Ils n'en contrôlent que trente au printemps 1937, après la conquête de la plus grande partie de l'Andalousie et de l'ouest de la Castille par leurs adversaires qui ont opéré leur jonction nord-sud. Au milieu de 1937, avec la chute des provinces basques, cette réduction se poursuit, pour s'achever en 1938 avec la nouvelle coupure en deux parties de ce qui reste de la zone républicaine. Cette partition isole Barcelone de Madrid et réduit le domaine républicain à douze provinces seulement.

Ce simple constat d'une défaite lente mais régulière explique que les effets de la guerre soient ressentis davantage dans le camp loyaliste, acculé presque constamment à la défensive. Si les provinces demeurées républicaines restent longtemps les plus peuplées et les plus industrielles, cet avantage apparent a pour contrepartie la disette alimentaire. Les républicains disposent des industries mais doivent nourrir les villes, tandis que les nationaux jouissent d'un potentiel agricole supérieur sans devoir supporter la charge des grandes concentrations urbaines.

De surcroît, il existe un clivage primordial entre les forces politiques de la zone républicaine, y compris à l'extrême-gauche. Il y a d'un côté un courant favorable au bouleversement immédiat des structures économiques, sociales et institutionnelles, qui postule que la victoire sur les insurgés sera le fruit d'un élan prolétarien et révolutionnaire face à la réaction des possédants et de leurs mandants militaires ou religieux. Ce courant rassemble la presque totalité des anarchistes, une fraction importante des socialistes acquis à un marxisme d'autant plus radical qu'il a été rapidement assimilé, et les groupes communistes dissidents du POUM, marqués ou non par le trotskisme.

La gauche dite « bourgeoise », les socialistes modérés et les communistes orthodoxes animent le courant opposé, pour lequel tous les efforts doivent converger au contraire vers le raffermissement de l'État et la reconstruction d'une armée efficace. Ces présupposés vont de pair avec une crainte partagée de voir la révolution immédiate provoquer une défaite militaire rapide, en désorganisant les bases militaires de la résistance et en effarouchant les démocraties occidentales dont l'appui déjà réticent est indispensable. Ainsi se réalise l'union sacrée des républicains, des socialistes proches d'Indalecio Prieto ou de Juan Negrín — qui demeurent attachés au modèle d'une démocratie classique plus libérale que sociale — aux communistes qui n'abandonnent aucunement leurs objectifs ultimes. Sur le court terme, cette alliance de raison répond aux intérêts des uns et des autres. Elle correspond aussi aux vœux de Staline, qui privilégie à l'époque la réconciliation de tous les « démocrates » face à la menace fasciste (dans le cadre d'une formule qui anticipe curieusement sur certaines des propositions de l'eurocommunisme italien des années 1970). Les deux courants se déchirent sur la priorité à donner à la révolution ou à la guerre, dans le cadre d'une lutte dont le paroxysme se manifeste au cours des deux guerres civiles internes qui éclatent au sein même du camp républicain en 1937 et 1939.

III. Échec de la révolution, défaites militaires

Entre le mois de juillet 1936 et mai 1937, le principal problème du camp républicain sur le plan militaire sera d'accélérer l'intégration des milices ouvrières dans la nouvelle armée populaire, ce qui suppose l'élimination progressive des pouvoirs locaux et des milices qui en sont l'émanation. C'est le gouvernement formé sous la présidence de Juan Negrín qui essaiera de mener à bien ce projet.

De nouvelles tensions viendront menacer l'équilibre du gouvernement Negrín. Anticommuniste déclaré et partisan d'une dépolitisation totale de l'armée, Indalecio Prieto se heurte au PCE, qui escomptait que la défaite politique de Largo Caballero lui permettrait d'accroître son droit de regard sur les unités militaires. Les communistes ne pardonnent pas au ministre de la Défense la suppression du commissariat politique aux armées. Ils craignent aussi de voir leur échapper les services de renseignement, devenus leur instrument dans la lutte contre les trotskistes. Enfin, le moins qu'on puisse dire est qu'ils sont contrariés de voir le matériel de guerre d'origine russe distribué en fonction d'une logique qui n'avantage plus les divisions qu'ils contrôlent. Pour résister aux attaques communistes, Prieto aurait besoin d'une victoire. C'est le contraire qui se produit. Les forces républicaines n'obtiennent guère de résultats sur le terrain. Leurs offensives se brisent sur les contre-offensives plus décisives des « nationaux », et le ministre se voit taxé — non sans raison peut-être — de défaitisme. Abandonné par son collègue socialiste Negrín, il lui présente sa démission qui est acceptée, le 5 avril 1938.

Les autonomistes basques et catalans vont également quitter le ministère Negrín au mois d'août, à la suite d'une série de décrets qui accordent au gouvernement central des compétences judiciaires incombant normalement à la *Generalitat*. À vrai dire, le président du Conseil, dans sa logique unitaire, devait naturellement s'opposer aux nationalistes basques et catalans. Les difficultés de la guerre ne firent qu'aggraver la situation et les relations avec le gouvernement catalan étaient devenues extrêmement tendues. Negrín, à la fin de l'année 1938, se battait surtout pour maintenir une unité de façade.

La bataille de l'Èbre (juillet 1938) est pourtant le dernier épisode de la geste héroïque de la République espagnole. Cette ultime offensive est sans doute destinée à contrecarrer la progression nationaliste en direction de Valence et à redonner du courage à des troupes quelque peu démoralisées par les récentes défaites et à une population soumise à des bombardements aériens de plus en plus fréquents. Mais elle est avant tout un effort désespéré, dans l'attente d'un conflit européen qui pourrait seul modifier la situation, pour montrer que la République a encore les moyens de se battre, et, peut-être, pour imposer une paix de compromis, à laquelle se rallieraient les puissances occidentales. Negrín ne vient-il pas de publier, le 1er mai 1938, les treize points destinés à servir de charte à une démocratie espagnole rénovée, charte qui commence par l'affirmation de l'indépendance absolue du pays et se termine par le souhait d'une « large amnistie pour tous les Espagnols qui voudront collaborer à l'immense travail de reconstruction et d'amélioration de l'Espagne » ? Ce texte n'offre évidemment d'intérêt que dans la perspective d'une négociation imposée de l'extérieur. C'est « un message explicite adressé aux grandes puissances démocratiques ». La publication des treize points de Negrín et l'offensive sur l'Èbre relèvent assurément d'une même et élémentaire stratégie.

À la fin du mois de novembre, les troupes franquistes ont repris tout le terrain perdu et peuvent préparer une attaque décisive contre la Catalogne face à une armée épuisée par les derniers combats et découragée par l'évolution malencontreuse de la politique internationale. Pour ne citer qu'un événement clé : la capitulation de Munich, en septembre 1938, signifie à la fois le recul des puissances occidentales devant la menace de guerre brandie par l'Allemagne, et, par voie de conséquence, l'abandon de la République espagnole. L'offensive contre la Catalogne, à la fin décembre 1938, avec des forces considérables, progresse irrésistiblement. Le 26 janvier 1939, les colonnes blindées « nationalistes » occupent Barcelone, évacuée depuis plusieurs jours par les services gouvernementaux. L'armée républicaine, épuisée par les dernières batailles, ne recevant plus le matériel nécessaire pour prolonger la résistance, reflue vers le nord sous la poussée des troupes franquistes, mêlée à une foule de civils de tous âges et de toutes conditions, en un immense et misérable exode qui vient buter sur la frontière pyrénéenne à la fin du mois de janvier. Le 10 février, les soldats franquistes contrôlent pratiquement tous les points de passage vers la France. Après quelques hésitations, le gouvernement Daladier autorisa l'entrée sur le territoire français de centaines de milliers de réfugiés, y compris des miliciens qui y furent internés, après avoir déposé les armes, dans des camps de concentration (le terme s'est enfin imposé dans les derniers ouvrages écrits tant par des historiens que par des témoins). Passage douloureux, qui laissera un amer souvenir, encore sensible chez les survivants après plusieurs décennies.

Devant l'imminence du désastre, les vieilles querelles ressuscitent et vont se résoudre dans la capitale en un ultime affrontement entre Negrín et ses partisans et un Conseil national de Défense avec à sa tête le colonel Casado, le général Miaja et le socialiste Besteiro. Les troupes franquistes entrent dans Madrid le 28 mars ; seul Besteiro reste dans la capitale.Il meurt à la prison de Carmona l'année suivante.

IV. Constitution et reconstitution de deux armées

À plus d'un demi-siècle de distance, la signification symbolique de la tragédie de 1936-1939 l'emporte sur ses autres aspects. Mais quelles que soient les tendances dominantes en matière d'historiographie, traiter d'une guerre en négligeant ses aspects proprement militaires relève de l'abus littéraire. L'essentiel demeure que la République espagnole a joué son destin sur le champ de bataille et que la dictature franquiste est née du sort favorable des armes. Ce sort s'est décidé sur le terrain. Il a dépendu aussi de la qualité de l'outil — c'est-à-dire de l'armée — dont chaque camp a disposé.

Au-delà de l'impression créée par les tableaux d'effectifs et quels qu'aient été le courage et les souffrances des combattants — très importants dans les deux camps — l'une et l'autre des armées sont relativement médiocres. À beaucoup d'égards d'ailleurs, le combat des républicains consiste précisément à édifier une armée à partir de rien dans les pires conditions. Progressivement, ils la modernisent, l'équipent mieux par moments que celle de l'adversaire. Mais cette force demeure souvent mal commandée par des cadres improvisés, et tiraillée, jusqu'en 1937, comme on l'a dit, entre la priorité à donner à la révolution ou à la guerre. En face, l'armée « nationale » représente une masse impressionnante à première vue. Lors de l'offensive finale, au début de 1939, elle aligne 1 020 000 hommes et plus de 50 divisions opérationnelles, tandis que l'Armée populaire de la République ne rassemble plus que 600 000 soldats répartis entre 200 brigades mixtes. Mais cette force imposante par le nombre ne constitue pas davantage un instrument militaire « à l'européenne ». Elle ne compte que 19 000 artilleurs et 11 000 sapeurs du génie. Elle demeure avant tout un vaste conglomérat de fantassins, dont le triomphe procède autant des erreurs du commandement républicain que de sa supériorité relative sans oublier l'aide internationale jusqu'à la fin de la guerre.

Ce profil militaire médiocre de la guerre ne relève pourtant pas d'un défaut de combativité, bien au contraire. Longtemps il tient surtout à ce que les deux armées en présence demeurent embryonnaires et n'existent quelquefois que sur le papier. Pendant des mois, ce sont souvent des soldats en civil qui s'affrontent de chaque côté, sans idée de la situation générale, privés de toute expérience tactique dans le camp républicain et au contraire saturés d'officiers sans hommes de troupe dans le camp adverse. L'armée « nationale » ne commence à se structurer qu'à partir des mois de septembre-octobre 1936, grâce à l'arrivée des bataillons venus d'Afrique. Encore ne compte-t-elle que trois divisions au début de novembre, dont une seule — la division « renforcée » du front de Madrid — possède une puissance réelle. Celle-ci repose avant tout sur deux corps d'élite peu nombreux : d'une part, la Légion étrangère forte de 5 000 hommes au début de la guerre et de 15 000 hommes, à la fin de celle-ci ; d'autre part les *Regulares* marocains, qui rassembleront 62 000 hommes au total de 1936 à 1939. Il est vrai que les forces républicaines possèdent aussi très tôt leur corps d'élite. Les Brigades internationales présentent cette caractéristique, mais elles n'interviennent qu'à partir du début de novembre 1936 dans la bataille de Madrid, et elles repartent en novembre 1938. Avant cela, le 5e régiment formé par les milices communistes de Madrid représente le noyau de la future armée populaire de la République.

L'armée populaire

Ce sont les milices des différents partis qui se trouvent à l'origine de l'armée populaire. Le nombre des miliciens combattant pour la République, à la fin de 1936, est encore plus difficile à évaluer que dans le cas de l'armée « nationale ». Chaque parti a ses volontaires, auxquels se sont mêlés d'anciens militaires, gardes d'assaut et soldats ralliés. Donner un chiffre est parfaitement illusoire, peut-être 100 000 hommes, peut-être plus. Chaque colonne a son drapeau, enrôle pour son compte dans des formations assez fluctuantes, sans cesse remaniées, encadrées le plus souvent par des militants chevronnés, parfois aussi par des officiers restés fidèles, ce qui est souvent le cas dans les colonnes formées par les partis républicains (de centre gauche). L'unification de principe qui a permis de constituer l'armée populaire, au printemps 1937, n'efface pas vraiment ces disparités. Jusqu'à la fin de la guerre, il restera des divisions, et même des corps d'armée à dominante communiste, socialiste, anarchiste, etc. Les volontaires étrangers sont beaucoup moins nombreux que dans le camp « nationaliste ». Mais ils apportent le sens de la discipline, la volonté d'organisation, et aussi parfois les qualités techniques qui manquent singulièrement aux militants lancés dans la bataille sans aucune formation préalable. Les troupes d'élite, constituées d'Espagnols et d'étrangers, seront évidemment engagées dans les combats les plus durs, et subiront, de ce fait, des pertes relativement plus importantes que le reste de l'armée.

Le 5e régiment, formé par les milices communistes de Madrid, représente le fleuron et le prototype de la future armée populaire de la République. En dépit de son appellation modeste, le 5e régiment présente tous les caractères d'un embryon d'armée au sens plein du terme. Organisé par le communiste italien Vittorio Vidali, il monte en ligne pour la première fois le 5 août 1936 afin de sauver la situation dans le secteur de la rivière Jarama, au nord de la capitale. Issu des « Milices antifascistes ouvrières et paysannes » (MAOC) d'avant la guerre civile, dirigées alors par Juan Guilloto, le futur colonel Modesto, le 5e régiment adopte d'emblée un style professionnel privilégiant la discipline et la rigueur du commandement. Il développe une infrastructure complète d'intendance, d'ateliers et d'écoles de formation, établit les noyaux des diverses armes et invente de nouvelles techniques de combat, comme celle des « chasseurs de chars » armés de cocktails Molotov. En outre, si le 5e régiment inaugure une hiérarchie parallèle des commissaires politiques de style soviétique, reprise ensuite par l'ensemble de l'armée républicaine, il se dote également d'un état-major central efficace. De façon générale, ses cadres d'origine pourtant ouvrière vont fournir aux futures brigades régulières un très grand nombre de leurs meilleurs chefs, parmi lesquels se détachent Enrique Lister, José María Galán, Antonio Cordón. Pendant les premiers mois de la guerre, il va produire les meilleurs combattants républicains jusqu'à sa dissolution opérée le 27 janvier 1937, date à laquelle le 5e régiment achève alors de s'intégrer dans l'armée régulière.

Adoptant alors le nom « d'armée populaire » (*Ejército popular*), l'armée régulière proprement dite prend corps dès septembre 1936, à l'initiative du gouvernement de Francisco Largo Caballero, au moment où les Brigades internationales se voient reconnaître parallèlement une existence légale. Elle est largement l'œuvre de quatre officiers de carrière : les généraux Pozas, Castelló, Miaja et le colonel Rojo. Le 16 octobre, un état-major central est créé. Le 18, six premières brigades mixtes commencent à se former, dont trois sous le commandement des communistes Lister, Galán et Gallo. Le 20 octobre, un décret instaure un commandement unique des milices des organisations ouvrières. Mais la difficulté principale subsiste à ce niveau, comme on l'évoquera plus loin. À l'exception des communistes et, dans certains cas, des socialistes, les partis et les syndicats répugnent à perdre le contrôle de leurs forces et à les fondre dans les nouvelles brigades mixtes. Dans la pratique, le gouvernement ne dispose que d'un seul moyen de pression efficace : les soldes et les subsides publics ne sont attribués qu'aux unités soumises au commandement unique et obéissant à ses normes d'organisation.

Ces mesures centralisatrices tardent toutefois à faire sentir leurs effets, en particulier dans le cas des milices anarchistes de Catalogne. En succédant à Largo Caballero, le président Negrín hérite d'un instrument appréciable, puisque l'opération la plus délicate — l'intégration des milices ouvrières — se trouve désormais accomplie. L'armée régulière revêt l'uniforme marqué de l'étoile rouge, mais ses officiers, portant le signe distinctif de leur grade, exercent une autorité certaine lorsqu'ils n'entrent pas en conflit avec les commissaires politiques. De plus, les bataillons républicains sont de mieux en mieux équipés avec du matériel d'origine soviétique. Ministre de la Défense du gouvernement Negrín, Indalecio Prieto parfait et développe cet instrument. Il crée une armée de l'air autonome, supprime, dans la mesure du possible, les commissaires politiques, améliore le fonctionnement des écoles militaires, réduit le rôle des communistes dans le commandement, et réorganise la production locale d'armement, au point de lancer deux usines de montage d'avions de modèle russe, à partir de septembre 1937. Prieto consolide de la sorte une armée de 600 000 hommes, forte de 220 brigades mixtes regroupées en 70 divisions auxquelles s'ajoutent une première division blindée et deux groupements indépendants de défense anti-aérienne. Le 14 décembre 1937, il lance dans ces conditions une offensive qui débouche sur la prise de la ville de

Teruel, la seule capitale de province que les républicains soient parvenus à reprendre aux « nationaux ». Mais ce succès reste de courte durée. Le 22 février 1938, Teruel est reconquise par les forces adverses qui, à partir du 9 mars, passent à leur tour à l'offensive sur le front d'Aragon. Honni par les communistes, dont il a gêné la pénétration dans l'armée, et accusé par eux de défaitisme, Indalecio Prieto doit démissionner, le 5 avril 1938. L'armée populaire entre dès lors dans sa phase de déclin en dépit de ses sursauts parfois spectaculaires tels que la traversée de l'Èbre, planifiée par le général Rojo, qui montre de la part des républicains une maîtrise technique remarquable. Mais finalement la bataille de l'Èbre (juillet-novembre 1938) sonne le glas des espoirs militaires du gouvernement de Negrín. À partir du 23 décembre 1938, l'armée populaire battue, et reformée une dernière fois, ne fera que reculer jusqu'à son effondrement final.

L'armée « nationale »

L'immense armée de plus d'un million d'hommes, qui refoule l'armée républicaine durant les six semaines de la conquête de la Catalogne, a mis presque autant de temps à se forger. Les officiers ne lui ont pas manqué au début et elle n'a pas eu à inventer une nouvelle organisation militaire à l'instar de son homologue loyaliste. Mais les « nationaux » n'ont trouvé sur le territoire métropolitain que des unités à effectifs incomplets, non opérationnelles, souvent frappées par la désertion des hommes de troupe ou des sous-officiers, peu armées, presque sans stocks de munitions. Ils ont également vu la marine et, au début, l'aviation leur échapper pour une large part. Dans l'attente des régiments du Maroc, leurs maigres colonnes ne forment dans ces conditions qu'un conglomérat de petites unités incomplètes, de gardes civils ralliés et de volontaires carlistes ou phalangistes. Le général Franco se heurta, lui aussi, au problème du contrôle et de l'intégration de ses propres milices — carlistes, phalangistes, parfois catholiques ou nationalistes — dans un dispositif centralisé. Jusqu'au 20 décembre 1936, où un commandant unique — le général Monasterio — leur est imposé et où elles se trouvent soumises au code de justice militaire, les milices « nationales » demeurent largement indépendantes.

L'armée franquiste ne se développe vraiment qu'à partir de ce moment, sur la base de la mobilisation d'un nombre croissant de réservistes, grâce aussi au concours des *alféreces provisionales* — sous-lieutenants à titre provisoire — instruits rapidement dans les deux écoles ouvertes également en cette fin décembre 1936 (pour à peine plus d'un mois, en dépit des réserves de Franco, qui estime insuffisant le temps prévu pour ce « stage »). Le recrutement de ces officiers provisoires a été proposé par Mola, « compte tenu, précise-t-il, de la rareté des officiers ». Mais au début de 1937 encore, le général Franco ne dispose d'aucune force de réserve. De ce fait, le concours du corps expéditionnaire italien lui est absolument indispensable pour stabiliser le front autour de Madrid et assurer la prise de Malaga. L'organisation militaire qui s'impose est celle de l'armée espagnole d'avant 1931. Les officiers, qui sont majoritairement des militaires de carrière, continuent d'appliquer le règlement traditionnel. Ils ressentent également une certaine méfiance vis-à-vis des appelés placés sous leurs ordres. Ceux-ci sont des gens du peuple mobilisés du simple fait de leur lieu de résidence, non des adeptes de la « croisade ». De par leur origine sociale, ils sont soupçonnés d'être plus proches de la cause républicaine que de celle des insurgés. Dans ces conditions, la discussion n'est guère admise dans les régiments franquistes où la discipline se comprend dans son aspect le plus rigide. L'augmentation rapide du nombre des officiers — les *alféreces provisionales* — ne modifie rien sur ce plan. Ceux-ci appartiennent à des milieux plus aisés ; une barrière sociale et culturelle les sépare des hommes de troupe aussi bien que de la masse des sous-officiers. Ces nouveaux officiers, soigneusement endoctrinés par la propagande nationaliste, se battront avec courage. On estime que plus de 3 000 d'entre eux sont morts pendant la guerre. Ils seront, par la suite, un des plus fidèles soutiens du régime franquiste auquel ils se sont identifiés.

L'armée nationale concentre comme on le sait une pléthore d'officiers de métier de toutes les armes, à concurrence de 15 000 à peu près. Même si la croissance gigantesque de ses effectifs l'oblige vite à recourir au service d'une vingtaine de milliers de jeunes sous-lieutenants de réserve formés en quelques semaines, leurs collègues de carrière entendent préserver leurs traditions et leurs privilèges. Ils restent en particulier des plus pointilleux sur les règles d'avancement et les prérogatives de l'ancienneté dans chaque grade. De ce fait, et en dépit de l'état de guerre, les promotions demeurent lentes dans le camp franquiste, presque comme pendant le temps de paix. Elles continuent également à obéir à des normes strictes, excluant l'arbitraire du haut-commandement ou le favoritisme politique. Afin de satisfaire les besoins des unités, les fonctions sont découplées du grade, ou plutôt celui-ci n'est-il accordé normalement qu'à titre provisoire, pour la durée du conflit. Au total, seulement trente-sept colonels bénéficient d'une promotion permanente au rang de général entre 1936 et 1939, soit moins d'un sur vingt. La proportion des promus se révèle un peu plus généreuse aux grades inférieurs, sans relever jamais d'un processus météorique. Il en est de même pour les officiers appelés qui ne sont brevetés qu'à titre provisoire, jusqu'à leur démobilisation. Ceux d'entre eux qui, après la victoire, choisiront de ne pas quitter l'armée seront confirmés dans leur grade après un stage de perfectionnement.

Il faut noter enfin de grandes différences entre les deux armées qui s'affrontent pendant trois ans sur le territoire espagnol et ces différences expliquent en grande partie le résultat final de cette guerre. Tout d'abord, Franco est un professionnel reconnu de l'armée. Depuis octobre 1936, il est chef de l'État et chef de l'armée nationaliste. Il confond dans sa pensée et dans ses actes la conduite politique et la conduite stratégique de la guerre. Sa politique militaire s'appuie sur une militarisation de l'État et de la vie quotidienne. Les autorités politiques (toutes idéologies confondues) sont subordonnées aux autorités militaires dès les premiers mois du conflit. Cette unité de commandement facilite le développement d'une politique stratégique, même si celle-ci entraîne des erreurs et des contradictions, alors que le gouvernement républicain, en raison de l'éclatement des pouvoirs, ne pourra vraiment parler de stratégie qu'à partir de juin 1937.

Alors que la conduite de la guerre dans le camp nationaliste était l'affaire personnelle du Généralissime, la République ne pouvait pas se permettre la désignation d'un chef militaire. Le système de valeurs mis en place par ce régime donnait la priorité aux valeurs « civiles », sans oublier le rejet que l'armée, en tant qu'institution, suscitait parmi les partis républicains même modérés. Le pronunciamiento du 18 juillet ne fera qu'augmenter la haine d'une grande partie de ces Espagnols envers ce qu'ils considéraient toujours comme une caste. Enfin la République aura été, et cela malgré elle, un État obligé de créer une armée pour faire la guerre, avec les difficultés que cela comportait du point de vue idéologique et matériel.

Par conséquent, la victoire de 1939 aura été essentiellement la victoire d'une armée professionnelle, au cours d'une guerre que son chef voulait dès le départ longue et exemplaire. Il ne s'agissait plus pour lui de vaincre l'ennemi, mais de le détruire, de le laminer. Une fois la lutte finie sur le champ de bataille, l'objectif politique sera d'imposer les « vertus militaires », de les étendre à la totalité des citoyens, prolongeant ainsi le commandement militaire tout le temps nécessaire.

Au matin du 1er avril 1939, au moment où les derniers prisonniers sont capturés à Alicante, le général Franco peut enfin publier son communiqué de victoire : « Aujourd'hui — écrit-il de sa main — après avoir capturé et désarmé l'Armée rouge, les troupes nationales ont atteint leurs derniers objectifs militaires. La guerre est finie ». Une longue paix armée s'installe sur l'Espagne.

Chapitre 10

AUX ORIGINES DU RÉGIME FRANQUISTE

I. Du coup d'État à la conquête du pouvoir

Franco va conquérir le pouvoir en moins de deux mois par l'effet conjugué des succès de son armée d'Afrique, d'un nouveau coup d'éclat — la libération de l'Alcazar de Tolède — qui confirmera son prestige, et de l'ambiguïté bien calculée de « ses projets politiques », qui le feront apparaître, aux yeux des groupes d'opinion les plus divers, comme l'homme destiné à combler leurs vœux.

Les raisons du coup d'État, comme il a été indiqué plus haut, étaient diverses, ambiguës, contradictoires parfois : contre « le désordre », « la révolution », « l'éclatement national ». Au nom de l'ordre républicain (dans les premiers manifestes), mais (dès le début aussi) avec des nostalgies monarchistes. Socialement, on attendait une contre-révolution conservatrice ; mais le vocabulaire de la Phalange semblait plutôt révolutionnaire et anticapitaliste. Quant aux hommes, l'accident du général Sanjurjo priva les militaires du chef attendu, le plus ancien en grade et l'auteur, célèbre pour certains, du coup d'État de 1932, même s'il avait échoué. Aucun autre leader ne s'imposait. D'où viendrait une autorité militaire, une autorité d'État qu'exigeait la nature du mouvement ? Il fallait disposer rapidement d'un organe diplomatiquement et administrativement responsable.

Ce fut le 25 juillet 1936 que la « junte de Défense » se réunit, présidée à Burgos, par Cabanellas, général dont le républicanisme et l'appartenance de longue date à la franc-maçonnerie déplaisaient à une grande partie des partisans du soulèvement. La junte comprenait également quatre officiers mal définis politiquement : les généraux Emilio Mola et Fidel Dávila et les colonels Federico Montaner et Fernando Moreno. Elle comptait enfin deux monarchistes dans sa composition initiale, les généraux Andrés Saliquet et Miguel Ponte. Cet équilibre dans la division se complique par la suite. D'abord avec l'introduction en son sein de l'encore énigmatique général Franco, le 3 août, puis avec celle des généraux Queipo de Llano et Orgaz, le 17 septembre (le premier républicain et le second monarchiste). Les militaires, donc, à qui sont revenues l'initiative et la direction de l'insurrection, sont divisés.

Malgré la victoire de l'Alcazar (le 27 septembre), le soutien de Yagüe et de Millán Astray, et son passé militaire prestigieux, l'élection de Franco par les généraux de la junte de Burgos fut le fruit de négociations difficiles et de discussions âpres que l'on connaît depuis la publication en 1982 des *Cahiers de guerre* du général Kindelán, écrits en 1945 et censurés par la suite. La mort de Sanjurjo, qui devait commander l'insurrection militaire, avait laissé vacante la direction de l'armée nationaliste et celle du gouvernement provisoire. L'Espagne « nationale », le 19 juillet, comprenait finalement trois zones dominées par les armées de Mola, de Queipo de Llano et de Franco. Leurs chefs devaient résoudre tous les problèmes avec leurs seules forces. Comme lors de l'insurrection anti-napoléonienne où les juntes régionales avaient négocié séparément avec l'Angleterre, chacun s'était adressé à l'Allemagne pour obtenir les avions et les armes nécessaires à ses troupes. L'arrivée de Franco dans la Péninsule avait amélioré la situation en permettant aux généraux de se consulter et d'établir une certaine harmonie entre leurs opérations. Mola, par exemple, malgré son rôle prééminent dans la préparation du soulèvement s'en remettait à Franco pour organiser jusqu'à la fourniture des cartouches à l'armée. Le chef de l'armée du Maroc devait envoyer ainsi des troupes de choc à l'armée du nord pour achever la campagne d'Irún et de Saint-Sébastien.

Mais ce duumvirat, ce triumvirat même, avec Queipo de Llano, risquait de ralentir les opérations militaires. Les généraux espagnols se rappelaient peut-être qu'une des leçons de la Première Guerre mondiale avait été la nécessité d'un commandement unique. Ils avaient prévu un commandement suprême du vivant de Sanjurjo. Le marquis du Rif mort, il fallait lui trouver un successeur. Par ailleurs, la République, malgré ses divisions, s'était organisée en créant un gouvernement de coalition présidé par le socialiste Largo Caballero. Cet effort de réaffirmation d'une autorité centrale chez l'ennemi accentua parmi les dirigeants nationalistes la conviction qu'ils devaient eux-aussi unifier et renforcer le commandement central. Le général qui semblait, *a priori*, le plus indiqué pour jouer ce rôle était, sans aucun doute, Franco. Mais Franco effrayait pour de multiples raisons. Aussi nombreux que les royalistes, les généraux fascisants ou partisans d'une république conservatrice le soupçonnaient d'œuvrer en faveur du retour du souverain exilé en Italie. Tous, monarchistes aussi bien qu'anti-monarchistes, le redoutaient en vertu de l'étendue même de son prestige professionnel et social. Jeune quadragénaire déjà arrivé au grade de général de division, Franco apparaît comme l'unique officier capable de vaincre au sein d'une armée espagnole qu'il a guérie du défaitisme pendant la campagne du Maroc. Face à ses homologues, il a trop visiblement l'air d'un ambitieux prêt à délaisser l'aventure coloniale au profit de la politique nationale (aux élections de 1936, il hésita à présenter sa candidature dans la province de Cuenca). Le commandement de l'armée d'Afrique lui fournit toutefois une carte maîtresse.

Le récit de Kindelán, mais aussi le contenu des informations parues dans les journaux de l'Espagne dite « nationale », à Salamanque et à Cáceres, ainsi que le Journal de l'aide de camp de Mola, José Mª Iribarren, qui assista à ces réunions, montrent comment une sorte de complot se noua dans l'entourage du général Franco pour le pousser à la première place. On pourrait aussi se demander si, prudemment, le général ne laissait pas mûrir les événements, tout en étant tenu au courant par son frère aîné, Nicolás, des intentions de ses partisans, le général Orgaz, le général Millán Astray et le lieutenant-colonel Yagüe.

II. Franco, Généralissime

Pour vaincre cette « résistance passive », Kindelán proposa finalement au général Franco de réunir la junte de Burgos et les généraux ayant un commandement. Il signa les convocations pour le 12 septembre 1936. Au cours de cette séance on aborda la question de l'unité du commandement. Seul le président de la junte, Cabanellas, refusa la proposition, en rétorquant qu'une guerre peut être dirigée par un Généralissime, ou bien par un directoire ou encore par un comité.

Il ne convainquit personne. Les généraux se prononcèrent à l'unanimité — moins la voix de leur président — pour la création du poste de Généralissime. Lorsqu'on organisa à l'élection du chef qui devait l'exercer, la même majorité désigna le général Franco. Seul Cabanellas, qui s'était prononcé contre le principe, s'abstint de désigner un titulaire. Cependant, en raison des opérations en cours, on décida de maintenir secrète la décision de la junte. Franco poursuivit les opérations qui amenèrent la délivrance de Tolède et Mola celles qui aboutirent à la conquête de la province de Guipuzcoa.

Le silence du général Cabanellas inquiétait cependant les partisans du commandement unique. Il pouvait escamoter la résolution de la junte en faisant traîner son application. La libération de l'Alcazar qui survint alors servit admirablement la cause de Franco : sa popularité était au zénith. La proposition de faire de lui le chef unique devait être accueillie triomphalement par l'armée et l'opinion publique du camp nationaliste.

À nouveau, la junte des généraux se réunit, mais cette fois la réunion fut plus houleuse, selon Kindelán, Cabanellas et José Mª Iribarren ; ces trois témoins y défendirent des causes diverses et leurs témoignages respectifs s'en font l'écho. Kindelán proposa de nommer un Généralissime et de lui confier en même temps la direction de l'État. L'auteur du projet avoue que la lecture de sa proposition fut « mal accueillie » et que l'article 3 (qui énonçait la réunion des deux fonctions entre les mêmes mains) provoqua une désapprobation générale. Le principe était discutable. Pourquoi ajouter aux responsabilités du Généralissime déjà très lourdes en elles-mêmes, quand la guerre se déroulait sur plusieurs fronts, la charge d'un gouvernement civil qu'il fallait réorganiser entièrement ?

Peut-être y avait-il à cela une raison dont les conséquences n'iront pas sans créer des problèmes entre certains de ces généraux après la guerre civile. La junte des généraux comprenait des républicains ou du moins des gens qui ne croyaient plus aux chances de la monarchie en Espagne comme Cabanellas, Queipo de Llano et Mola, lequel, ayant assisté de son bureau de directeur général de la Sûreté à l'agonie de la royauté, doutait qu'on pût refaire un État fort sur une idée morte pour la grande majorité des Espagnols. D'autre part, ni les carlistes, ni les phalangistes ne voulaient se battre pour le compte des descendants de Ferdinand VII. Le général Mola avait dit publiquement, après la prise de Saint-Sébastien, ce qui était déjà convenu avec Sanjurjo à la veille de l'insurrection nationale : l'armée devait gouverner, parce qu'elle était la seule à avoir assez d'autorité pour maintenir l'union des éléments hétérogènes qui composaient l'Espagne.

Donner la direction de l'État au chef de l'armée répondait donc à cette logique. Mais les généraux qui proposèrent cette mesure, Kindelán, Orgaz, étaient connus comme des royalistes zélés. Franco, lui aussi, avait toujours été fidèle à la monarchie. Il est très possible que les généraux hostiles à un retour des Bourbons se soient demandés s'il n'y avait pas là un détour pour réaliser, à brève ou moyenne échéance, cette restauration. Quoi qu'il en soit, la proposition soulevait peu d'enthousiasme. Cependant, devant l'urgence de la guerre qui nécessitait de plus en plus une unité de commandement, devant l'insistance de Rome et Berlin, navrés de ne pas pouvoir traiter avec un véritable gouvernement nationaliste et enfin sous les pressions exercées, entre autres, par Yagüe sur ses compagnons, la situation finit par se décanter. D'après Payne, ce dernier aurait déclaré à ses interlocuteurs que si Franco n'était pas, une bonne fois reconnu comme chef suprême, des actes d'insubordination risquaient de se produire dans l'armée d'Afrique.

Tous reconnaissaient la valeur de la formation militaire de Franco ; seul Cabanellas, président de la junte continuait de s'opposer à cette nomination, car ayant connu Franco quand celui-ci était sous ses ordres au Maroc, il craignait ce qui se produisit ensuite : qu'il gardât ce poste une fois la guerre terminée. Malgré ces réticences, la candidature de Franco finit par l'emporter. Le 29 septembre est une date mémorable dans la mythologie franquiste. C'est l'entrée dans Tolède « libérée » et la publication au *Journal officiel* de l'État du décret de la junte qui déclarait, dans son article 1er, Franco chef du gouvernement de l'État espagnol devant assumer tous les pouvoirs pour la durée de la guerre.

De toute manière, le futur *Caudillo* n'est, au regard de ce texte que le Premier ministre d'un régime sans magistrature suprême. Chacun imaginait que cette place éminente restait vacante au bénéfice du roi Alphonse XIII, qui n'avait pas renoncé au trône et dont le retour ne pouvait tarder, ou d'un président d'une république agréé par les forces insurgées. Franco s'accommoda de cette ambiguïté mais reprit l'avantage dès le 1er octobre.

L'article 2 du décret ajoutait aux charges précédentes celle de Généralissime des forces nationales de terre, de la marine et de l'air ; ce qui lui conférait le titre de général en chef des opérations militaires. Tout d'abord, l'appellation de Généralissime établissait une fonction militaire distincte des autres fonctions. Les généraux venaient ainsi d'attribuer sa première légitimité au nouveau régime qui naissait d'une cooptation par les chefs de l'armée. Cela n'allait pas sans rappeler l'institution romaine impériale dans laquelle le général victorieux était proclamé *imperator* par ses soldats sur le champ de bataille. Le terme de « généralissime » était réservé justement à l'*imperator*. L'article 3 du décret annonçait l'unification de toutes les forces politiques qui formaient le camp nationaliste sous l'autorité de Franco. Cette unification aura lieu un an plus tard, le 19 avril 1937, et elle donna lieu à la désignation de Franco comme chef du parti unique.

L'article 3 précisait également que cette proclamation revêtirait une forme solennelle en présence des représentants qualifiés de tous les éléments nationaux qui composaient le Mouvement. Ce décret serait ensuite communiqué aux gouvernements étrangers. La cérémonie d'intronisation eut lieu le 1er octobre 1936. C'est alors que Franco effectuait son coup d'État dans le coup d'État. Lu solennellement devant les dignitaires militaires, civils et religieux, ce texte fondateur ne faisait plus allusion à la nomination « pour la durée de la guerre ». Grâce à cette omission, le Généralissime s'arrogeait un pouvoir illimité dans sa portée aussi bien que dans sa durée. Au même instant, Franco faisait savoir de surcroît que la page des arrangements provisoires et révocables était définitivement tournée.

III. L'intronisation du *Caudillo*

Le 1er octobre 1936, donc, la cérémonie d'investiture eut lieu dans la « salle du trône » de la capitainerie de Burgos, ainsi nommée parce que le Roi, un jour, y donna audience. Une tribune fut dressée pour cette cérémonie. Tout rappelait les temps ou le chef était élevé sur le pavois, mais Franco n'allait pas s'y asseoir. Sans attendre d'être investi par le président de la junte, le général Cabanellas, il s'adressa au peuple depuis le balcon. L'intention était parfaitement claire, comme il l'avait dit aux survivants de cette cérémonie en 1947 : il n'acceptait la consécration de ses pairs qu'après avoir recueilli celle de la clameur populaire (« le peuple sain »). Sa légitimité, il comptait l'obtenir d'une victoire militaire, de son passé d'officier brillant, mais aussi de cette masse qui l'attendait devant le balcon et qui pour lui représentait toute l'Espagne.

Le jour même de la cérémonie à la Capitainerie générale de Burgos où il prononce son discours à la nation, Franco étrenne son titre de chef de l'État en signant sa première loi et une douzaine de décrets parus dès le lendemain, le 2 octobre 1936, dans le *Journal officiel* de l'État. Le premier de ces textes ordonne la création d'une junte technique de l'État destinée à succéder à la défunte junte de Défense nationale. Pour ne pas heurter les généraux de la junte, Franco maintiendra secrète jusqu'au 5 octobre cette première loi organique de son nouvel État. Il n'en reste pas moins que, hormis Dávila, collaborateur direct de Mola, nommé chef de l'état-major général et président de la junte technique, et Gil Yuste, nommé secrétaire à la Guerre, aucun des généraux de Burgos ne figure dans le nouvel organigramme. Mola reste cantonné à des tâches exclusivement militaires : il n'ajoute à son commandement que celui de l'armée d'Afrique. L'armée du sud revient naturellement à Queipo de Llano. À Orgaz échoient les titres de haut-commissaire et de chef des forces armées au Maroc. En revanche, le monarchiste Kindelán, principal artisan de la nomination de Franco à la tête de l'État, est simplement confirmé dans ses fonctions de commandant en chef de l'aviation nationaliste, mais une fois la guerre finie, il sera en désaccord avec Franco pour des raisons politiques. Quant à Cabanellas, l'adversaire le plus notoire, il reçoit la sinécure d'inspecteur général de l'armée, poste purement honorifique. Cette manière d'agir à l'égard des principaux officiers de l'armée nationaliste, Franco la maintiendra tant que durera son régime : le *Caudillo* évitera très soigneusement, dès le début de son mandat, d'être prisonnier de sa propre armée et en conséquence il fera en sorte de donner aux militaires un rôle secondaire dans les différents gouvernements.

Contrairement à ce que le *Caudillo* avait promis dans son discours aux membres de la junte de Défense, celle-ci ne jouera plus aucun rôle à ses côtés. On la réunit encore le 2 octobre en lui faisant croire qu'elle survivrait sous la forme d'un « Conseil national de l'Espagne » présidé par Franco, mais ce sera-là sa dernière réunion. Ses membres, auxquels on a laissé miroiter le titre de ministres ne seront plus jamais convoqués. Certains d'entre eux iront jusqu'à parler de « coup d'État » à propos de cette liquidation brutale de la « junte de Défense » que Franco avait promis de conserver auprès de lui.

Dès le 2 octobre, tous les journaux de la zone « nationaliste » parent Franco du titre de « chef de l'État », mais l'appellent plus volontiers encore *El Caudillo*. Cette appelation bien espagnole, évocatrice des gestes héroïques (Pelayo), des guérillas anti-napoléoniennes, homologue des noms prestigieux de *Duce* et de *Führer*, Franco la préfère de loin à celle de « dictateur » que la presse lui a donnée la veille ou à celle de *Jefe* (chef), dévaluée par Gil Robles. Ce titre de *caudillo*, l'a suivi chaque fois qu'il gravissait une marche de la célébrité ou du pouvoir. Il s'était toujours trouvé, aux étapes les plus marquantes de sa vie (le retour du Maroc, son séjour à l'académie de Saragosse, etc.), un orateur de banquet, un journaliste, un camarade enthousiaste prêt à le lui décerner comme un écho de sa prodigieuse ascension. Il donna lui-même l'ordre, au soir du 1er octobre, d'associer constamment ce titre à son nom, et de l'écrire avec une majuscule.

Mais on peut se demander, avec Payne, si le *Caudillo* — titre qui rappelle sa fonction militaire — porta, à partir de cette date du 1er octobre 1936, une attention plus grande aux problèmes militaires qu'aux problèmes politiques. La première constatation pour essayer d'amorcer une réponse, c'est qu'il installa son état-major dans un lieu d'où il pouvait suivre aussi bien les opérations de l'armée du nord que celles de l'armée d'Afrique sur le front central. C'est pourquoi, il abandonna Cáceres, trop méridionale, pour s'installer au palais épiscopal de Salamanque. En ce début d'octobre, deux opérations essentielles devaient être menées sur le front nord : la libération de la garnison d'Oviedo assiégée par les troupes républicaines et, sur le front sud, la reprise de l'offensive vers Madrid. Il se consacra entièrement à ces deux tâches. Franco veilla avec grand soin à l'équilibre des forces politiques dans son camp : en réglant les conflits avec les carlistes de Fal Conde et les phalangistes de Hedilla (José Antonio Primo de Rivera avait été exécuté, le 20 novembre 1936), et en créant, en 1937, un parti unique (FET et des JONS[1]) au sein duquel il rassembla carlistes et phalangistes, tout en se

1. Ce parti réunissait la Phalange (*Falange Española Tradicionalista*) fondée par José Antonio Primo de Rivera en 1934 et les juntes pour l'offensive nationale syndicaliste (*Juntas de Ofensiva Nacional Sindicalista*) de Ramiro Ledesma Ramos et Onésimo Redondo.

proclamant lui-même chef de ce parti. Pour ce qui est des affaires militaires, il va les conduire comme un général appelé à mener de petites opérations. Il ne faut pas oublier que c'est un militaire formé dans les guerres coloniales avec des moyens réduits à sa disposition et face à des forces irrégulières ; engagé dans des campagnes où tout dépend de l'emplacement d'un canon ou de l'assaut hardi d'un officier à la tête de ses hommes. Lorsque Franco revient dans la Péninsule en 1926, après un séjour de plus de 10 ans au Maroc, il a parfaitement assimilé deux des principes qui lui serviront de règle de conduite pendant la guerre civile et par la suite : l'utilisation de la terreur contre la population civile et la ferme conviction du droit de l'armée à fixer le destin politique de la nation (ses deux *Journaux* écrits en 1922 et 1926 confirment cela).

La Guerre civile s'organise comme de petites guerres coloniales localisées, avec des fronts séparés et un ennemi à la tactique incohérente, Franco fait avancer ses hommes comme il l'avait fait autrefois au Maroc. Ces hommes, ce sont ses anciens compagnons, Yagüe, Varela, Mola, tous des *africanistes*. Et c'est sous ce profil d'*africaniste* qu'il se présente aux différents ambassadeurs qui arrivent à Salamanque, après la reconnaissance, le 8 novembre 1936, de l'Espagne nationaliste par le Guatémala et le Salvador et, le 18 novembre, par l'Allemagne et l'Italie.

Chapitre 11

ARMÉE ESPAGNOLE ET NATURE DU RÉGIME FRANQUISTE (1939-1953)

I. L'organisation militaire de l'après-guerre : le contrôle de l'institution

La fin des guerres donne aux vainqueurs l'apothéose du triomphe, puis vient le temps des inquiétudes. Le pays tout entier avait éprouvé le soulagement qui marque la fin des tueries en masse. Les villes qui étaient restées sous la domination républicaine semblaient acclamer l'ennemi d'hier, les soldats de Franco. Sans doute les maîtres de la veille n'étaient-ils plus là. De longues files de prisonniers de « l'armée rouge » croisaient sur les routes des colonnes de vainqueurs. C'étaient les guerriers, les « croisés » victorieux — même si une partie de leur succès était due à des musulmans marocains, aux troupes italiennes, à des aviateurs allemands de la légion Condor. Madrid redevenait la capitale de l'Espagne réunifiée, d'une Espagne désormais franquiste. On y rebâtira la cité universitaire, dans un style assez proche du modèle ancien. On y édifiera de nouveaux et triomphants ministères le long de l'avenue de la *Castellana*. On y rebaptisera les grandes artères du nom du Généralissime et de José Antonio. Mais la ville reste longtemps suspecte aux yeux du nouveau régime. Franco garde ses distances. Il s'installe dans un premier temps — mais seulement en octobre 1939 — dans une propriété du duc de l'Infantado, à dix-huit kilomètres de la capitale. Et, plus tard, il établit sa résidence au palais du Pardo, à la limite même de Madrid, comme s'il se défiait encore d'une cité dont le nom s'identifia longtemps dans la mémoire des hommes au combat du peuple espagnol pour sa liberté.

De grandes parades se déroulaient dans les villes « libérées » en présence du général Franco. Le 19 mai 1939, sur le *paseo de la Castellana* de la capitale, le *Caudillo* présida le défilé de son armée victorieuse depuis une tribune recouverte du cryptogramme VICTOR, tout comme il se décrit dans *Raza*. Il portait les insignes des différentes forces politiques ayant participé au triomphe : le béret carliste, le joug et les flèches sur son uniforme de général de l'armée espagnole (pour l'écrivain Francisco Umbral, dans une évocation riche en couleurs, il ressemblait à cette occasion plutôt à « un puzzle humain des droites espagnoles ») : 120 000 hommes représentaient dans cette parade l'ensemble de plus de 500 000 guerriers victorieux.

De la tribune d'où il contemplait ses troupes, Franco pouvait penser à l'extraordinaire miracle qui s'était accompli. Des 18 000 hommes au Maroc, des régiments squelettiques de la Péninsule de juillet 1936, il avait fait cette armée puissante, nombreuse, moderne. Devant lui, les généraux victorieux ; l'heure était à l'apothéose dans l'union : Yagüe, le chef des légionnaires de Ceuta, le conquérant de l'Extrémadure et de Barcelone ; Varela, le sauveur de l'Alcazar de Tolède et de Brunete ; Dávila, l'organisateur de la victoire ; Saliquet, le chef du front du centre ; Aranda, le vainqueur d'Oviedo ; Moscardó, le défenseur de l'Alcazar ; les chefs des Navarrais, Solchaga et García Valiño qui, commandant en 1936, avait conquis au feu la réputation d'un meneur d'hommes irrésistible ; Queipo de Llano, le conquérant de Séville ; Muñoz Grandes ; Gambara, le chef des volontaires italiens ; Mizzian le marocain qui avait lutté à la tête de ses *regulares* depuis 1936 ; Barrón, le chef de la 13e division ; Asensio, Alonso Vega, les officiers et les sous-officiers artisans de la victoire, etc. Au son des musiques militaires, précédés de leurs drapeaux aux couleurs d'or et de sang, passaient devant Franco les Navarrais qui avaient réalisé le rêve de leurs aïeux d'abattre l'hydre libérale, les légionnaires, « ses légionnaires » qui avaient eu en moins de trois ans 8 000 morts et 28 000 blessés, « ses Marocains » qui, par un paradoxe historique étrange, avaient versé leur sang pour sauver la vieille Espagne chrétienne et puis les unités de la Phalange, les Italiens dont les corps motorisés, l'artillerie et l'aviation avaient été si souvent utiles à l'armée. Dans le ciel volaient les escadrilles modernes — où étaient les vieux *Bréguet* du 18 juillet ? — des Italiens et des Allemands de la légion Condor. Tout donnait une impression de force et d'organisation qui devait faire penser à Franco et à ses généraux qu'ils avaient enfin rendu à l'Espagne la puissance militaire de son antique splendeur.

D'après le communiqué de presse du bureau de propagande de Burgos « l'entrée du général Franco dans Madrid devra s'inspirer du rituel observé lorsqu'Alphonse VI, accompagné du Cid, conquit la ville de Tolède au Moyen Âge ». C'est dans ce contexte, devant les généraux et ses troupes que le général Varela — qui avait, lui, reçu à deux reprises cette distinction — épingla sur la poitrine du chef suprême de l'armée la croix de saint Ferdinand, la plus haute récompense militaire espagnole. Ce qu'il n'avait pas pu obtenir pendant ses vaillantes années au Maroc, Franco venait de se l'octroyer lui-même, car il n'y avait ni roi ni président pour lui décerner une telle récompense et que c'était lui et personne d'autre qui avait la charge de Généralissime des forces armées et de *Caudillo* de l'Espagne. L'année 1939, « troisième année triomphale » dans le calendrier franquiste, deviendra plus tard « l'année de la victoire ». Les fêtes nationales étaient toujours, à part les fêtes religieuses, des commémorations de la victoire : le 1er avril (jour de la victoire), le 18 juillet (anniversaire du soulèvement), le 1er octobre (jour de l'avènement du *Caudillo* au pouvoir), etc.

Les grands défilés militaires terminés, les périodes d'exaltation patriotique mises entre parenthèses en attendant les nouvelles célébrations, les différents corps d'armée rentrent dans les casernes. Ils se présentent extérieurement comme un bloc homogène et uni. Unité forte autour de la victoire, face à un ennemi qui polarise la haine de l'ensemble de l'institution. Le moral de cette armée victorieuse est très haut et même si les soldes ne sont pas importantes, il existe des compensations telles que coopératives, hôpitaux et maisons militaires, qui permettent de mener une existence acceptable par ces temps difficiles. Des décrets, publiés en mai et octobre 1939, accordèrent des promotions aux officiers qui figuraient sur les listes de réserve ou étaient à la retraite et qui avaient suffisamment d'ancienneté. Ils furent aussi distingués pour leur courage pendant la guerre. Le corps des officiers d'après 1939 était en réalité très différent de celui de 1936. Il ne restait plus que quelques généraux vétérans ; la majorité des cadres, entre le grade de général et celui de commandant, était composée d'*africanistes* de la génération de Franco, suivie d'une autre génération promue à la fin de la Dictature et pendant la République. Le groupe le plus nombreux n'appartenait plus aux anciennes promotions, n'avait pas été formé dans les académies, mais était issu des tranchées. Ce groupe avait une mentalité nouvelle, il appartenait aux classes moyennes de petites villes de province de Galice, de Castille et d'Andalousie. Pendant leur carrière, on n'exigea pas de ces soldats autre chose que de la discipline, de l'obéissance et du courage. Ils bénéficiaient d'une grande crédibilité et d'un grand prestige auprès des populations du camp des vainqueurs.

La réalité technique et opérationnelle après le conflit semble assez différente, d'après le rapport préparé en 1940 par le général Martínez Campos du Haut État-major et le général Varela, ministre de l'Armée. On y déplorait : le manque d'unités aériennes et motorisées, la lente reprise des usines d'armement, ce qui expliquait les carences en munitions, et enfin les difficultés à protéger, faute de moyens, toutes les frontières de l'État espagnol. Ce panorama très sombre coïncidait avec le contenu du rapport que le haut-commandement allemand avait élaboré sur l'armée espagnole, la même année.

Il est certain que la macrocéphalie, lourd héritage du passé, ne pouvait que s'accroître à la fin de la guerre. Elle entraîna tout d'abord une mobilisation gigantesque en raison de la Deuxième Guerre mondiale, de la répression intérieure, des colonies africaines et de la guerre de guérillas qui rendaient nécessaire le maintien en armes d'un important contingent. Une raison supplémentaire pouvait expliquer l'existence d'un appareil militaire aussi lourd et disproportionné aux besoins du pays : la répartition des effectifs dans toute la Péninsule, selon le système des régions militaires. Les *Capitanías generales* (les gouvernements militaires) furent rétablies sur la base de dix corps d'armée, huit dans la Péninsule et deux au Maroc — qui continuaient de fonctionner comme une armée à part. En 1943, en raison de la guerre, la distribution en huit régions militaires sera complétée par la création d'une neuvième, comprenant les provinces de Grenade, Malaga et Almería, pour que la région militaire de Séville puisse se consacrer entièrement à la surveillance du détroit de Gibraltar (voir annexe 4).

À partir de la Deuxième Guerre mondiale, les armées occidentales changent leur mode d'organisation, elles modifient leur structure et concentrent leurs forces afin d'obtenir un maximum d'efficacité. En Espagne, l'armée ne suivra pas ces changements, non seulement pour des raisons techniques, mais encore pour des motifs politiques. En effet, si les techniques modernes de défense contre une autre nation conseillent la concentration des forces militaires dans des zones considérées comme stratégiques, en Espagne, au contraire, on s'efforce de maintenir toujours la vieille distribution en garnisons disséminées à travers tout le pays. À cela, il y a une raison politique : le caractère d'armée d'occupation sur son propre territoire, avec un renforcement autour de Madrid, Barcelone et le Pays basque — nécessité « logique » à la fin de la Guerre civile — mais maintenue encore jusqu'en 1982.

Les sous-lieutenants provisoires (*alféreces provisionales*)

Quelques semaines après le coup d'État de 1936, l'armée nationaliste se trouve confrontée à un manque de cadres pour diriger les troupes qui arrivent. Ce fut Mola qui, le premier, eut l'idée, pour pallier cette carence, de créer les sous-lieutenants provisoires « dotés du baccalauréat et après un court stage et un enseignement pratique » (extrait du télégramme envoyé à

Franco, le 6 août 1936). Le caractère provisoire de cette mesure sera souligné abondamment lors de la création de ce corps, le 9 septembre 1936. Une première école de formation sera établie à Burgos pour les unités de l'armée du Nord, une autre à Séville pour celles du reste de la Péninsule. Une troisième sera ouverte à Xauén au Maroc. D'autres écoles seront créées par la suite aux Baléares, à Oviedo, à Palencia, à Vitoria, etc. Les dernières promotions sortiront en 1937. Les instructeurs seront en partie des officiers espagnols, mais également des Allemands et des Italiens.

D'après Busquets, sur 30 000 nouveaux officiers issus de ce type de cooptation, 4 000 furent tués pendant la guerre, 15 000 retourneront à la vie civile en 1939 (dans l'administration de l'État en priorité, où 20 % des postes leur seront réservés), quelque 10 000 vont rester dans l'armée, en tant qu'officiers d'active, après avoir complété leur formation pendant deux ans. En 1969, il y avait dans l'armée de terre 3 710 officiers issus de ces académies créées pendant la guerre. C'était l'équivalent, cinquante ans après, des promotions issues des académies militaires. La grande habilité du *Caudillo* aura été de s'attacher ainsi des promotions de jeunes officiers dévoués à sa personne et à son régime, fortement politisés (ayant assimilé parfaitement l'esprit de croisade et la mentalité des vainqueurs) et intimement convaincus que leur mission primordiale était de lutter contre l'ennemi intérieur.

En 1958, naît l'association *Hermandad de alféreces provisionales* (Fraternité des sous-lieutenants provisoires, HAP), qui revendique la défense des valeurs inculquées par le régime.

Les académies militaires

La réouverture de l'académie militaire de Saragosse, que Franco avait dirigée de 1928 à 1931 et que la IIe République avait supprimée, eut lieu en septembre 1940. Suivront, en 1943, l'école navale et, en 1945, l'académie de l'air. La première promotion de l'académie de Saragosse commence ses études le 15 septembre 1942. Elle sera la vitrine de l'armée de terre, et la pépinière de ses élites. Ce fut aussi le conservatoire de ses traditions et le rêve de cette frange de l'Espagne qui se nourissait d'un idéal, fait de valeurs immuables que sont l'honneur, la discipline, l'obéissance, le don de soi poussé jusqu'au sacrifice pour la grandeur de la patrie. C'est ce que l'on peut lire sur *Le décalogue du cadet* écrit par Franco. Le programme d'études élaboré, le 17 juillet 1943, copie au pied de la lettre celui conçu, également, par l'ancien directeur de l'académie de Saragosse et ses collaborateurs en 1928.

Par conséquent, les officiers qui sortiront de ces écoles militaires ne formeront pas une armée de techniciens, où de plus en plus l'organisateur et le technocrate l'emportent sur le soldat traditionnel, ce qui sera la tendance de toutes les armées occidentales après 1945. En Espagne, la priorité demeure la restauration de l'archétype traditionnel, du militaire héroïque, du chevalier chrétien (le cadet), où les préoccupations idéologiques et éthiques priment sur la formation technique. Les jeunes cadets élevés dans ces centres apprenaient que leur rôle n'était pas la défense nationale, mais la défense du régime contre le communisme, le socialisme, l'anarchisme, l'athéisme et la démocratie constitutionnelle, ainsi que contre les nationalismes périphériques qui voulaient s'attaquer à l'unité sacrée de l'Espagne. L'anti-soviétisme était tel que dans les rations servies aussi bien aux cadets qu'aux hommes de troupe, la « salade russe » ou le « steak russe » devenaient la « salade nationale » ou « espagnole » et le « steak allemand » ou « Bismarck ».

L'académie militaire de Saragosse, que Franco décrit dans *Raza* comme « le creuset, le nerf, la souche et le pilier d'une race », dont le roi Juan Carlos fut l'élève pendant une année et devant laquelle se dresse toujours la statue du dictateur, incarnait, quelques années encore après l'avènement de la démocratie en Espagne, le système de valeurs que les futurs officiers se devaient d'inculquer aux jeunes recrues. Car ce fut le franquisme qui, pour la première fois dans l'histoire de l'Espagne contemporaine, institua, en août 1940, un service militaire d'une durée de deux ans, égal pour tous les jeunes gens : avant la guerre, les plus fortunés pouvaient, moyennant le versement d'une contribution faire un service à la carte (c'était le *soldado de cuota*). L'armée se vit ainsi assigner des missions qui débordaient le cadre strictement militaire : il s'agissait, pour elle, non seulement d'encadrer et d'endoctriner les nouvelles générations selon les principes issus de la « croisade » mais également de leur offrir « l'école, l'atelier et le foyer » qui pouvaient leur faire défaut dans la vie civile.

La création du Haut État-major

Une nouvelle étape dans ce qui allait être l'affirmation de l'autorité du *Caudillo* sur l'institution militaire sera franchie avec le décret publié en août 1939 : le ministère de la Défense, créé par Azaña et le quartier général du *Caudillo*, organe clé dans la conduite de la guerre furent supprimés et remplacés par le Haut État-major et trois ministères (terre, mer, air). Le rôle de cet organe fut, en théorie, de coordonner et de diriger les trois états-majors de ces trois armes. Il fut placé sous la dépendance immédiate du chef de l'État. De ce fait, le Haut État-major apparaîtra dès sa création davantage comme un « état-major du quartier général du Généralissime » que comme un Haut État-major des armées. Il y a également dans ce décret d'août 1939, une décision qui va marquer l'organisation de l'institution pendant toute la durée du régime. Il s'agit de la séparation des forces armées espagnoles en trois ministères. Cette décision, contrairement à ce qui est annoncé dans la presse en général et dans la presse militaire, ne cherchait pas à renforcer la capacité opérationnelle des forces armées, mais visait plutôt l'éclatement des centres de décisions militaires, mesure propre, une fois encore, à renforcer le pouvoir du général Franco. Le *Caudillo* ne voulait pas d'un militaire, chef d'état-major des Armées ou ministre de la Défense, qui aurait pu contrôler les trois armées. Au contraire cette répartition lui permettait d'opposer une arme à une autre ; méthode qu'il utilisait déjà avec succès au gouvernement en jouant d'une faction politique contre l'autre. De plus, Franco bénéficiait ainsi au sein du Conseil des ministres de trois voix, au lieu d'une seule face, aux autres groupes politiques. Du point de vue stratégique, cette décision s'avèrera catastrophique pour l'armée espagnole, comme en témoignent différents officiers ayant servi sous le franquisme. On constate, écrit le colonel Salas López en 1974, « l'impossibilité d'organiser une coopération et une action efficace conjointe entre les trois armes, car elles sont régies, à cause de leur passé proche, par des concepts doctrinaux et des structures organiques à l'origine et à l'évolution différente. »

II. Le rôle de la Justice militaire

L'armée va régir, tout au long du franquisme, la vie civile par le rôle attribué à la Juridiction militaire qui disposa d'une vaste compétence en droit pénal ordinaire et surtout en droit pénal politique. Le gouvernement, usant des textes antérieurs à 1931, assimila à des délits de droit pénal militaire certains délits de droit commun et certains délits politiques commis par des civils. Le code de justice militaire de 1890 restait en vigueur pour l'essentiel. Tous les conseils de guerre furent soumis à la procédure d'urgence. Par l'ordonnance du 28 juillet 1936, qui déclarait l'état de guerre dans toute l'Espagne et qui reste en vigueur après 1939, on énonce que « toute altération de l'ordre public, grèves, manifestations, injures et agressions contre un militaire ou un fonctionnaire, seraient jugés par un Tribunal militaire, suivant une procédure d'urgence ». Le 9 février 1939, est édictée une loi sur les Responsabilités politiques d'après laquelle sont mis hors-la-loi des partis, des syndicats et des associations ayant soutenu le Front populaire. Leurs militants seront traduits devant un conseil de guerre. Cette loi aura un caractère rétroactif : on l'appliquera, en 1962, au leader communiste Julián Grimau.

Outre les conseils de guerre permanents, d'autres tribunaux en vertu fonctionnent d'une « loi spéciale contre la franc-maçonnerie et le communisme », datant de mars 1940. Le texte prononce la mise hors-la-loi de ces deux mouvements, sanctionne la propagande en leur faveur par la suppression des journaux et des organismes de soutien et inflige aux coupables des peines de réclusion. Cette loi vise non seulement les francs-maçons et les communistes, mais aussi les trotskistes, les anarchistes, ou assimilés. Pour le politologue Jacques Georgel, cet amalgame ne tient pas compte de l'aspect doctrinal du problème et la dernière catégorie, qui nie les principes essentiels du droit pénal, permet de poursuivre quiconque, à condition d'adapter à la victime l'étiquette désirée. Ces délits politiques seront jugés par un Tribunal spécial de répression de la franc-maçonnerie et du communisme qui existera jusqu'à la création du Tribunal d'ordre public (1967). Enfin, en mars 1941, une loi relative à la sûreté de l'État punit de la peine de mort tous les délits de « trahison » définis par le code pénal. De multiples délits à caractère politique sont, par ce texte, assimilés à la « trahison » ou « à la rébellion militaire », notion centrale du droit pénal politique du régime.

La Guerre civile est terminée, mais, cependant, l'état de guerre est maintenu jusqu'en 1963. Jusqu'à cette date, les conseils de guerre continuent à siéger pour réprimer tous les mouvements d'opposition au régime, mais, même après 1963, plusieurs lois sont promulguées (comme celles de 1968 ou de 1974) qui placent certains délits politiques sous la juridiction militaire. D'après l'historien militaire Julio Busquets, « celle-ci se trouva complètement débordée par le nombre de procès à caractère politique, à tel point que, même dans la dernière période de la Dictature, seulement un quart des délits jugés en Conseil de guerre étaient réellement militaires. »

Ce qui est propre au système judiciaire espagnol en matière de juridiction, pendant le franquisme — et même jusqu'en 1977 — c'est la pluralité des juridictions et, par conséquent, des dispositions légales et de procédure, ce qui rend évidemment le système arbitraire. Pour Carlos Rama, l'Église et l'Armée constituent toujours les « bras traditionnels » du pouvoir comme le clergé et la noblesse l'étaient au Moyen Âge dans les royaumes chrétiens : « Nous assistons au retour des anciens privilèges, par exemple, celui de posséder une juridiction propre, qui évite à ces deux "ordres" d'être jugés par des lois et des tribunaux courants. Et plus encore, le privilège de pouvoir soumettre à leurs tribunaux les civils s'attaquant à leurs droits, à leurs privilèges ou à leur honneur ». L'activité de la Juridiction militaire fut importante durant toute la Dictature. Pour Manuel Ballbé, entre 1942 et 1944, 470 civils furent jugés par celle-ci, 5 039 le seront de 1954 à 1959, 2 611 de 1961 à 1968, 2 187 de 1974 à 1975. Parmi ces Espagnols jugés, il y eut quarante militaires.

Si le régime franquiste ne fait que poursuivre, mais avec un plus grand acharnement, dans la voie tracée par la justice militaire sous la Restauration et la dictature de Primo de Rivera, il y ajoute une composante idéologique qui lui est propre : la référence récurrente à l'ennemi intérieur qui tient, dans le discours franquiste et dans la justification du rôle des forces armées, une place essentielle, bien plus importante que celle de l'ennemi extérieur.

III. L'armée, une institution exemplaire

C'est l'institution militaire qui synthétise tous les courants qui se sont exprimés pendant la guerre (phalangistes, carlistes, monarchistes, catholiques). Elle commence par interdire toutes les manifestations à caractère public, sauf les rassemblements religieux. Cette interdiction concerne essentiellement toutes les manifestations politiques, même celles émanant des organisations fidèles au soulèvement militaire.

Dans la plupart des dispositions prises par le nouveau gouvernement, la référence à l'armée est omniprésente, elle est toujours accompagnée d'un déferlement d'adjectifs tels que « salvatrice », « rédemptrice », « invaincue », « héroïque », « glorieuse », etc. L'autorité militaire essaye de s'imposer à l'ensemble de la société par tous les moyens à sa portée en faisant du modèle militaire un modèle éthique et social. On relève, pendant la période de l'après-guerre, dans les journaux des phrases du type : « À l'époque de la résurrection nationale, l'école ne peut être autre chose qu'un centre de formation morale, militaire et civique » ou encore : « l'université est une milice, une armée théologique, chargée de lutter contre le libéralisme et l'hérésie ». Des encarts en bas de page répètent dans la presse inlassablement chaque jour ces consignes : « hiérarchie, courage, discipline, obéissance… » Carrero Blanco, dans son ouvrage *L'Espagne et la mer* publié en 1941, renforçait cette idée en écrivant « qu'il fallait inculquer aux enfants, depuis qu'ils étaient tout petits, l'essence des vertus militaires : travail, abnégation, discipline, obéissance, confiance en celui qui commande, foi aveugle dans la cause sainte de l'Espagne et mépris de la vie ».

Au début du mois de mai 1939, les théâtres espagnols recommencent à fonctionner. À l'affiche : une semaine de théâtre « d'hommage à l'armée salvatrice ». En même temps des placards publicitaires à la gloire de l'armée victorieuse paraissent dans les quotidiens ou truffent les réclames pour des vêtements aussi intimes que les « gaines et soutiens-gorge Araceli » ou encore des produits de toilette Gal. Dans une civilisation qui mythifie la guerre, beaucoup de faits glorieux de l'histoire de l'Espagne, depuis le Moyen Âge en passant par le Siècle d'or et les siècles suivants, sont présentés comme des exploits militaires. La classe qui les accomplit occupe donc une place prédominante, et tâche de communiquer ses croyances et ses valeurs aux autres membres de la société, comme ce sera le cas à travers la radio, la presse, le théâtre et le cinéma. D'après Payne, l'armée espagnole n'aurait pas joui d'un tel prestige depuis le XVIe siècle, ce qui peut être interprété comme une juste revanche après la mise à l'écart survenue pendant la IIe République. S'il est vrai, comme nous le verrons plus loin, que les forces armées affrontent une situation économique difficile tout au long du régime, en revanche elles bénéficient d'une attention privilégiée de la part du pouvoir. Le général Franco cherche à garder la fidélité du corps militaire, soit par le rappel permanent de sa victoire au cours de la guerre, soit par une politique d'honneurs et de récompenses, souvent plus prestigieux que lucratifs. Par ailleurs, l'armée est omniprésente dans la cité : des défilés militaires sillonnent les villes pour marquer le jour des forces armées, le jour de l'armée d'Afrique ou encore les cérémonies de telle ou telle arme : pour l'infanterie, ce sera le 8 décembre, fête de l'Immaculée Conception ; pour la garde civile, le 12 octobre, fête de la Vierge du Pilar. Le 6 janvier, jour de l'Épiphanie, on renoue avec la Pâque militaire (fête créée par Charles III au cours de laquelle le chef de l'État s'adressait tout particulièrement aux forces armées). Cette tradition s'est maintenue sous l'actuel régime démocratique. Ces signes extérieurs n'avaient aucun rapport avec le pouvoir réel de l'institution ou l'activité proprement militaire. En réalité, ces louanges, cette vénération, cette image hyperbolique servent le *Caudillo* car elles renvoient à sa propre personne. Lui, qui réunit toutes les vertus exacerbées du militaire et du chef unique et infaillible vainqueur.

Le régime accorde la possibilité également, aux militaires qui le souhaitent, d'occuper des postes civils en raison, notamment, de la maigreur de la solde. Cette décision a un effet d'infiltration, de pénétration de l'institution au sein de la société espagnole. Pendant toute la durée du franquisme, on n'a pas seulement à faire à une prépondérance des militaires à des postes de décision de l'administration civile mais encore à une forte présence de leur part à des emplois subalternes. Il faudrait ajouter à cela ce que les sociologues, comme Juan Beneyto, appellent l'élément « cleptocratique » (tout groupe dirigeant affirme sa permanence par l'accroissement de son patrimoine). Ce qui pour le libéralisme du XIXe siècle représente l'acquisition des bien sécularisés, va être en Espagne, sous le franquisme, le régime des concessions administratives, accordées aux militaires, qui fonctionnent comme de nouvelles *encomiendas* : les bureaux de tabac, les bureaux de pari mutuel (*Las quinielas*) ou les stations d'essence. Celles-ci devenaient légalement des biens patrimoniaux et héréditaires.

Cependant outre le rôle de surveillance et d'encadrement du pays dévolu à l'armée, une des causes premières de la présence tentaculaire du corps militaire dans la société espagnole est due au besoin de substitution des élites traditionnelles et des fonctionnaires morts, emprisonnés ou exilés à la suite de la Guerre civile. Par ce biais, le rôle, qui revenait au parti unique (le Mouvement), de pénétrer capillairement l'administration fut finalement attribué à l'armée de terre qui renforça ainsi son contrôle des processus sociaux.

IV. Unité – unanimité au sein de la hiérarchie militaire ?

Actuellement il ne fait plus aucun doute pour la plupart des historiens que la victoire du camp nationaliste ne fut pas celle de l'armée en tant que telle, mais celle d'une faction. De nombreux officiers — notamment l'inspecteur général de l'armée, Núñez del Prado, ainsi que les généraux Batet et Campins entre autres — payèrent de leur vie leur action pour empêcher le soulèvement ou leur refus de s'y joindre. D'autres, tels que Miaja et Rojo, remplirent de hautes fonctions à la tête des armées républicaines. Ce furent essentiellement les généraux africanistes, comme on l'a vu préalablement, qui constituèrent, à côté de Franco, l'état-major de la rébellion : ainsi, d'après le politologue espagnol Ballbé, on en dénombre neuf sur les dix militaires qui exercèrent des responsabilités au sein de la junte de Défense nationale. C'est dire l'importance qu'auront, pour la conduite de l'État et pour la formation de la nouvelle armée franquiste, le système de valeurs et la mystique de ce groupe. Quelques-uns avaient été des collaborateurs de Primo de Rivera, comme Martínez Anido, qui s'était illustré dans la répression du mouvement ouvrier, ce fut également le cas de Aranda et de Yagüe, qui dirigèrent les troupes africaines lors de la répression de la révolution des Asturies en 1934.

Après la libération de l'Alcazar de Tolède, le 21 septembre 1936, Franco symbolise l'armée nationale et, le 1er octobre 1936, il en est le maître et il devient donc le maître de l'État. Certaines oppositions se détecteront, parmi la hiérarchie militaire, au cours de la Guerre civile, surtout pendant les derniers mois, après la bataille de l'Èbre. Les généraux Solchaga, Varela, Kindelán, Orgaz et Yagüe vont participer à ces mouvements et appuyer d'abord les démarches pour un accord entre politiciens modérés de deux zones. Ils solliciteront ensuite « clémence et pardon pour les rouges », comme Yagüe en 1939, et enfin les généraux monarchistes, notamment, demanderont la restauration monarchique, comme le moyen de finir la guerre par un compromis.

Cependant, Franco et son entourage, parmi lesquels se trouvait à l'époque le tout-puissant Serrano Suñer, empêcheront par tous les moyens, dès les premiers moments de la guerre, que cette dernière proposition puisse aboutir. La guerre s'était donc soldée par « une capitulation sans conditions ». Les combats terminés, l'épuration allait frapper aussi bien les militaires de carrière que les autres corps de l'État. Cette campagne d'épuration fut entreprise en 1940 à partir des fiches préparées pendant la guerre par les tribunaux militaires (*auditorías de guerra*), et de celles qui appartiendront plus tard aux Archives de la Franc-maçonnerie de Salamanque. Certaines d'entre elles reprenaient les réponses à un questionnaire envoyé à tous les militaires « nationalistes » après la guerre. Cette enquête comportait seize questions, dont la première était : « Où vous a surpris le glorieux Mouvement national et quand vous êtes-vous rallié aux autorités nationales ? » La question numéro 5 avait déjà une tournure idéologique : « Avez-vous appartenu à la vile secte des francs-maçons, ou y avez-vous demandé votre inscription ? » Vint ensuite, comme pour les civils, la question sur les responsabilités politiques ou les fonctions publiques assumées à partir d'octobre 1934. D'après Busquets, cette épuration fut menée sous la responsabilité du général Varela, ministre de l'armée de terre de 1939 à 1942 et ensuite par Muñoz Grandes. Furent ainsi destitués 5 000 officiers — suspectés pour leurs idées ou leurs sympathies franc-maçonnes, républicaines ou simplement libérales.

Malgré les épurations, ou grâce à elles, à la fin de la Guerre civile l'institution militaire se présente solidement unie autour de la victoire et de son chef. Elle a une situation en Espagne qui semble privilégiée, même si les soldes ne sont pas élevées et si les conditions techniques sont insuffisantes. Mais les militaires avaient la sensation d'être à nouveau respectés, dans une société gouvernée par un des leurs. L'idéologie de cette génération se résume, selon Busquets, à deux principes : loyauté envers le chef de l'État et Généralissime des armées, et maintien de l'ordre dans le pays. En raison de la composante idéologique de la Guerre civile, ces officiers amèneront à l'institution une certaine politisation : phalangiste, carliste et monarchiste (alphonsine). La plupart de ces cadres proviennent des milices des deux premiers groupes et néanmoins la guerre, vécue par tous comme une croisade sera un événement déterminant dans leurs vies qui leur fera vite oublier leurs origines partisanes. Car, pour eux, ce fut bien une croisade contre le communisme, contre la République, le désordre, le séparatisme, l'athéisme, etc.

Pour la plupart des pays occidentaux, à la fin de la Deuxième Guerre mondiale, le seul pilier stable du régime restait l'armée. Ils la considéraient même comme le seul élément modérateur qui empêcherait l'Espagne de tomber à nouveau dans l'anarchie et dans de nouvelles convulsions. Pour l'opposition conservatrice, elle était le seul moteur du changement ; la tâche de convaincre Franco d'abandonner le pouvoir, seule l'armée pouvait l'accomplir. Pour le *Caudillo*, cette institution constituait un soutien, le plus ferme sans doute, mais également un danger. Elle, qui avait été la source de son pouvoir, était la seule susceptible de le remplacer. Comment allait-il s'en protéger ?

Pour commencer, Franco essaiera de maintenir une certaine division dans l'armée, en évitant que tous les éléments de l'organisation soient placés sous le même commandement : la création des trois ministères militaires et l'inexistence d'un état-major central, à laquelle il a été fait allusion, auront ce but. Le maintien et la reconstitution des forces militaires de défense intérieure, telles que la garde civile, qui échappa plus ou moins à l'autorité des états-majors, puisqu'elle dépendait à la fois du ministère de l'armée de terre et du ministère de l'Intérieur, participe également à cette tentative de neutralisation. Le *Caudillo* évitera ensuite que les principaux chefs militaires acquièrent un prestige trop grand sur leurs subordonnés en les écartant du commandement des troupes, et en leur accordant des postes politiques ou à caractère administratif. Ces postes qu'il va leur proposer le seront en dépit du bon sens, sans doute pour susciter des jalousies, des rivalités et des affrontements entre eux (il propose le ministère de l'air à un officier de la Légion, Yagüe, alors qu'il donne le commandement d'une région militaire au fondateur de l'aviation militaire espagnole, Kindelán). En dehors de ces nominations d'officiers de prestige, aucun des militaires qui devaient occuper des postes de responsabilité dans les différents cabinets ne pouvait être considéré comme un égal de Franco, ni se trouvait parmi ceux qui l'avaient élu aux plus hautes responsabilités militaires et politiques. Il s'agissait par contre de généraux plus jeunes ou qui s'étaient fait connaître en occupant des responsabilités moins importantes au cours de la guerre : Martín Alonso, Asensio, Dávila, Alonso Vega ou encore Carrero Blanco. L'octroi de ces postes à ces officiers aura, également, pour but, d'essayer de les identifier, voire de les compromettre avec la politique du régime, ce qui ne parviendra pas à masquer le malaise ou encore le mécontentement d'une bonne partie de la hiérarchie militaire.

Il y eut plusieurs raisons à ce mécontentement : tout d'abord, la conception de l'État que personnifie Franco et qui va, pour certains, à l'encontre de ce qu'ils avaient espéré pendant la guerre. Ensuite, la permanence du *Caudillo* au pouvoir après la victoire ne peut que contrarier ceux qui attendaient soit le retour à la monarchie soit la création d'une junte militaire. Reste enfin la Deuxième Guerre mondiale qui divisera encore davantage la plupart des généraux espagnols en fonction de leurs sympathies pour l'un ou l'autre camp.

Les premiers signes collectifs de contestation se manifestent à la suite de l'entretien entre Franco et Hitler à Hendaye. Aranda, Kindelán, Varela et Solchaga obtiendront des assurances de la part de Franco qu'aucun accord avec l'Allemagne et qu'aucune demande de la part de celle-ci ne seraient acceptés sans leur consentement. Entre 1942 et 1945, lorsque s'infléchit le cours de la guerre mondiale, la tendance à souligner le caractère provisoire avec lequel la junte de Défense réunie en 1936 avait donné le pouvoir au *Caudillo* augmente parmi les généraux les plus influents du régime : Orgaz, Dávila, Varela, Solchaga, Kindelán, Saliquet, Monasterio, Ponte...). La requête envoyée par ces officiers au Généralissime en 1943 est un pas de plus dans cette direction. (L'histoire de l'Espagne retient quelques exemples de ce qui était appelé le « courrier noir » militaire et qui avait fait sauter plus d'un gouvernement). Dans cette requête, il lui est expressément demandé de rétablir la monarchie. Bien qu'il s'agisse de la tentative la plus importante de la part des généraux contre le pouvoir absolu de Franco, celui-ci réussit, une fois encore, à déjouer la manœuvre par le biais de passages à la réserve, de limogeages, de mise en résidence surveillée ou par l'exil.

Les cas les plus frappants concernent Aranda et Kindelán. Le premier, malgré les avertissements, poursuivra ses contacts avec les monarchistes et avec la Grande-Bretagne, à la suite de quoi il sera arrêté pendant deux mois et, en 1949, passera à la réserve, en application d'une loi créée de toutes pièces pour lui, qui sera connue dans l'armée espagnole sous le nom de « loi Aranda ». Muñoz Grandes donna, comme raison des mesures prises à son encontre, le fait « d'avoir parlé aux ennemis de l'Espagne » c'est-à-dire aux représentants des pays alliés et à l'opposition monarchiste. Le roi Juan Carlos le réhabilitera en 1976 et lui accordera, trois ans avant sa mort, le grade de lieutenant-général, promotion que Franco lui avait systématiquement refusé depuis la fin de la Guerre civile.

L'attitude du général Franco à l'égard de Kindelán sera différente. Si Aranda était considéré comme un excellent professionnel, Kindelán, qui avait fait sa carrière dans l'aviation, était reconnu pour ses qualités intellectuelles et surtout pour l'agilité de sa plume. Bien que depuis la fin de la guerre il n'ait cessé de critiquer le régime, le *Caudillo* lui offrira un poste de ministre qu'il se permettra de refuser en raison de « sa désapprobation de la politique de Franco » qu'il lui demande de surcroît de rectifier. Il est « démissionné » de son poste de capitaine-général pour être nommé à la direction de l'École supérieure de l'armée. Ce poste lui servit de tribune pour continuer à exposer ses idées, c'est pourquoi il fut relevé en 1946, déporté aux Canaries et, quelques mois après, confiné dans un fort tout près de la frontière française : « Je crois qu'on avait cherché cet endroit, écrit-il dans ses mémoires, histoire de voir si cela ne me poussait pas à prendre le chemin de l'exil ». La circulation de ses ouvrages, même après qu'ils furent amputés de certains paragraphes « dangereux pour le régime » sera systématiquement interdite. Kindelán ne put jamais écrire dans la plus importante revue militaire, *Ejército*, pour les mêmes raisons, comme si l'on voulait qu'il fût oublié de ses compagnons d'armes. Il fallait lui imposer le silence et faire le vide et l'oubli autour de lui. Son nom ne sera jamais plus cité dans les journaux.

Sa réhabilitation viendra seulement en septembre 1961, quelques mois avant sa mort. Franco lui accordera le titre de marquis, titre que Kindelán n'acceptera qu'après autorisation de « son Roi », Don Juan. En 1980, à titre posthume, le roi Juan Carlos le nommera capitaine-général et la Poste lui consacrera un timbre. La question que l'on peut se poser est de savoir si, après ces années de malaise, d'affrontements entre Franco et une partie importante de la hiérarchie militaire, l'unité de l'armée pouvait se concevoir autour d'un autre général que lui. Pour Norman Annour, ambassadeur américain en Espagne et bon observateur de la réalité espagnole de ces années-là, la réponse, à laquelle nous souscrivons, paraît simple : « C'est donc que l'armée dans sa majorité est pour Franco et que les généraux n'ont pas un prestige suffisant parmi les chefs et les officiers ».

V. La *División Azul* (1941-1943)

Le 22 juin 1941, l'Ambassadeur d'Espagne en Allemagne, le comte de Mayalde, téléphona au ministre des Affaires étrangères, Serrano Suñer, pour lui communiquer l'entrée des armées allemandes en Union soviétique. Dans les cercles de la Phalange, cette guerre fut considérée comme quelque chose de providentiel ; c'était à la fois une exigence historique, une vengeance légitime, une croisade anti-communiste qui prolongeait la récente croisade nationale et, pour Franco, le moyen d'éloigner de l'Espagne les éléments les plus radicaux de la Phalange.

Des manifestations, conduites par la hiérarchie phalangiste, parcoururent les rues de Madrid, portant des pancartes avec le slogan : « Volontaires phalangistes contre la Russie ». Mais ce fut le discours de Serrano Suñer qui fit monter la fièvre encore plus : « La Russie est coupable ! Coupable de notre Guerre civile ! Coupable de la mort de José Antonio ! » Le lendemain, une circulaire du ministre secrétaire du Parti, Arresse, ordonnait à tous les chefs phalangistes des différentes provinces d'ouvrir des listes de recrutement. Le 28 juin, des files interminables de volontaires dans toute l'Espagne accomplissaient les formalités d'inscription. Ils étaient considérés comme des héros et des patriotes par la presse espagnole. « L'extermination de la Russie est une exigence de l'histoire et de l'avenir de l'Europe » pouvait-on lire dans *ABC* du 27 juin 1941. « Il nous faut récupérer les 6 000 enfants que la Russie nous enleva pendant la guerre civile » déclara Serrano Suñer à un journal allemand, *Deutsche Allgemeine Zeitung*.

Le 1er juillet, il y avait plus de 20 000 volontaires. Le groupe majoritaire était composé des phalangistes et des vétérans de la guerre, déçus de la bureaucratisation progressive du régime. Il y avait beaucoup d'étudiants et des gens d'origines les plus diverses, quelque peu naïfs et grandiloquents qui pensaient sincèrement que l'Europe nazie était une alternative chrétienne et humaine au communisme, « bête rouge » qu'ils allaient essayer de combattre comme s'il s'agissait d'une entité physique plus qu'idéologique, avec l'émulation des *Tercios* de l'Empire qui jadis avaient voulu exterminer le protestantisme en Europe. Pour le régime, l'envoi de la *División Azul* constitue une réponse aux Brigades Internationales et aux conseillers soviétiques présents pendant la Guerre civile dans le camp républicain. Parmi les jeunes gens qui s'engagèrent, il y avait des personnalités célèbres, l'architecte Juan Zavala, le professeur de Droit international José María Castiella, les écrivains Víctor de la Serna,

Dionisio Ridruejo, Álvaro de la Iglesia, le cinéaste Luis García Berlanga, l'acteur Luis Ciges, etc.

L'organisation de l'expédition donnera lieu au même type d'affrontements que ceux qui étaient apparus lors de la Guerre civile. Divers secteurs de la Phalange voulaient que la participation espagnole ne fût pas soumise à une discipline strictement militaire. Pour eux, primaient en temps de guerre les idéaux, le sacrifice et l'engagement personnel ; alors que les militaires ne pouvaient pas négliger les aspects tactiques. Et leur vision de la guerre était plus professionnelle, même s'ils partageaient en partie les mêmes sentiments. La militarisation de cette unité se retrouva dans le choix même de son nom. L'état-major imposa l'appellation officielle « division espagnole de volontaires », mais ce sera l'appellation phalangiste *División Azul* (Division bleue) que retiendra le langage populaire.

Les premières divergences entre phalangistes et militaires étaient apparues avant le départ de Madrid, d'après ce que Serrano Suñer, alors ministre des Affaires étrangères déclarait à *El País* du 28 juin 1981 : « J'ai eu des frictions assez importantes avec le ministre de l'Armée, et plus concrètement avec le général Varela, car ils pensaient que l'intervention de l'Espagne devait se faire avec une unité régulière et non pas avec une unité de volontaires ».

On voulut maintenir, de façon officielle, une certaine ambiguïté à propos de l'envoi de la *División Azul*. On n'avait pas déclaré la guerre à la Russie, affirmait-on, il s'agissait simplement de quelques volontaires espagnols qui allaient lutter contre les communistes. Cette ambiguïté fut entretenue également dans la pratique. Bien que les Espagnols eussent prêté serment de fidélité personnelle au *Führer* et au drapeau allemand à Grafenwhör, ils ne perdirent pas pour autant la nationalité espagnole. Ils firent la guerre au sein de l'armée allemande, mais « la *División* » sera commandée par le général espagnol Agustín Muñoz Grandes, qui prendra comme collaborateur direct Fernando Castiella, plus tard ministre des Affaires étrangères du régime franquiste.

Pour les autres envois de volontaires, les conditions ne furent pas exactement les mêmes qu'en 1941. À tel point qu'on pouvait à peine parler de volontaires. Ce fut plutôt le « devoir » qui poussa les divisionnaires à partir, et encore parmi eux, y avait-il une grande majorité de militaires. Les premiers blessés qui venaient de rentrer et la menace de l'hiver russe étaient autant d'éléments de dissuasion. Au printemps 1942, après ces conditions difficiles et les discours d'Hitler révélant les tragiques souffrances de l'armée allemande, le général Franco crut pouvoir affirmer « que l'Espagne était prête à envoyer lutter contre le bolchevisme une armée de 2 000 000 d'hommes » et suivant une arithmétique assez plaisante, il déclarait « que cette armée était l'équivalent de tout autre armée de 6 000 000 d'hommes, car chacun sait qu'un soldat espagnol en vaut trois de n'importe quel autre pays ».

L'échec stratégique de la campagne allemande de 1942 en Russie commençait à inquiéter la hiérarchie militaire. En octobre 1943, le régime déclara enfin sa neutralité dans le conflit mondial et Franco considéra qu'il devenait nécessaire de retirer la *División Azul* du front russe. Certains de ses membres les plus enthousiastes s'étaient engagés dans les unités internationales des *Waffen SS*, tandis que les autres constituaient une « Légion bleue », dissoute au printemps 1944. Sur un total de 47 000 volontaires, on comptait 12 726 morts, blessés et malades (plus un grand nombre de disparus). Le documentaire de Javier Rioyo et José Luis López Linares, *Étrangers à eux-mêmes* (2001), rend compte de cette tragique épopée.

VI. La résistance armée au franquisme (1945-1952)

La guerre de guérillas contre le régime ne commence pas en 1944, comme on l'a souvent écrit, mais en 1939 et elle dure, avec plus ou moins d'intensité, jusqu'en 1952, treize ans après la fin de la guerre civile. Les guérilleros opéraient surtout dans six régions : l'Andalousie, l'Extrémadure, la Castille, la Galice, la Cordillère cantabrique et les Pyrénées. C'étaient des régions où les troupes nationales dans leur occupation du territoire ne s'étaient pas préoccupées de poursuivre ceux qui fuyaient, car l'effort requis paraissait, à ce moment-là, disproportionné par rapport au bénéfice militaire que l'on pouvait en tirer.

À l'initiative du parti communiste — mais ils comptaient dans leurs rangs également des socialistes, des anarchistes et des antifascistes — le but de ces guérilleros était d'établir la liaison avec les résistants de l'intérieur pour mener à bien la reconquête du pays, tout en provoquant une action économique et diplomatique des Alliés à la fin de la Deuxième Guerre mondiale pour en finir avec le régime franquiste.

Au mois d'octobre 1944, 11 000 combattants pénétrèrent en Espagne par les Pyrénées. C'étaient des combattants bien armés, aguerris, qui avaient fait la preuve de leur courage et de leur endurance dans la Résistance en France, après trois ans de guerre civile en Espagne. Mal renseignés sur la situation intérieure du pays et sur la perfection de l'appareil de contrôle et de répression, ils étaient persuadés que la population se rallierait à eux avec enthousiasme. Ces guérilleros devaient convaincre les populations, recruter de nouveaux combattants, s'assurer des appuis et coordonner leur action de façon à organiser un soulèvement généralisé quand les circonstances seraient favorables. Ils développèrent une activité non négligeable et réussirent quelques coups spectaculaires, parfois malgré un manque de soutien des populations civiles marquées par le souvenir de la guerre civile et par la peur de la répression.

Ce fut la garde civile, déjà reconstituée, qui eut la charge de lutter contre ce que le régime appela du « banditisme » (les combattants étant considérés comme des « bandes de malfaiteurs »). Franco nomma le général Moscardó, le défenseur de l'Alcazar, chef de tout le secteur, et les généraux Yaguë et García Valiño, responsables des unités de montagne stationnées à Burgos, Saragosse et en Catalogne. Des « écoles spéciales antiguérillas » furent créées par l'armée dans différents points territoire espagnol. Y seront admis, en plus des membres de la garde civile, des légionnaires, des phalangistes, etc. Au maintien, essentiellement, des forces communistes armées au nord des

Pyrénées, Madrid répondit en stationnant jusqu'au début de 1947, une centaine de milliers d'hommes de l'armée de terre le long de la frontière française.

Du ministère de l'Intérieur, partirent des ordres confidentiels qui indiquaient : « les forces chargées de la répression d'actes de sabotage et de terrorisme appliqueront avec vigueur les sanctions prévues par la loi à toute personne arrêtée les armes à la main ou convaincue d'actes similaires. Il n'y aura pas de prisonniers, à moins qu'il y ait des témoins suspects ou que se produisent des circonstances qui puissent être utilisées par nos ennemis ». Le général Camilo Alonso Vega, directeur de la garde civile, sera directement chargé de la répression, au cours de ces années. Entre 1947 et 1948, pour lutter contre un groupe de guérilleros particulièrement actif en Andalousie, le *Groupement Fermín Galán,* la garde civile utilisant des méthodes de répression qu'on avait déjà vues en 1934 aux Asturies, fut renforcée par une compagnie de *Regulares,* quatre compagnies de l'armée et deux de la police. Car cette guerre, dont la presse ne parlait pas, était prise très au sérieux par le régime. Lorsque le général Camilo Alonso Vega quitta son poste de directeur de la garde civile en 1955, il déclara : « ce fut un véritable problème national que cette guerre contre le maquis, car elle entravait les communications, démoralisait les gens, détruisait l'économie, mettait en cause notre autorité et nous discréditait à l'extérieur ».

Le 31 octobre 1948, le général Moscardó informait les journalistes : « Tous les Rouges ayant envahi les Pyrénées ont été éliminés. Le courage et le succès des combattants les rendent dignes de notre *Caudillo* ».

Ce nouvel épisode armé, la violence des souvenirs qu'il ranimait chez les militaires, tout cela aura une conséquence immédiate : le renouveau de la discipline, le renforcement de la cohésion de l'armée autour de son Généralissime. La présence, à nouveau, des communistes sur le territoire espagnol transformait aux yeux des généraux et des officiers, Franco, général victorieux de la guerre civile, en un bouclier, garant de l'indépendance et de la paix publique.

Les politiques intérieure et extérieure semblent en parfait accord en Espagne entre 1949 et 1950 ; on peut tout reprocher au régime sauf l'incohérence : il s'agit d'effacer les conséquences de la défaite du Reich, de reprendre le grand dessein franquiste de 1943 de l'union de l'Occident pour une croisade contre le bolchevisme. Dans cette lutte, le régime franquiste aurait précédé tous les autres. La croisade des années 1950 justifie sa durée, justifie les morts de 1936 et la permanence de la répression. Plus la tension internationale est aiguë, plus l'anticommunisme est dominant et plus le régime franquiste devient fort.

La récupération de la mémoire de la résistance armée contre la dictature a fait l'objet d'un documentaire, *La guerrilla de la memoire*, de Javier Corcuera (2002) et de trois films remarquables depuis la mort du général Franco : *Le cœur de la forêt*, de Manuel Gutiérrez Aragón (1976), *Les jours du passé*, de Mario Camus (1977), et plus récemment en 2001, Montxo Armendáriz a réalisé *Silence brisé*. Le cinéma en Espagne va à la rencontre de l'Histoire.

Chapitre 12

ARMÉE ESPAGNOLE ET NATURE DU RÉGIME FRANQUISTE (1953-1975)

I. Typologie du militaire de carrière

La guerre civile impliqua la mobilisation d'une importante armée que la Deuxième Guerre mondiale et les événements qui suivirent allaient prolonger. Quand, en 1953 et 1958, les militaires pourraient prendre leur retraite, il est trop tard ; ils ont plus de trente-cinq ans et à cet âge, et dans l'état où se trouve l'économie du pays, il était trop risqué de changer de profession. Il n'est donc pas étonnant qu'en 1969, 24 800 officiers de l'armée de terre restent en activité. Ces officiers ont des origines différentes : 241 étaient entrés à l'académie militaire avant la guerre (certains avaient eu Franco comme directeur), 3 710 étaient des *alféreces provisionales* et 6 848 avaient rejoint l'académie militaire de Saragosse après la guerre. Busquets a fait un découpage de l'ensemble de ces catégories par générations, en suivant la théorie d'Ortega y Gasset, ce qui permet de mieux comprendre les clivages que l'on retrouve au sein même d'une institution particulièrement hiérarchisée, centralisée et unitaire comme est en apparence l'armée espagnole sous le franquisme.

La génération formée pendant la Guerre civile, guerre considérée comme une croisade, apporte à l'institution une certaine politisation (phalangiste, carliste et monarchiste). L'unité de cette génération autour de la victoire et autour de son *Caudillo* n'empêche pas la manifestation de différentes tendances qui apparaissent aussi parmi les généraux : monarchistes (Vigón, Aranda, Kindelán), carlistes (Varela), phalangistes (Yagüe,

Muñoz Grandes), etc. Toutes ces divergences, furent habilement utilisées par Franco qui se plaçait en arbitre.

La première génération de l'après-guerre entre dans la vie militaire en 1945. Busquets l'appelle « la génération du silence ». Le fait de ne pas avoir participé à la Guerre civile devient pour ces militaires un obstacle difficile à surmonter. Ils ont néanmoins d'importants avantages par rapport à la génération précédente : la plus longue durée de leurs études leur donne une meilleure formation et une plus grande compétitivité. Certains d'entre eux sont attirés par les études universitaires, d'autres assurent un travail dans le civil en plus de leur emploi militaire (ce cumul ou *pluriempleo* se retrouve également chez les fonctionnaires civils en raison de leurs salaires insuffisants). La formation impartie dans les académies par les vainqueurs aura une forte influence sur leur idéologie. Pour faire oublier la situation de l'armée et maintenir le moral des jeunes officiers, on continuait d'exalter les souvenirs de la guerre et des valeurs qui étaient toujours celles du Siècle d'or. L'incurie professionnelle qu'ils vivront par la suite dans leurs casernes, malgré l'arrivée du matériel américain après 1953, sera souvent à l'origine d'un sentiment de frustration et de scepticisme. On retrouve, néanmoins, chez certains officiers de cette génération, une inquiétude professionnelle, sociale et religieuse autour du groupe FORJA dont il sera question plus loin.

En 1960, arrive une nouvelle génération d'officiers de l'après-guerre. Quelques différences commencent à se faire sentir par rapport à leurs compagnons d'armes plus anciens : un certain nombre d'entre eux va faire des études à l'étranger (notamment aux États-Unis et en France), ce qui leur donnera des éléments de comparaison mais aussi une énorme frustration lorsqu'ils devront faire face aux déficiences techniques et logistiques de leur propre armée. Un pourcentage important des cadres de cette génération suivra des études techniques et universitaires. Tous ces éléments favoriseront chez eux l'émergence d'un esprit plus critique envers la réalité professionnelle et donc une tendance à la discipline non plus aveugle mais rationnelle, ainsi qu'à l'analyse des problèmes professionnels et nationaux.

Ces différentes composantes expliquent que l'armée espagnole évolue, à partir des années 1950, en suivant une double voie : d'un côté, on enregistre une demande de restructuration technique, de rationalisation, et de l'autre, un détachement progressif des fonctions politiques. C'est ainsi que la compétence des tribunaux militaires pour des délits politiques sera progressivement critiquée par un certain nombre d'officiers appartenant à ces dernières générations et qu'une plus grande attention sera accordée à la position de l'armée dans le contexte international. La plupart de ces officiers, affirme Cardona, étaient franquistes plus par endoctrinement et routine que par conviction.

À cette analyse par générations, il faut ajouter les transformations sociologiques que les cadres et les sous-officiers de l'armée espagnole ont subies au cours du franquisme. Leurs origines sociales ne sont pas très différentes de celles de leurs homologues européens, bien que le recrutement présente certaines particularités propres à l'Espagne. Busquets affirmait dans son ouvrage, *Le militaire de carrière en Espagne*, que « les fils des militaires bourgeois étaient de moins en moins bourgeois et de plus en plus militaires, et [que] petit à petit se créa une classe militaire composée de familles dans lesquelles les fils suivaient la profession de leur père ». Dans les années 1960, ceux qui entraient dans les écoles militaires provenaient en majorité de familles de militaires : 70 % dans l'armée de terre, 65,8 % dans la marine, 56,2 % dans l'aviation. Chiffres qui, de toute façon, dépassent ceux donnés pour les autres armées européennes (45 % pour la France, par exemple). Cependant, en même temps que le processus d'industrialisation massive du pays opérait — au cours des années 1960 — il se produisit un phénomène qui avait déjà eu lieu dans les autres armées européennes : bien que les officiers continuent d'être recrutés parmi les fils des militaires, ce sont, au début des années 1970, les sous-officiers qui arrivent à introduire leurs enfants dans les écoles militaires (en 1970, 50 %) alors que les officiers supérieurs de l'armée tendent à engager leurs fils dans des études universitaires. Ce qui voudrait dire que la classe d'origine des promotions d'officiers plus jeunes est descendue vers les classes moyennes ou le prolétariat. Ce processus est beaucoup moins évident dans l'aviation et la marine où l'auto-recrutement se maintient pendant toutes ces années.

L'analyse de l'origine régionale des officiers espagnols montre, quant à elle, des particularités importantes par rapport à celles d'autres pays européens. Alors que la plupart de ces cadres proviennent de la capitale, Madrid — et, dans une moindre mesure, de Saragosse, Burgos et La Corogne — il existe un très faible recrutement en provenance du Pays basque ou de la Catalogne, régions où pourtant se concentrait une bonne partie de la population espagnole pendant la période franquiste. Ceci, ainsi que la grande proportion de fils de fonctionnaires civils qui accèdent aux écoles militaires fait penser que la bureaucratie étatique, concentrée à Madrid, continue à être la source principale de recrutement de l'armée, alors qu'il existe un fort rejet idéologique de celle-ci dans les régions basque et catalane. La répression de la part du régime des mouvements nationalistes et le développement industriel de la Catalogne et du Pays basque expliquent l'absence de vocations en provenance de ces deux régions.

L'isolement des officiers du reste de la société espagnole et ses conséquences pour l'après-franquisme sont mis en avant par Busquets dans son étude sur le militaire de carrière. L'auteur relie ce problème à un ensemble de facteurs tels que l'auto-recrutement existant pendant de longues années, l'endogamie élevée, le type de formation « solitaire » dans les académies militaires complètement coupées de la vie civile, en régime d'internat, certains privilèges accordés aux membres de l'institution (hôpitaux militaires, coopératives, maisons militaires, colonies de vacances, etc.), l'existence chez un nombre important de cadres d'une apathie intellectuelle prononcée qui viendrait de l'endoctrinement reçu pendant les années d'académie et enfin, l'élément essentiel, pour expliquer le fossé qui sépare la société civile des militaires, tiendrait au fait que l'armée apparaît à la population espagnole comme le principal soutien du régime.

II. La participation des militaires aux instances du pouvoir

La participation des cadres des forces armées au personnel dirigeant de l'administration, sous Franco, est un révélateur du poids de cette institution dans le fonctionnement du régime et de la nature de celui-ci. La non existence de fait d'un parti unique et l'absence d'une bureaucratie, apte à sélectionner la classe dirigeante, entrainent l'émergence d'un système d'appuis personnels (« les familles politiques », terme dû à Amando de Miguel) confluant tous au sommet où se trouve le *Caudillo*. Celui-ci choisit ses collaborateurs parmi ses fidèles, ses amis, ou les amis des amis (parfois même au sein de sa famille), et, en tout cas, chaque nomination devient un acte de faveur, de récompense personnelle pour lequel il faut être reconnaissant à vie, ce que les « fidèles » appelleront une « loyauté inébranlable au chef de l'État ». Ce système de clientélisme se reproduira à tous les échelons de la vie politique. La conséquence logique de ce processus est que les membres de la classe au pouvoir deviennent ce que Max Weber appelait des « disciples personnels qui agissent par fidélité à la personne du chef ». On pourrait qualifier ainsi le personnel politique franquiste, qu'il soit d'extraction civile ou militaire, comme un personnel par « délégation ».

Pendant la première étape du régime, on constate une forte présence militaire dans les différents gouvernements de Franco, à tel point que certains spécialistes ont qualifié cette période de « directoire » ou de « junte militaire ». Ces officiers n'auront pas seulement les portefeuilles des affaires militaires, mais aussi des ministères à caractère civil d'une grande importance idéologique et politique : Jordana est aux Affaires étrangères, Martínez Anido à l'Intérieur, Suances à l'Industrie, Muñoz Grandes au Secrétariat général et Carrero Blanco est attaché à la présidence du gouvernement. Tous ces officiers supérieurs appartenaient à la génération que Busquets appelle « la génération de 1898 » ; soit ils étaient *africanistes*, soit ils avaient occupé des postes ministériels sous la dictature de Primo de Rivera. Franco privilégia, pendant les premières années du régime, les *africanistes* parmi les autres catégories d'officiers.

La deuxième étape du franquisme est marquée par le « décollage économique » et celui-ci est en partie l'affaire des militaires, Suances, Planel, Sirvent sont les hommes-clés qui créent et dirigent l'Institut national de l'Industrie (INI). Face au pouvoir économique de l'aristocratie financière, excessivement occupée à consolider et à assurer sa domination malmenée pendant la République et la guerre, les militaires seuls, forts de leur légitimité et de la force de leur victoire, eurent la possibilité de donner une impulsion à la reconstruction et au développement industriel du pays. Face au prestige du pouvoir militaire, la concurrence éventuelle des phalangistes était inopérante. Pour Carlos Moya, les « gérants militaires » de l'INI marqueront le développement économique du pays — ou ce que l'on appellera « la croisade industrielle » — des critères d'efficacité et d'organisation fondés sur la discipline militaire. Les militaires détiendront également, jusqu'en 1962, le portefeuille de l'Industrie. Le développement, en tant que progrès économique et social, restera ainsi étroitement lié à la doctrine de la défense nationale, comme il l'a été en Amérique latine, surtout au Brésil et au Pérou, à la doctrine de la sécurité nationale.

De surcroît, les ministères militaires — auxquels sont rattachés la marine marchande et l'aviation civile — leur sont dévolus d'emblée et restent leur chasse gardée pendant toute la durée du régime. Les généraux monopolisent également le ministère de l'Intérieur (sur trente-six ans que durera le franquisme ce ministère sera dirigé par un militaire pendant trenre-deux ans), et les services de sécurité, de même qu'ils remplissent, plus longtemps que les civils, les fonctions de gouverneur civil dans les provinces les plus sensibles en matière d'ordre public, telles que Barcelone, Madrid et les provinces basques de Guipuzcoa et de Biscaye. Les généraux se voient également confier d'importants ministères civils, en plus de l'Industrie, le Commerce et les Travaux publics, sans oublier la présidence du gouvernement ou la vice-présidence. Au total, les militaires ont représenté 35 % des cent quatorze ministres de Franco. Enfin, il convient de remarquer que la longévité ministérielle des militaires est plus importante que celle des ministres civils. Certains demeurent au gouvernement plus de dix, voire vingt ans ; tels furent les cas du général Alonso Vega au ministère de l'Intérieur (douze ans), Díaz de Villegas (vingt-quatre ans) à la direction générale des Affaires marocaines et des Colonies et de l'amiral Carrero (vingt-deux ans) dans divers postes ministériels. Cette stabilité dans l'exercice des fonctions ministérielles accroît évidemment l'influence des militaires au sein de différents gouvernements d'après les études réalisées par Miguel Jerez et Carles Viver Pi Sunyer.

III. La présence militaire dans les institutions franquistes

Des représentants de la hiérarchie militaire firent partie des membres désignés des différentes instances politiques.

Le Conseil de régence, composé de trois membres, était chargé d'assurer le remplacement du chef de l'État en cas d'absence, d'incapacité ou de mort, comme ce fut le cas, lors de l'hospitalisation du général Franco, en novembre 1975. Ce conseil était composé du capitaine-général ou, à défaut, du lieutenant-général le plus ancien et appartenant par ordre de priorité à l'armée de terre, à la marine ou à l'armée de l'air (art. 3 de la loi de succession du 26 juillet 1947), du prélat, conseiller du royaume de plus haut rang et du président des Cortès.

Parmi les membres du Conseil du royaume on comptait la présence *ex lege* de plusieurs hauts dignitaires militaires : le capitaine-général, ou, à défaut, le lieutenant-général en activité le plus ancien de l'armée de terre ou de la marine ou de l'armée de l'air (dans cet ordre de priorité) ; également le chef du Haut État-major, ou à défaut le plus ancien des trois chefs d'état-major de l'armée de terre, de la marine ou de l'armée de l'air.

Le Conseil du royaume était le plus haut organisme consultatif de nature politique. Il assistait le chef de l'État dans la solution des problèmes de sa compétence et proposait notamment trois personnalités parmi lesquelles le chef de l'État devait choisir le Président du gouvernement (il a joué un rôle important à la mort de Franco).

Les Cortès sont présentées comme la pierre angulaire de l'édifice constitutionnel du nouvel État. Cette appellation désigne l'assemblée de type corporatiste qui doit, à partir de sa création en 1942, constituer l'organe représentatif du régime. Pendant les neuf législatures (1945-1975), les militaires représentent 13,8 % de l'ensemble des *procuradores* nommés (députés). Il s'agit, en principe, d'une participation minoritaire, même si elle n'est pas négligeable. Mais le poids de cette participation augmente, comme le soulignent Comas et Mandeville, si l'on tient compte non pas du nombre de personnes qui ont réellement siégé aux Cortès, mais plutôt du nombre de représentations politiques que ces personnes détenaient, ainsi que la durée de leur présence au sein de cette assemblée. En effet, le système de « démocratie organique », mis en place sous le régime franquiste, permettait à un même individu d'accéder aux Cortès en détenant plusieurs titres de représentation, autrement dit, en occupant plusieurs sièges. Ainsi, par exemple, un officier aurait pu être à la fois *procurador* parce qu'il était Conseiller national et parce qu'il avait été désigné par le *Caudillo.* De ce fait, le nombre des membres des *Cortès* était variable au cours d'une même législature, selon que l'on tenait compte du nombre de personnes ou du nombre de postes que celles-ci représentaient au sein des Cortès.

Compte tenu de ce dernier critère, les militaires représentaient plus de 16 % de l'ensemble des *procuradores*. En outre, leur poids relatif était accru par le fait que la durée moyenne de présence d'un militaire-*procurador* aux Cortès était très élevée (trois législatures) et en raison du nombre des représentations assurées par chaque militaire (soit un peu plus de trois représentations en moyenne par personne). C'est l'armée de terre qui eut le plus de représentants et ce furent les officiers généraux et les officiers supérieurs qui fournirent l'essentiel de la représentation militaire aux Cortès au détriment de la catégorie des officiers subalternes.

Ces données traduisent une présence importante des militaires dans les rangs du personnel dirigeant. Il y a à cela des raisons d'ordre conjoncturel et politique. En effet, la première étape du régime comprend la guerre et l'après-guerre, autrement dit, une période qui s'avérait favorable au rôle des militaires, puisqu'ils furent les auteurs du coup d'État contre la République, et les vainqueurs d'une guerre civile. De même, il ne faut pas oublier que Franco — de qui va émaner tout pouvoir et toute légitimation — était un militaire, et que ce qu'il exigeait surtout du personnel politique, c'était la loyauté et la discipline que ses compagnons d'armes offraient plus que tout autre groupe social.

Enfin d'autres raisons qui expliqueraient le poids des militaires parmi le personnel dirigeant, surtout jusqu'aux années 1960, seraient l'identité entre les traits psychologiques du militaire et les caractéristiques de l'idéologie du nouvel État franquiste, qui agence l'organisation politique autour des principes d'obéissance, de loyauté et de hiérarchie. ; l'activité politique étant considérée comme un service et non pas comme l'exercice d'un mandat représentatif. Pour l'historien militaire Alonso Baquer, ce sont des armes qui ont pratiqué le combat rapproché (l'infanterie et la cavalerie), ce qu'il appelle les *caballeros épicos* (chevaliers épiques) qui ont été les plus représentées dans les différentes instances du pouvoir.

IV. La fin de l'isolement : les accords avec les États-Unis

Quelques jours à peine après la fermeture de la frontière française (1946), un événement qui semble n'avoir aucun rapport avec la situation de l'Espagne intervient et, pour le *Caudillo,* il est la preuve qu'il n'a pas fait fausse route, il confirme que rien n'est perdu, quoi qu'en pensent les exilés de Mexico ou de Paris et les monarchistes d'Estoril (lieu de résidence de Don Juan de Bourbon). En effet, à Fulton, Winston Churchill, dans un discours retentissant, le 5 mars, met le monde en garde contre le péril communiste devant lequel il faut dresser un « rideau de fer ». Certes Churchill n'a plus de responsabilités gouvernementales, mais parlant ainsi aux États-Unis, il annonce, comme Cassandre, une nouvelle fois, les temps qui viennent. Et ce discours, coup d'envoi public de la guerre froide, est plus important pour l'avenir de l'Espagne que la fermeture de la frontière des Pyrénées. Comment pourrait-on chasser le *Caudillo* alors qu'il prédisait depuis des années — et à Churchill même en 1944 — ce moment où l'union de l'Occident serait à nouveau nécessaire contre le péril communiste ?

Le 13 juillet 1949, avait été publié — et on devine quel écho ce texte eut en Espagne — le décret du Saint-Office qui excommuniait communistes et progressistes. Le lendemain, la première bombe soviétique explosait. La menace de guerre semblait donc une réalité chaque jour plus proche et le front passait ainsi à l'intérieur de chaque pays. Le 26 juin 1950, éclatait la guerre de Corée. Le régime franquiste qui présentait en cette même année la guerre froide, et la poursuite de la croisade contre le communisme, comme une nécessité, comme un impératif national, n'hésite pas à s'engager. Le 1er août 1950, l'Ambassade d'Espagne à Washington publie le communiqué suivant : « L'Espagne désirerait aider les États-Unis à arrêter le communisme en envoyant des forces en Corée ». Ce n'était pas un simple coup d'épée dans l'eau, car quelques jours plus tard, le Congrès des États-Unis vote un amendement à la loi d'attribution des crédits pour l'Espagne. Le montant maximum de ces prêts est fixé à 62,5 millions de dollars. Le 28 septembre 1950, le général Bradley indiquait déjà que, du point de vue stratégique des bases militaires en Espagne renforceraient les frontières du bloc atlantique. Le 4 novembre de la même année, l'assemblée générale des Nations unies annule la résolution de 1946 et autorise les différents pays à envoyer leurs ambassadeurs à Madrid. C'est, en quelque sorte, une absolution et aussi, pour le franquisme, une seconde victoire, après celle de 1939.

Du 18 juillet 1936 au 18 juillet 1951, ce sont quinze années qui se sont écoulées entre le début du soulèvement militaire contre le gouvernement légal du Front populaire et l'entrevue de Franco avec l'amiral américain Sherman. Autour de l'Espagne et du Généralissime il y a eu le ballet sanglant des événements. Ciano à Barcelone et à Madrid, Franco avec Hitler à Hendaye, avec Mussolini à Bordighera, avec Pétain à Montpellier. Le monde a connu la succession rapide des visages qui voulaient incarner son avenir : dictateurs balayés, politiques ambitieuses condamnées. L'Europe a senti passer sur elle le flux et le reflux des armées tour à tour victorieuses et défaites. Mais le *Caudillo* et son régime restent en place et la plus puissante des nations du monde apporte son soutien au franquisme.

Par contre, parmi les républicains exilés, c'est la consternation. Une classe politique a perdu une deuxième fois ce qu'elle avait perdu en 1936-1939 et que la situation de 1945 semblait lui permettre de reconquérir. Pour l'historien Max Gallo « 1950 marque vraiment la fin — l'extrême fin — symbolique du temps de la Guerre civile. »

L'année 1951 est celle du début des négociations avec l'administration américaine en vue de la signature des accords bilatéraux entre les deux pays, mais les futurs alliés ne sont pas dupes de la situation dans laquelle se trouve l'armée espagnole. Leur rapport, publié par le spécialiste des relations internationales, Angel Viñas, dans son livre, *Les pactes secrets de Franco avec les États-Unis*, affirmait que l'armée de l'air n'existait pas et émettait des doutes sur sa capacité à combattre. Quant à l'armée de terre, une des plus importantes d'Europe en hommes, elle manquait cruellement d'équipements modernes et dans ce cas, il semblait fort douteux aux auteurs du rapport qu'elle puisse contenir pendant plus de deux semaines une invasion arrivant à travers les Pyrénées. La marine ne disposait, quant à elle, que d'un contingent fort réduit de navires. Les forces armées étaient, de surcroît, mal payées et leurs officiers devaient avoir un second emploi pour vivre, concluait l'étude publiée par les experts américains.

Et pourtant, c'est la période où la part des ressources affectées par l'État à l'armée est la plus élevée ; elle représente la moitié du budget jusqu'en 1946 et 4 % du PIB (produit intérieur brut) jusqu'en 1953. La raison de cette faible capacité opérationnelle tient à la part extrêmement élevée que représentent les crédits de personnels notamment dans l'armée de terre où ils atteignent en moyenne 70 % du budget ministériel, contre 50 % des budgets de l'air et de la marine. Situation pour le moins paradoxale imposée à l'institution par celui qui pendant de longues années se fit le porte-parole des *africanistes* auprès de différents gouvernements de la Péninsule, pour réclamer, voire exiger, des moyens matériels pour l'armée. Ce même officier, Francisco Franco, qui prôna, dans une série d'articles publiés dans la revue *Africa-Tropas coloniales* : « Le renouvellement technique » (1924), « L'emploi de l'artillerie » (1925), « Des réformes nécessaires pour l'armée d'Afrique » (1926), notamment, c'est lui qui s'insurgea contre les « militaires moustachus des clubs mondains », et qui se servit de l'armée comme tremplin pour accéder au pouvoir suprême, c'est lui qui allait maintenir, pendant presque quarante ans, une armée pléthorique dans la situation du *Désert des Tartares*, la fiction de Dino Buzzati. Car les trois grands handicaps auxquels l'institution militaire avait dû faire face depuis le XIXe siècle n'avaient fait que croître après la Guerre civile : l'hypertrophie du commandement, le manque de professionnalisation, et les déficiences techniques.

Par contre, tout en menant à bien les négociations avec les États-Unis, le Généralissime ne cessa de parler de batailles, de nouvelles croisades à ses troupes, alors qu'il savait, comme l'indiquent les observateurs étrangers à l'époque et les historiens aujourd'hui, que cette armée ne tiendrait pas plus de trois jours face à l'ennemi. Mais la sécurité extérieure ne figurait pas dans la rhétorique franquiste, le Généralissime savait bien que sa politique de Défense, pour l'heure, était fondée uniquement sur la lutte contre l'ennemi intérieur et que cette armée avait la capacité suffisante pour faire face, avec succès, à cet ennemi-là. Dans ce cas, la force ne se trouvait pas uniquement dans les fusils, les canons et autres moyens techniques, mais bien plutôt dans l'unité idéologique et surtout dans le code de justice militaire. L'institution militaire espagnole, au début des années 1950, importait toujours davantage comme instrument de politique intérieure que comme arme de guerre. Mais le bénéfice de la guerre froide et les accords avec les États-Unis pouvaient peut-être changer cet état de choses.

L'accord de Madrid

L'été 1953 marque deux éclatants succès pour le franquisme : le Concordat, le 27 août, avec le Saint-Siège et, le 26 septembre, les accords de Défense et d'aide militaire économique avec les États-Unis.

L'accord de Madrid, dont la ratification ne passait pas obligatoirement par le Sénat américain, a, pour les stratèges du Pentagone et pour l'équipe Eisenhower — Foster Dulles, une double valeur stratégique. D'une part, le contrôle de la Méditerranée et de l'Atlantique se voit amélioré, notamment par la possession de la base aéronavale de Rota en Andalousie et de multiples installations militaires situées en bordure de la Méditerranée et de l'Atlantique, ainsi que dans les îles Baléares et aux Canaries. D'autre part, la présence de 12 000 soldats américains, dispersés dans les différentes bases et autres installations militaires, est un élément dissuasif pour toute tentative de contrôle de l'Europe centrale par les Soviétiques.

Pour le régime espagnol, c'est un triomphe. Les titres de la presse sont unanimes, ils insistent tous sur l'indépendance de l'Espagne qui est préservée et sur les avantages économiques de cet accord. Ce que la presse espagnole ne pouvait pas révéler à l'époque, c'était que le traité de Madrid avait une clause secrète par laquelle, selon Angel Viñas, « le pouvoir de décision de l'État espagnol était sur ce plan réduit à celui d'un simple protectorat ». Cette clause restera en vigueur jusqu'en 1970.

Ces accords comportaient deux volets. Par le premier, les États-Unis promettaient d'aider l'Espagne sur le plan économique en lui attribuant une aide immédiate de l'ordre de

115 millions de dollars et à encourager les investissements de compagnies américaines en Espagne. Par le deuxième volet, le plus important, les États-Unis s'engageaient à contribuer à la réorganisation des forces militaires et paramilitaires espagnoles en renouvelant leur équipement, en recyclant techniquement une partie des militaires espagnols et en développant le système de coopération militaire entre les deux pays. Le coût de cette réorganisation était de l'ordre de 350 millions de dollars.

L'apport américain à la restructuration de l'armée permit le renouvellement de l'équipement existant qui était, comme on l'a vu, désuet et la solution de nombreuses déficiences constatées sur le plan organisationnel dans une armée puissante en nombre, mais dont le corps des officiers continuait d'être toujours mal rémunéré. La réduction progressive des effectifs de l'armée et l'augmentation de la solde des officiers furent des mesures envisagées par les deux parties lors des pourparlers qui précédèrent l'accord. En même temps arrivait le matériel cédé par les Américains et notamment des avions à réaction, des jeeps, des chars de combat, des radars de navigation, avec lesquels l'armée espagnole constitua sa première division blindée. Bien que le matériel américain ne fût pas de première main, il constituait cependant la seule possibilité d'avoir une force armée digne de ce nom.

Il y aura pourtant une résistance à cette aide de la part de deux catégories d'officiers : certains cadres, parmi lesquels ceux que l'on appellera les « professionnalistes » et dont le chef de file était le général Díez-Alegría, se montreront réticents face à un matériel qu'ils considéraient déjà caduc car il datait de la Deuxième Guerre mondiale ou au mieux venait d'être utilisé pendant la guerre de Corée. Une autre catégorie d'officiers était rétive aux changements et aux innovations apportés en matière d'armement par ce traité. Parmi cette deuxième catégorie d'officiers, se retrouvaient bon nombre de compagnons de Franco, en majorité germanophiles, ceux-là même qui avaient justifié la victoire des Alliés par l'action d'une 5e colonne communiste, qui aurait opéré dans les rangs des pays de l'Axe, par l'alliance avec les Juifs et surtout en raison de l'absence des militaires dans la conduite des opérations. Ce nouveau matériel à leurs yeux sera considéré comme l'antithèse des vertus militaires basées sur de vraies valeurs, à caractère spirituel, opposées aux valeurs matérielles.

Au milieu du XXe siècle, une partie des militaires espagnols en était encore à considérer les Russes et les Anglais comme leurs vrais ennemis, alors qu'ils méprisaient les Américains dont la seule supériorité, à leurs yeux, venait du matériel et de l'armement qu'ils possédaient. L'anti-américanisme, très présent chez les officiers espagnols, datait de la défaite de 1898. Ces mêmes officiers, qui allaient jusqu'à dénigrer les innovations dans certaines de leurs publications, *Éjercito* notamment, en étaient encore à prôner la stratégie qui se fondait sur les qualités de l'Espagnol et la géographie de l'Espagne, c'est-à-dire la défense des Pyrénées et l'exaltation de la guerre de montagne. On trouve même, dans ces années-là, des auteurs qui développent une étonnante campagne contre la motorisation militaire et pour la défense des chevaux et des mulets.

Ce sera prioritairement l'aviation et la marine — l'armée de terre restera en retrait — qui s'engageront dans une série de programmes de modernisation de leurs armes respectives, encouragées par les capitaux américains. Elles mettront en place également une coopération accrue avec leurs homologues américains.

Cependant Franco, dans chacun de ses discours, préparait son armée à accepter la modernisation que l'administration américaine exigeait, en avançant toujours comme raison primordiale à ces changements la nécessité d'être mieux préparé pour pouvoir affronter l'ennemi de toujours, le communisme. Sans constituer une nécessité impérieuse pour la défense du pays, pense Guy Hermet, cet apport a au moins le mérite de flatter l'orgueil professionnel d'une partie des officiers, les plus jeunes, et, par conséquent, de raffermir la confiance qu'ils placent dans ce *Caudillo* qui leur vaut les libéralités américaines.

V. La question du Maroc La politique africaine du régime

Depuis la fin de la conquête du Maroc espagnol, en 1927, la région était restée calme. Pendant la Deuxième Guerre mondiale, Franco avait montré une grande ambition en Afrique, surtout envers les colonies françaises. Temporairement bloqué dans ses rapports diplomatiques par les puissances occidentales, incapable d'exercer une influence quelconque sur l'Amérique latine, le *Caudillo* insista avec emphase sur les rapports privilégiés entre l'Espagne et le monde arabe dont il parlait lorsqu'il s'adressait à ses troupes marocaines pendant la Guerre civile.

En 1940, lorsque Franco saisissait Tanger et qu'il présentait à Hitler des revendications coloniales comme condition *sine qua non* pour entrer en guerre, il agissait dans un monde où le principe colonial était parfaitement admis. La grandeur de l'Espagne lui semblait réalisable par l'expansion de son empire africain, une tâche pour laquelle il avait combattu, versé son sang et risqué sa vie pendant près de quinze ans.

La victoire des Alliés allait changer la donne. Ils exercèrent une forte pression pour que l'Espagne évacuât Tanger. Franco, qui s'était ménagé une ligne de retraite quand ses troupes avaient occupé la ville « pour y maintenir l'ordre », put s'en retirer sans trop perdre la face. Mais les vainqueurs de la guerre, violemment hostiles à l'Espagne de Franco, entendaient détruire le prestige du dernier pays fasciste aux yeux des Marocains. Ils exclurent donc l'Espagne de l'administration de Tanger. Le Généralissime céda, replia ses troupes dans la zone espagnole et attendit. Il entretenait d'excellentes relations avec le khalife du sultan de Tétouan et les caïds. Son prestige restait grand auprès des anciens soldats de la guerre de 1936. L'Espagne composait avec le nationalisme arabe et se montrait libérale à Tétouan et à Xauén mais autoritaire à Madrid. Lorsque le général Varela, qui avait commandé les troupes marocaines pendant la Guerre civile, mourut, Franco désigna en 1951 pour lui succéder un de ses plus brillants auxiliaires de la guerre, le général García Valiño. Sous son protectorat, les nationalistes marocains purent s'adresser depuis Radio-Tétouan à leurs partisans français, comme cela avait été le cas pour les insurgés espagnols, les 17-18 juillet 1936.

Depuis l'été 1953, le pays se trouvait en porte-à-faux au Maroc. Il continuait de gérer avec sa zone khalifienne la partie nord de l'empire chérifien ; il y maintenait toujours son entière souveraineté sur ses *presidios* séculaires à Ceuta, à Mélilla, à Ifni et au Sahara. Mais les militaires voyaient qu'une partie était en train de se jouer et ils craignaient qu'elle n'obligeât l'Espagne à abandonner un jour les derniers bastions de l'empire d'Isabelle la Catholique et à perdre pied en Afrique. Comme trois décennies plus tôt, les militaires espagnols considéraient le problème de la souveraineté espagnole au Maroc comme une affaire d'honneur personnel. C'est alors qu'une brusque volte-face du gouvernement français bouleversa le problème marocain. Le ministère Edgar Faure restaura la monarchie du roi Mohamed V, le 5 novembre 1955. Le 2 mars 1956, la France reconnaissait l'indépendance marocaine. Dès lors, la situation de l'Espagne comme puissance protectrice au Maroc devenait intenable. Comment un pays ami du sultan aurait-il pu lui refuser l'indépendance que les Français venaient d'accorder au souverain qu'ils avaient malmené auparavant ? Ni juridiquement, ni politiquement le maintien du protectorat n'était possible. D'ailleurs quelques échauffourées durement réprimées montraient que les Marocains auraient provoqué dans « la zone heureuse » la même agitation que dans la zone française. Franco comprit qu'il ne lui restait plus qu'à liquider en beauté le protectorat. Il est probable que la décision lui coûta. C'est sur cette terre marocaine qu'il s'était battu dans sa jeunesse ; « sans l'Afrique, je ne pourrais pas me comprendre », aimait-il répéter, et pourtant c'était à lui qu'incombait la charge de l'abandonner, cette terre où s'était forgés son autorité et son charisme.

Le 4 avril 1956, Franco signa l'accord qui donnait l'indépendance au Maroc et mettait fin à celui signé le 27 novembre 1912. Ce fut précisément l'année où Franco arriva pour la première fois au Maroc. La presse eut beau célébrer l'événement, attaquer

« la politique trouble de la France » et les « efforts de la Russie soviétique pour pénétrer en Afrique » (Franco au *New York Herald Tribune*, le 2 avril), il n'en reste pas moins que Franco l'Africain, bâtisseur d'une grande Espagne, a abandonné le Maroc.

Dans certains milieux militaires, la déception qui se manifesta fut suivie d'un réel malaise. Cette guerre avait révélé deux constantes au sein de l'armée espagnole dans ses rares interventions à l'extérieur de la Péninsule : le manque de matériel et l'absence de préparation des cadres. Le Maroc, affirme Busquets, avait été le meilleur patrimoine des militaires. Le départ représentait pour eux plus qu'une perte de prestige : il signifiait la fin des facilités de la vie coloniale et des suppléments de soldes — les soldes de base étant toujours peu élevées. Les officiers craignaient en plus que l'évacuation n'entraînât la démobilisation d'un certain nombre d'entre eux. Les conditions secrètes, même pour l'armée détachée au Maroc, dans lesquelles avaient été menées les négociations, ne firent qu'ajouter des raisons supplémentaires au grand mécontentement éprouvé par un petit nombre d'officiers appartenant aux nouvelles générations. Des juntes d'opposition à la politique africaine du régime furent créées, les « juntes d'Action patriotique », composées de capitaines et de commandants. Elles s'étendirent aux différentes garnisons de la Péninsule : Séville, Valence, Valladolid, Barcelone. Ces organisations avaient un caractère essentiellement corporatif, précise Cardona, et un contenu politique nationaliste qui n'allait pas sans rappeler l'attitude des *africanistes* face à la politique d'abandon du général Primo de Rivera. Leurs réunions ne s'entourèrent d'aucun secret, les critiques furent exprimées cette fois-ci à haute voix et elles n'allaient pas épargner le chef suprême. Ces critiques étaient, d'après les témoins et acteurs de ces événements (Cardona, Busquets, Laguna Sanquirico) bien plus nombreuses et acerbes que celles formulées, après le coup d'État manqué de 1981, à l'égard de la démocratie et du Roi. Les explications du *Caudillo* se firent indispensables et elles eurent lieu lors d'un des principaux discours qu'il adressa à l'ensemble des forces armées, le 28 avril 1956 à Séville, haut-lieu symbolique de la Guerre civile.

La majorité des officiers fut convaincue par cette gratification idéologique, leurs critiques n'allaient jamais au-delà du ministre de l'Armée, de la bureaucratie madrilène, de l'état-major ou des officiers supérieurs et n'atteignaient jamais Franco et son régime.

Mais la question coloniale n'était pas pour autant close. Au printemps 1957, eurent lieu des conversations militaires avec les Français, et le gouvernement espagnol communiqua aux nouvelles autorités marocaines, encore une fois à contre-courant de l'Histoire, qu'il n'était pas prêt à faire des concessions sur les autres enclaves espagnoles de la région. Les événements d'Ifni vinrent changer cette situation. Les accords de 1956 entre l'Espagne et le Maroc prévoyaient l'accession à l'indépendance de la zone placée sous le protectorat espagnol, mais non la cession des autres territoires que l'Espagne possédait : Melilla, Ceuta, Ifni. Or les nationalistes marocains avaient entrepris de réclamer la « libération » de ces enclaves. Leur propagande cherchait à déclencher l'agitation sur le territoire d'Ifni. Les Espagnols réprimèrent sans grand mal de petites émeutes locales. Ils rappelèrent au gouvernement de Rabat leurs droits, suggérèrent de recourir au tribunal de La Haye. Mais en novembre 1957, des bandes armées venant du territoire marocain envahirent le territoire d'Ifni tandis que des tribus se soulevaient. Franco se retrouvait ainsi à nouveau en face d'un des problèmes de sa jeunesse. Il devait songer à dégager les petits postes espagnols assiégés, à défendre des cités menacées. Il n'hésita pas. Ifni était espagnol. Ifni serait donc défendu. Il savait d'ailleurs que son armée avait accepté à contrecœur la renonciation au protectorat. Un autre abandon l'eut indignée. Il ordonna à la flotte espagnole de se rendre devant la ville menacée et y envoya des renforts. Mais quatre ans après la signature du traité avec les États-Unis, l'Espagne, qui avait pourtant reçu de Washington 350 millions de dollars de crédits militaires, ne disposait encore que d'un matériel insuffisant. Les

États-Unis s'étant opposés à l'emploi contre le Maroc des quelques avions modernes livrés à l'armée espagnole, l'état-major en fut réduit à utiliser contre les assaillants des Heinkel de 1936. À la mi-janvier 1958, de nouveaux combats éclatèrent au Sahara espagnol et les hostilités se poursuivent au cours du mois suivant, jusqu'au moment où de nouvelles unités espagnoles en coopération avec des troupes françaises de la garnison d'Algérie, pacifièrent les deux régions : « cette petite guerre, écrit Cardona, montra l'état de l'institution militaire en matière de défense. Le désastre fut évité grâce aux efforts tant des professionnels que des appelés malgré le manque d'organisation et de matériel. Après tant d'années de militarisme, conclut-il, l'Espagne était désarmée pour tout ce qui n'était pas la répression d'une grève ».

Le *Caudillo* sembla tirer les leçons de ces derniers événements : on renforça les garnisons espagnoles au Sahara avec deux compagnies de la Légion, on apporta du nouveau matériel acheté à la France, dont on cherchait à se rapprocher militairement, et du matériel acquis aux États-Unis en dehors des accords signés en 1953. Ces quelques changements donneront lieu à la création de nouveaux postes avec des traitements élevés pour beaucoup d'officiers qui avaient quitté le Protectorat dix mois auparavant. Le malaise, les états d'âme d'une partie des officiers issus des nouvelles générations qui n'avaient pas participé à la Guerre civile, mais aussi des anciens, ceux pour qui le Maroc faisait partie de leurs premiers souvenirs, semblaient en partie enrayés par ces mesures à caractère professionnel et l'affirmation solennelle du maintien de la présence de l'Espagne en Afrique. Néanmoins, le 30 juin 1968, Ifni, à la suite d'un accord signé en janvier, sera cédée au Maroc. La presse espagnole fit allusion à cet épisode en utilisant l'euphémisme de « rétrocession ».

VI. Malaise et tiraillements au sein de l'armée

Les années 1950 s'avèrent difficiles pour le régime malgré les succès diplomatiques (Concordat, accords avec les États-Unis). D'un côté, il y a le monde ouvrier (Asturies, Catalogne, Pays basque) qui réapparaît en plein jour, revendique, manifeste, se lance dans la grève : un prolétariat que travaillent les militants communistes surtout et pour qui l'Église réclame la justice. Il y a aussi le monde des étudiants, des intellectuels, qui réclame la liberté d'expression et s'oppose au régime. Reste enfin qu'après les crises successives au nord de l'Afrique, un fort malaise règne aussi chez bon nombre d'officiers obligés de quitter le Maroc et Ifni. De surcroît, cette crise africaine creuse un important fossé entre la génération qui a fait la Guerre civile (les *alféreces provisionales*) et celle qui a commencé sa carrière après. Les seconds reprochent aux premiers leur manque de préparation, leur politisation, le maintien de valeurs et de croyances propres de la guerre et, enfin, par leur longue permanence dans la carrière, ils empêchent les nouvelles générations d'accéder aux postes de commandement (les promotions à l'ancienneté furent réintroduites dans l'armée espagnole après la Guerre civile).

Tout au long des années 1955-1956, le *Caudillo* renforce les contacts avec les milieux militaires et multiplie les discours dans lesquels il martèle sa conception du rôle de l'armée pour la période à venir : « L'armée constitue la colonne vertébrale de la patrie. Les armées, chargée de la défense extérieure de la nation, doivent également défendre la paix et l'ordre intérieur ». Certes en cette année 1956 le *Caudillo* n'est pas le seul à se soucier de l'attitude de l'armée. Les milieux monarchistes notamment s'emploient à rechercher les contacts avec les militaires. Officier, réaliste, venu au pouvoir au terme d'une guerre civile, Franco sait que les armes sont l'*ultima ratio* des luttes politiques. Et les armes sont aux mains de l'armée dont il faut toujours garder le contrôle. C'est dans cet esprit-là, et pour essayer d'apaiser les inquiétudes des cadres, qu'il décide, à compter du 1er juillet 1956, d'augmenter les soldes des officiers de 62 à 103 %. Il est vrai que ces traitements étaient les mêmes qu'en 1949 et que les prix avaient presque doublé depuis. D'après Payne, ces mesures ne réussirent pas à calmer le ressentiment de certains cadres, et les changements opérés au sein du gouvernement, en février

1957, pourraient être interprétés comme un nouveau geste à leur égard.

La composition de ce gouvernement traduisait la victoire quasi totale de l'armée car elle obtint plus de ministères et plus de pouvoir qu'elle n'en avait eu depuis 1939. Muñoz Grandes fut remplacé au ministère de l'Armée par un fidèle de Franco, Antonio Barroso, son chef d'opérations pendant la Guerre civile. Homme bien formé en matière de stratégie et d'organisation, il sera chargé également d'entreprendre la modernisation de l'armée.

L'année suivante, au cours de l'hiver 1958-1959, le général Barroso se rendit à Washington pour solliciter 400 millions de dollars de crédits nouveaux pour la modernisation de l'armée. La situation économique de l'Espagne en 1959 — le plan de stabilisation — ne permettait pas d'augmenter le budget consacré à la Défense, l'état-major dut compter sur les États-Unis pour doter l'Espagne d'une armée moderne. D'après Cardona, le budget consacré à l'armée fut même réduit en 1958, à 22 % du budget de l'État ; en 1959, il descendit à 18,75 %, pour atteindre dans les années 1960 une moyenne de 20 %.

Malgré l'importance accordée par Franco au facteur humain, il fallut réduire le nombre des militaires de 25 %, bien qu'il restât encore 15 000 officiers d'active en 1961. On réduisit également le nombre d'unités, et on prévoyait, avec l'aide extérieure, la constitution de divisions « pentomiques » sur le modèle américain, c'est-à-dire un type d'organisation qui modifiait profondément le modèle espagnol inspiré de la Deuxième Guerre mondiale. Une de ces nouvelles et puissantes divisions se situa dans les alentours de la première région militaire, il s'agit de la division *Brunete* ; parmi les militaires on commença à parler de d'« armée de Madrid ». La psychose de l'affrontement avec l'ennemi intérieur sous le franquisme se retrouve depuis le découpage des régions militaires jusqu'au fait que la première région, donc celle de Madrid, centre géographique de l'Espagne et qui, en cas d'attaque conventionnelle, serait naturellement protégée par son éloignement des frontières, soit dotée d'une défense plus sophistiquée que les régions immédiatement menacées de la périphérie. Cette division blindée, située à moins de vingt minutes du centre de Madrid, était une assurance supplémentaire pour faire face au danger représenté par les mouvements ouvriers et étudiants en augmentation depuis les années 1950. Bref, tout était régi par l'esprit de 1936, comme si un jour, de nouveau, on pouvait être amené à faire le siège de Madrid.

Plus que les réductions des effectifs, du budget ou le blocage relatif des carrières, c'est l'évolution progressive du pays vers la société de consommation qui sème l'inquiétude dans le milieu militaire.

Dans le cadre d'une institution particulièrement hiérarchisée, centralisée et unitaire comme le sont toutes les armées, il s'ensuit, comme l'a écrit Nicos Poulantzas, que les contradictions se cristallisent et se figent en innombrables clans, fractions, groupes qui s'éliminent mutuellement sous couvert du maintien de la sacro-sainte unité de l'armée. En Espagne, la période aura vu naître au sein de l'armée deux organisations importantes (*Forja* et l'Union militaire démocratique), moins par le nombre de leurs adhérents que par l'influence *a posteriori* de leurs idées. Le discours officiel, lui, insistera de plus en plus sur l'unité et la discipline des forces armées au point d'en faire un leitmotiv pendant ces deux dernières décennies.

Forja

Forja naît en 1951, lors d'une réunion dans la province de Ségovie (à Coca), en présence d'une soixantaine de membres. Elle se présente comme une organisation militaro-religieuse dont le but, selon son appelation, sera de « *forger* des hommes ». C'est dans un collège destiné à la préparation aux examens d'entrée dans les académies militaires, appartenant au Front de la Jeunesse (*Frente de Juventudes*), que le père jésuite Llanos et le capitaine Pinilla vont constituer ce groupe. Lorsque l'on pose la question à certains de ses membres aujourd'hui sur leur éventuel rattachement à la Phalange, ils répondent unanimement : « Elle nous intéressait non pas en tant qu'organisation politique, mais en ce qu'elle exaltait l'homme, sans oublier une certaine mystique poétique ». Ils s'avouent plus proches des idées de Dionisio Ridruejo que de celles de Fernández Cuesta, Girón ou Pilar Primo de Rivera. *Forja* n'aura pas de programme, mais aux dires de ses membres, le groupe se serait donné comme devise d'« atteindre la perfection personnelle, religieuse et professionnelle ». Busquets, membre de l'organisation, ajoute à ceci qu'il s'agissait d'une organisation à « caractère spirituel, professionnel et humaniste qui recherchait l'amélioration de la société, en général, et, des membres de l'organisation, en particulier ». Elle se voulait catholique et laïque, et ses principes pourraient être proches de ce que le concile Vatican II a proposé quelques années après. Son inspirateur de ce point de vue-là fut le père Llanos, membre, par la suite, du PCE (Parti communiste espagnol).

Le groupe *Forja* est formé presque exclusivement de militaires, en général jeunes (beaucoup étaient encore cadets au moment de leur adhésion). L'aspect professionnel aura donc pour eux une grande importance. Ils parlent souvent d'une « mystique de la profession » et d'un « fort esprit militaire » mais, précisent-ils, un esprit qui est très éloigné du « militarisme fier et méprisant » de leurs anciens et empreint d'un « important sens critique ». Ils donnent priorité à la professionnalisation, aux connaissances, et à la compétence sur les symboles et les signes extérieurs (salut, garde-à-vous, hommages au drapeau…) qu'ils considèrent comme secondaires. Cette inquiétude professionnelle était orientée essentiellement vers l'approfondissement du travail dans les unités — ils seront donc les premiers à critiquer les emplois multiples, la routine, le dilettantisme, voire la paresse qui dominaient chez la plupart des militaires. Ils étaient davantage intéressés par le travail de terrain, de proximité, que par les promotions. Mais comme ils le disent aussi, ce manque d'ambition serait dû à leur âge et à leur grade peu élevé. Pour atteindre un meilleur niveau professionnel, ils essaient d'améliorer leur formation technico-militaire et humaniste. Ce n'est pas par hasard si c'est au cours de ces années que l'on a le plus publié au sein de l'armée sur des sujets concernant l'éthique de la profession, la pédagogie ou encore la sociologie militaires. N'oublions pas, en outre, que la plupart de ces officiers seront par la suite diplômés d'état-major et feront des études universitaires. Ils ont donc tous une solide formation intellectuelle, si on les compare à la plupart de leurs compagnons d'armes de l'époque. Ils se disent influencés par Ortega y Gasset, Julián Marías, García Morente, Costa, Ganivet, et par des écrivains militaires comme Almirante, Bermúdez de Castro, García Escudero, Cabeza Calahorra, Lyautey, etc.

Le caractère social que l'on retrouve dans leurs écrits constitue un des traits les plus marquants de *Forja*. C'est peut-être ce que ces officiers appellent, au cours des différents entretiens que nous avons eu avec eux, « la sensibilité à l'égard des problèmes sociaux » qui aurait été à l'origine de l'interdiction du groupe par un régime qui niait tout simplement l'existence des problèmes sociaux dans le pays, alors qu'ils étaient inévitables. Car si au départ les principales préoccupations de type social dans ce secteur de l'armée avaient comme but d'éloigner la jeunesse ouvrière du marxisme dans le cadre du respect des principes du Mouvement, par la suite, ces officiers s'apercevront que ce cadre idéologique était une sorte de corset qui empêchait la réalisation de leurs souhaits de réforme et de justice sociale.

Cette préoccupation sociale, *Forja* la défend dans ses écrits (les revues *Reconquista* et *Pensamiento y Acción* constituent les porte-paroles officieux du groupe), mais aussi dans ses différents échanges avec les civils, notamment avec des universitaires.

En analysant les pages de *Reconquista* de cette première période, on peut s'apercevoir également à quel point l'analyse de la condition militaire était importante pour les membres du groupe *Forja*. Ils seront les premiers à dénoncer l'état d'abandon et d'incurie dans lequel se trouvent les forces armées, au point d'écrire qu'elles sont, comme sous la Restauration, « Les Cendrillons de l'Espagne » (avril 1954). Ils seront également les premiers à remettre en cause le rôle de garde prétorienne que joue l'armée, alors que le régime s'est doté des forces de police adaptées à ces tâches (février 1954). Mais en même temps qu'ils se penchent sur ces problèmes d'ordre matériel, un des détonateurs de cette crise de conscience que l'on ressent à l'intérieur du groupe, est le sentiment de la perte de crédit de la profession auprès de la population. Après le prestige dont ont joui les vainqueurs de la guerre, cette génération supporte mal le mépris voire l'hostilité de l'opinion publique à son égard. Ces idées se retrouveront plus tard dans l'UMD et dans le courant « professionnaliste » de l'armée à la tête duquel figurent les généraux Díez-Alegría et Gutiérrez Mellado, entre autres.

Le groupe *Forja* sera dissout en décembre 1958. Busquets affirme qu'à cette date il comprenait quatre capitaines, cinquante-neuf lieutenants et soixante cadets, plus un nombre important, et difficile à évaluer, de sympathisants. Ses membres poursuivront la diffusion de leurs idées à travers les pages de la revue *Pensamiento y Acción* que publiait le colonel du génie Delgado Piñar à Barcelone. Ce dernier fut cependant contraint de faire valoir ses droits à la retraite en même temps que la publication qu'il dirigeait tombait sous le coup de la censure et de l'interdiction définitive. La raison aurait été la présentation dans la revue d'une critique favorable au premier roman qui paraissait en Espagne sur la Guerre civile : *Un million de morts* de José María Gironella.

Ce que les officiers du groupe *Forja* remettaient en cause, c'était surtout la lourdeur et la sclérose de l'appareil militaire, son inadaptation aux nécessités de la Défense. Ils avaient tendance, encore à ce moment-là, à dissocier l'ordre politique établi — le régime et ses institutions — des structures de l'armée ; le dépositaire du pouvoir, Franco, et certains de leurs chefs. En 1970, lorsque l'UMD (Union militaire démocratique) reprendra le flambeau, les problèmes se poseront autrement.

Vers une autre « politisation » des forces armées

Mais l'Espagne continue de changer et le fossé entre ceux qui luttent pour le maintien des idéaux de la croisade et ceux qui commencent à bénéficier de l'expansion économique ne fait que se creuser. Libéralisme économique et lois répressives se côtoient (juridiction spéciale pour les activités des « extrémistes », 1958 ; loi d'ordre public, 1959 ; loi contre le banditisme et le terrorisme, 1960). Deux ans après la publication de cette dernière loi, Julián Grimau, membre du Comité central du Parti communiste est arrêté. Le 18 avril 1963, il comparaît devant un Conseil de guerre à Madrid. Il est condamné à mort pour des faits qui relèvent encore de la Guerre civile. Sa mort et les conditions dans lesquelles elle s'est produite vont contribuer à renforcer les pressions de certains secteurs des officiers pour écarter l'armée des fonctions politiques.

Cette dynamique d'ensemble dépasse les limites de la « libéralisation » amorcée par le régime vers le milieu de la décennie. L'un des piliers de cette libéralisation, le maintien de hauts niveaux de consommation, s'effrite avec la crise économique de 1967. Cela conduira à la crise politique de l'année suivante et au brusque arrêt de « l'ouverture » tant vantée lors de la campagne pour le référendum de la loi organique de l'État (LOE). L'état d'exception est déclaré. Les technocrates tenteront un bond en avant dans le programme de modernisation du régime franquiste : réforme de l'éducation, projet de nouvelle loi syndicale. Le problème des associations sera reposé ainsi que l'ouverture commerciale à l'Est et la réitération des demandes d'adhésion au Marché commun.

Cependant la conscience d'une forte mobilisation idéologique avait amené Franco et Carrero Blanco à rédiger l'article 37 de la loi organique de l'État : « La mission des forces armées (...) sera la défense de l'unité et de l'intégrité de la patrie, la sécurité nationale et la défense de l'ordre institutionnel ». Le but de cette loi était double ; tout d'abord, elle allait donner aux cadres de l'armée la possibilité d'intervenir pour régler les problèmes liés à l'ordre public, ensuite elle consacrait l'irrégularité formelle qui existait depuis la fin de la Guerre civile. Sous l'appellation de forces armées, le régime entendait l'armée et les forces d'ordre public (garde civile et police armée). Le rôle de l'appareil militaire allait être précisé à nouveau par l'amiral Carrero Blanco à l'école de l'état-major en avril 1968 : « Les officiers doivent être prêts à prolonger, avec leurs troupes, l'action des forces de police si besoin est ». C'est dans ce cadre qu'en 1969 sera publiée « la loi pour la mobilisation nationale » qui s'appliquera lors des situations conflictuelles. Les civils, et tout particulièrement les travailleurs de l'industrie et de certains services, seraient alors mis à la disposition de l'autorité militaire et, par conséquent, soumis au code de justice militaire. Si, d'un point de vue théorique, cette loi essaie de rationaliser les tâches de la Défense nationale, d'un point de vue pratique, son application met à nouveau la juridiction militaire en situation de résoudre les conflits du travail qui pourraient gêner le gouvernement (cette loi sera appliquée par exemple, dès 1970 avec la militarisation des travailleurs du métro de Madrid).

Le monolithisme apparent des forces armées commençait à se fissurer et les contradictions internes du régime commençaient à apparaître malgré la censure. Deux attitudes différentes se font jour. Celle des officiers appartenant au groupe *Forja,* dont certains figureront dans le courant « professionnaliste » ou démocrate des années 1970 et celle des anciens vainqueurs mécontents d'être relégués par les technocrates. Ces officiers créent en 1958 la *Hermandad de alféreces provisionales* (Fraternité de sous-lieutenants provisoires) qui réunit presque 16 000 membres sur lesquels, toutefois, les militaires d'active ne représentent que 25 %. La direction idéologique de ce groupe fait l'objet d'une vive lutte entre la hiérarchie militaire et la Phalange qui tourne rapidement à l'avantage de la première. Ils se posent en garants et gardiens des « essences » du régime. Ils constituent vers la fin du régime et dès la mort du dictateur, ce que l'on a appelé alors le « bunker », c'est-à-dire le noyau dur des survivants du franquisme.

L'événement qui mettra en relief les différents clivages au sein de l'institution militaire sera le procès de Burgos destiné à juger des membres d'ETA assassins présumés du commissaire Melitón Manzanas. Les répercussions furent multiples. En Espagne, la solidarité envers les accusés alla bien au-delà des rangs de la gauche. En ce mois de décembre 1970, *Le Monde* écrivait : « La hargne et la grogne se sont en effet emparées des casernes. Des capitaines aux généraux, le mécontentement ne cesse de grandir » et le *Canard enchaîné* titrait : « La vérole dans l'armée ». Si dès le début du procès, certains secteurs du corps des officiers rejetèrent la compétence des tribunaux militaires pour cette affaire, d'autres officiers fustigeaient la mollesse démontrée, selon eux, par un gouvernement incapable de réprimer l'agitation. Outre donc le refus de l'armée d'assumer la responsabilité politique du procès de Burgos et les attaques dirigées contre la faiblesse du pouvoir — la figure historique de Franco étant toutefois épargnée par ces critiques — les accusations des militaires proches du pouvoir visent pêle-mêle les intellectuels de l'opposition, les étudiants et les ouvriers contestataires, les curés « rouges », mais surtout la corruption des affairistes de l'*Opus Dei*. Le 9 décembre, dernier jour du procès de Burgos, le gouverneur militaire de Catalogne, Alfonso Pérez Viñeta, qui fait figure de chef de file des généraux phalangistes, déclarait : « L'armée n'est nullement disposée à permettre le retour du désordre et de l'indiscipline qui ont mis déjà une fois la patrie en danger. Si c'est nécessaire, on lancera une nouvelle croisade afin de débarrasser notre patrie des hommes sans Dieu ni loi ».

Les cadres subalternes n'ont d'ailleurs pas attendu les prises de position de leurs aînés pour réagir. Depuis cinq ou six mois déjà, des associations secrètes de jeunes officiers — retour aux vieux démons de l'ère républicaine — se sont constituées dans les principales garnisons. En décembre, elles comptent, selon les estimations les plus sérieuses, de 5 000 à 6 000 membres — des capitaines et des commandants pour l'essentiel — sur un total de quelque 24 000 officiers d'active. Ces réunions en uniforme, ces conversations de popotes tournent autour d'un seul thème : la situation intérieure et extérieure de l'Espagne, vue à travers le prisme de Burgos.

C'est dans ce contexte (décembre 1970) que cent cinquante officiers signent un manifeste demandant la peine maximale pour les accusés. En réponse, neuf capitaines et deux lieutenants de la garnison de Barcelone vont envoyer deux lettres, l'une au prince Juan Carlos, l'autre au lieutenant-général Díez-Alegría, chef d'état-major, en faveur de l'ouverture politique (*la apertura política*). Parmi les signataires, deux des grands spécialistes de la sociologie et de l'histoire militaire en Espagne : les commandants Julio Busquets et Gabriel Cardona. Cinq des signataires de ces lettres vont participer, trois ans plus tard, à la fondation de l'Union militaire démocratique (UMD).

L'UMD

Cette association naît à Barcelone le premier septembre 1974, elle compte initialement quelque trois cents membres actifs et sept cents sympathisants. Ces officiers appartenaient en majorité à l'armée de terre, quelques-uns à l'armée de l'air et très peu enfin à la marine et à la garde civile. C'est au sein de *Forja* que la plupart des membres du groupe s'étaient rencontrés. Une différence notable apparaît cependant entre les deux mouvements : si les premiers faisaient partie d'une génération qui s'était détachée de plus en plus de la politique conçue comme le service « inconditionnel » du régime, pour se préoccuper davantage des problèmes purement professionnels, l'UMD, vingt ans après, revient aux problèmes politiques, se rendant compte que les deux sont liés.

D'autres propos, mais toujours pas de programme comme ce fut le cas pour *Forja*, seront condensés dans ce que ses fondateurs appeleront *Ideario* ou *Idearium*, ou encore *Principes généraux* — l'influence de Ganivet semble importante comme pour le groupe *Forja* — car il y a bien des points en commun entre ces deux groupes concernant surtout la façon d'aborder la profession militaire. Au niveau professionnel, les membres de l'UMD s'efforceront, affirment-ils, d'être des militaires exemplaires, fuyant les affectations réputées « confortables » et leur préférant des unités avec commandement de troupes. Au niveau personnel, ils assumeront l'obligation d'acquérir une formation solide, conscients, néanmoins, des risques que cela implique alors. C'est toujours l'état d'esprit et même les mots que l'on avait pu lire dans *Reconquista* au cours des années 1950. Pour ce qui est encore des objectifs proprement militaires de l'UMD, ces officiers demandent « la réorganisation des forces armées en créant un ministère de la Défense comme unique organe responsable de leur direction et soucieux de résoudre les problèmes de la bureaucratie, tels que l'existence d'unités non opérationnelles et l'excès de cadres professionnels, tout spécialement dans le corps des officiers généraux, auquel appartiennent quelques personnes inaptes et liées aux secteurs les plus réactionnaires du pays ». La première partie de l'*Idearium* du groupe UMD concernant la réorganisation de la Défense est tout simplement la demande de mise en application du projet de loi préparé par Díez-Alegría qui devait redéfinir toute la Défense nationale. Dans la dernière partie du texte publié par les soins du groupe, l'inclusion du terme « réactionnaire » montre clairement une des lignes de clivage par rapport à *Forja* et au groupe d'officiers proches de Díez-Alegría. Il s'agit d'un mouvement qui ne rejette pas le mot politique, alors que le franquisme s'est escrimé à proclamer, pendant presque quarante ans, que les forces armées étaient « apolitiques », c'est-à-dire « franquistes ». En 1974, et à travers l'UMD elles s'affirment enfin « politiques ». Ce terme devenant lui-même synonyme de « démocratiques ». Voici une des déclarations qui pourraient le mieux illustrer cette conception : « (...) Le divorce complet existant entre l'Espagne réelle et le système totalitaire qui la gouverne, uniquement préoccupé de son maintien au pouvoir, est en train de faire jouer aux forces armées le rôle de gardien des intérêts du régime actuel, et non du peuple espagnol. L'Union militaire démocratique, consciente de cette situation, aspire à ce que les forces armées se mettent exclusivement au service du peuple, retrouvant ainsi leur prestige et leur dignité ».

Le pas est franchi : non seulement le mythe du monolithisme de l'armée est tombé, mais aussi « son inébranlable adhésion aux principes du 18 juillet ». Il ne restait plus qu'à mettre en cause de le « chef naturel », le *Caudillo*, et cela sera fait avec empressement : « Il est certain que l'un des plus grands obstacles aux revendications précédentes, déclarent les membres de l'organisation UMD, est la personne même du général Franco, qui compte encore sur l'appui de la quasi-totalité de l'institution ».

Si l'Union militaire démocratique apparaît nettement comme un groupe politique, antifranquiste, on peut se demander sur la base de quelle idéologie elle a été fondée. On parle à ce propos souvent d'un mouvement socialiste d'inspiration marxiste. À cette question que nous avons posée à différents membres du groupe, ils répondent : « Marxiste ? Certainement pas. Socialiste ? Ce serait beaucoup trop précis. Nous sommes des démocrates dont l'unique objectif est de libérer le pays du fascisme et de rendre l'armée à la nation. Nous voulons rétablir la démocratie en Espagne et faire de l'armée le garant de cette transformation. Sous quelle forme, avec quelles institutions ? Nous laissons cette responsabilité aux politiques ». L'UMD se situe délibérément hors des partis. Ce qui n'exclut pas la possibilité de maintenir des relations avec les groupes politiques de l'opposition au franquisme : avec les sociaux-démocrates, les communistes, les socialistes ou les franquistes ouverts à un changement de régime. Aux premières réunions de l'UMD assistent des personnalités de l'opposition telles que Joan Raventós, Joaquín Ruiz Jiménez ou Tierno Galván.

Le franquisme aurait-il réussi à guérir une bonne partie des officiers espagnols de leur tendance, presque irrationnelle, à l'intervention dans la vie politique, pour sauver le pays ?

Ce renoncement des forces armées à un possible pronunciamiento avait déjà été prôné par le courant « professionnaliste » au moment de l'assassinat de Carrero Blanco. Díez-Alegría dans son ouvrage *L'armée et la société* (*Ejército y sociedad*), publié pourtant en 1971, avait clairement exposé son point de vue sur la question : « La subordination de l'armée au pouvoir civil a toujours constitué pour nous un axiome. Il ne faut pas longtemps pour démontrer la nécessité de respecter ce postulat.

Dans le cas contraire, le gouvernement de la nation deviendrait impossible, ainsi que l'existence même de l'État ».

L'exemple portugais est, bien entendu, un détonateur mais également un élément de réflexion pour le mouvement. Au début, l'immense majorité des jeunes officiers espagnols voyaient d'un très bon œil la popularité de l'armée portugaise, par opposition à l'impopularité de leur propre armée. Ensuite, impressionnés sans doute par le développement de la crise portugaise, ils cherchent à s'en démarquer. Ils ne veulent pas jouer le même rôle que leurs voisins, ils refusent d'être les acteurs du changement politique, pour demeurer « les garants de ces transformations ». « Les Portugais ont fait un pronunciamiento positif, » déclarent-ils, « nous ferions, nous, plutôt un pronunciamiento négatif. C'est un concept qui existait déjà au XIXe siècle, cela veut dire que nous refuserons notre appui au régime, au moment où il aura besoin de l'armée », affirment-ils avec force et ils poursuivent : « Nous laisserons toute l'initiative au peuple. Ce que peut-être alors nous pourrions faire, c'est jouer une sorte de rôle d'arbitre pour que soit respecté le jeu démocratique. La situation portugaise nous a appris beaucoup de choses, et en particulier que l'armée n'est pas faite pour diriger et intervenir en politique ». Étranges déclarations en vérité dans un pays où, jusqu'à une date récente, les auteurs d'un putsch, qu'il soit réussi ou non, faisaient toujours figures de héros. C'est sans doute l'amorce d'un changement et les événements de 1981 seront là pour confirmer ce sentiment.

« Intervention, non ! Arbitrage, rôle de modération, oui ! » On sera frappé de voir qu'une grande partie de ceux que l'UMD considérait comme les acteurs politiques de la transition vers la démocratie, au lieu de se prononcer en faveur d'une stricte neutralité de l'armée, souhaitait pouvoir compter sur son soutien. En effet, l'opposition, avant même la mort de Franco, laissait entendre que la démocratie ne serait possible que si l'on comptait « sur la neutralité, sinon sur la bienveillance de l'armée ». Le PCE abondait dans ce sens et poursuivait depuis 1973-1974, une politique d'entente avec les éléments démocratiques de l'armée (Díez-Alegría, par exemple) « dont l'appui », affirme-t-il, « serait une des bases de la future démocratie ». L'armée, malgré les souhaits de l'UMD, semblait être, dans cette fin du régime, la clé de l'avenir, le point de mire de toutes les forces politiques sans exception.

La suite des événements de cette transition, que d'aucuns appelèrent « à l'espagnole », montre que l'ombre de l'armée continue de planer sur le pays et sur l'évolution de son système politique : déclarations fréquentes de chefs militaires, mises en garde, menaces de coup d'État. La presse, la classe politique, les syndicats, abordent quant à eux, avec beaucoup « d'égards », tout ce qui touche ce que l'on appelle en Espagne à l'époque « les pouvoirs de fait » (*los poderes fácticos*).

Cependant, l'UMD, fidèle à ses principes, va s'autodissoudre en juin 1977, le lendemain de la célébration des premières élections démocratiques. Elle n'a pas attendu que l'Assemblée constituante soit convoquée, que la Constitution soit rédigée. Mais elle agit ainsi par respect pour les nouveaux députés et sénateurs et surtout par « responsabilité historique, car on ne voulait pas qu'il y ait à nouveau en Espagne, comme cinquante ans auparavant un affrontement entre l'UME (Union militaire espagnole) et l'UMRA (Union des militaires républicains antifascistes) ».

Les officiers de l'UMD n'avaient pas manqué de crier « L'UMD est morte ! Vive la Constitution ! Vive la démocratie ! » Mais malheureusement la Constitution ne leur fut pas favorable et la démocratie, pour laquelle ils s'étaient battus, va les exclure de l'armée… Tout d'abord, il y eut leur procès (1976), puis leur expulsion de l'armée. Ils ne pourront pas bénéficier non plus de la loi d'amnistie de 1977 et il faudra attendre dix ans et la deuxième législature d'un gouvernement socialiste, en novembre 1986, pour qu'enfin les membres de ce mouvement soient réintégrés dans l'armée. Ce problème n'avait pas manqué de soulever des tensions dans les milieux militaires. Au cœur de ces débats se trouvait le principe selon lequel : « il fallait préserver le maintien de la discipline, le caractère apolitique de l'institution, et la sacro-sainte cohésion ». Le nouveau régime n'avait, apparemment, pas engendré un nouveau système de valeurs pour les forces armées. La presse civile conservatrice salua la décision par ce titre révélateur « Les condamnés de l'UMD reviennent dans leurs casernes : un *trágala* pour l'armée » (allusion à Ferdinand VII qui finit, contre son gré, par « avaler » la Constitution de 1812), mais les attaques les plus virulentes contre les officiers de l'UMD paraîtront dans les pages de *Reconquista*, dernier bastion de la défense des idéaux franquistes : « Leur présence parmi nous », peut-on lire dans l'éditorial d'octobre 1986, « maintiendrait ouverte une blessure, que, pour le bien de l'Espagne et de l'armée, il faut fermer et oublier ». À la lecture de ces commentaires, il semblerait que si les réformateurs continuent de penser que c'est à l'intérieur de l'institution que seront réunies les conditions nécessaires, sinon suffisantes, pour que leur armée évolue et se modernise, l'armée, elle, peut accepter ces réformateurs, les comprendre et éventuellement suivre leurs réflexions avancées, mais à une condition : qu'ils ne soient plus en son sein.

VII. Dictature militaire, régime franquiste ?

La tournure plus militaire que politique de l'épilogue de la Guerre civile est également celle que le *Caudillo* donnera à son régime. Il est vrai que celui-ci semblait à l'origine calqué sur le modèle fasciste dont il adopta les représentations et les principaux traits institutionnels. Mais il se caractérisa surtout tout au long de son existence par une forte identification avec la personne de Franco ainsi que par la supériorité sans faille du pouvoir militaire sur le pouvoir civil. Peut-on pour autant parler de dictature militaire ? Rien n'est moins sûr. Franco, comme tant d'autres militaires arrivés au pouvoir après un coup d'État, s'est toujours protégé contre le « danger militaire » ou contre un pouvoir militaire qui pourrait le remplacer ou, tout simplement, lui faire de l'ombre.

Comment s'est-il protégé contre ce risque qui est devenu réel depuis la fin de la Guerre civile ? D'abord, on l'a vu, en tâchant de maintenir dans l'armée une certaine division (entre les généraux, les officiers, les générations, les armes...), en évitant que tous ces éléments soient placés sous un même commandement ; dès 1939, on assiste à la création des trois ministères et trois hauts états-majors. À ceci il faut ajouter que le renforcement des forces de police (police armée et garde civile, celle-ci était militarisée) échappant plus ou moins à l'autorité des états-majors, et relevant de différents ministères, s'est avéré également très efficace pour affirmer son autorité. Cette atomisation des centres de décision place le *Caudillo* au-dessus, ce qui lui permettra d'exercer un rôle d'arbitre tout le long de son mandat. La meilleure garantie contre un putsch, avait écrit Maurice Duverger, tient aux rivalités des généraux (cette rivalité le *Caudillo* l'a savamment maintenue durant les quarante ans de son régime). Franco évite aussi que les principaux chefs militaires acquièrent un prestige trop grand auprès de leurs subordonnés en les écartant des postes de commandement des troupes, et en leur accordant des postes à caractère politique ou administratif, de telle sorte que ne puisse pas surgir parmi ces officiers prestigieux un possible rival.

Le Généralissime va user d'autres ressources, que l'on pourrait qualifier d'idéologiques et qui s'avéreront aussi très utiles pour s'assurer la fidélité et la loyauté de ses subordonnés. La plus efficace, et la plus employée, non seulement par le régime franquiste mais aussi par des régimes semblables, consiste à développer le culte des valeurs telles que l'honneur et la fidélité. On voulait faire des militaires et non pas des techniciens, mais des « chevaliers chrétiens », en inculquant à ces mêmes officiers dans leurs années de formation et par la suite dans les revues militaires, par exemple, l'idée que l'obéissance au régime, donc à Franco, est la principale vertu, et la désobéissance une trahison. Tout au long du franquisme, on aura enseigné aux officiers issus des académies militaires depuis 1940 que le culte de la patrie et la fidélité au *Caudillo* se confondaient : on leur aura appris, également, que la nation et l'État ne sont pas séparables, et que défendre l'État incarné par ce régime, c'est défendre la nation.

L'armée espagnole, au cours de ces quarante années, s'est trouvée ainsi coupée de la nation, elle est devenue un élément exogène. Endoctrinée dans les valeurs, les croyances et les principes issus d'une guerre civile considérée comme une croisade, elle s'est crue l'incarnation de ces vérités et l'interprète de la nation, prenant une partie de cette nation, celle des vainqueurs, pour le tout. Cette armée isolée dans « des compartiments étanches » (le mot est d'Ortega y Gasset), a été considérée comme une force d'occupation à cause de son déploiement stratégique à travers le territoire, de sa présence imposante, comme force de dissuasion, dans certaines parties de la Péninsule (Madrid, Barcelone, Pays basque). Familiarisée de surcroît et depuis longtemps avec les techniques répressives propres à une justice expéditive, l'armée s'est chargée également de mettre en œuvre les lois d'exception de l'après-guerre.

Le général Franco gagna aussi la fidélité du corps militaire par le rappel permanent de sa victoire au cours de la guerre, par la crainte savamment orchestrée d'un retour des « rouges » qui feraient passer l'institution du rôle de vainqueur à celui de vaincu, et enfin par une politique d'honneurs et de récompenses souvent plus prestigieux que lucratifs. Ces signes extérieurs n'avaient aucun rapport avec le pouvoir réel de l'institution ou l'activité proprement militaire. Cette armée a été disciplinée, comme jamais par le passé, alors que les salaires étaient bas, sa capacité opérationnelle et les conditions de vie dans les casernes laissaient à désirer. Le principal succès de Franco comme Généralissime aura donc été de conserver la loyauté des forces armées malgré ces conditions de précarité. Les mouvements de mécontentement, les revendications tout au long du régime n'allaient toucher qu'une faible minorité d'officiers sans prise sur les autres catégories de militaires.

Le *Caudillo*, quant à lui, avait gardé la haute main sur la politique de défense à travers un haut état-major qui lui était directement rattaché et une junte composée par des ministres militaires et leurs chefs d'état-major qui lui étaient parfaitement dévoués. Pour l'historien Javier Tusell, « il y a des questions dont Franco s'est toujours occupé spécialement comme celles qui concernent les institutions du régime, l'ordre public, l'armée ou les relations internationales ». Ainsi, que ce soit dans le domaine économique, dans le domaine stratégique, ou dans tout autre secteur politique, les forces armées en tant qu'institution furent exclues de la prise de décision. Certes, comme on l'a vu, la présence des militaires dans l'administration publique et privée est importante, mais cette présence se fait par délégation, cooptation, à la discrétion du chef de l'État. On ne représente pas tant l'armée que son *Caudillo*. La force principale de cette armée aura été d'avoir joué le rôle de force de dissuasion par sa simple présence et par sa tradition comme force de police, face aux différents mouvements d'opposition : elle fut la « colonne vertébrale du régime », certes, mais la tête de ce régime restait bien le *Caudillo*.

Bien que soucieux tout au long de son règne de caresser l'armée dans le sens de l'Histoire, ou plutôt de son histoire à elle, Franco s'est cependant bien gardé d'accroître, d'améliorer la puissance matérielle des forces armées. Les trois grands problèmes de l'armée espagnole : la macrocéphalie, le manque de professionnalisation et les carences techniques n'auront fait que s'accroître pendant toute la durée de sa dictature.

Le général Manuel Gutiérrez Mellado, chef de l'état-major au cours des dernières années du régime et ministre de la Défense pendant la Transition, résumait en quelques mots l'état de cette institution et son rapport avec le pouvoir : « Le secteur militaire a été très mal payé. On fit abstraction de l'armée, en tant qu'institution, pour les questions de gouvernement. Il est certain qu'un petit nombre d'officiers supérieurs ont eu des postes politiques, mais en vérité ce n'est pas l'armée en tant que telle qui a influencé la gestion politique du pays. C'était un militaire qui nous gouvernait, mais ce n'était pas l'armée ».

Chapitre 13

DE L'ARMÉE DE FRANCO À L'ARMÉE ESPAGNOLE (1975-2002)

Lorsque le général Franco meurt, le 20 novembre 1975, beaucoup redoutent, aussi bien en Espagne qu'à l'étranger, la période incertaine qui s'ouvre. Chacun sait, y compris parmi les plus farouches défenseurs du régime et cela malgré les consignes maintes fois répétées, (« *Todo está atado y bien atado, bajo la guardia fiel de nuestro Ejército.* » Tout est ficelé et bien ficelé, sous la garde fidèle de notre armée), qu'une évolution vers plus de démocratie est inéluctable. La crise économique dans laquelle le pays s'est enfoncé à partir de 1974 a remis en question le modèle de développement préconisé jusqu'alors. Face aux mécontentements, le régime franquiste avait choisi, après quelques hésitations, de recourir aux recettes traditionnelles de la répression. Mais le monarque qui devait assumer le pouvoir n'avait ni l'autorité, ni la légitimité de Franco : la voie répressive semblait donc exclue, indépendamment de ses motivations profondes. Qu'on le veuille ou non, il semble n'y avoir aucun autre moyen, pour dénouer la crise sociale et politique, que de libéraliser le régime.

En 1978, la revue *Pouvoirs* écrivait : « c'est en fonction de l'armée que l'on doit analyser et comprendre les particularités de la vie politique espagnole : le pragmatisme de la gauche, l'esprit de conciliation d'une large partie du centre et même de la droite (surtout autour du parti de Suárez), la recherche permanente du mot magique : "consensus" ». Aujourd'hui, en ce début de XXIe siècle, non seulement personne ne parle plus en Espagne de l'armée (sauf pour la malheureuse affaire de l'occupation de l'île du Persil, en juillet 2002), mais l'armée elle, ne parle pas non plus. Entre la fin du franquisme et l'actualité, l'institution militaire est pleinement subordonnée au pouvoir civil. Ses structures ont été profondément modifiées, le nombre des officiers a été considérablement réduit, leur carrière a été réorganisée, les académies militaires ont été réformées, les matériels ont été modernisés, l'Espagne a été intégrée à l'OTAN en 1981 et enfin au début de 2002, l'armée espagnole, à l'instar d'autres armées européennes, est devenue une armée de métier. L'évolution de cette institution en vingt-cinq ans, l'action de ses hommes, les pratiques instaurées entre acteurs politiques militaires ou entre gouvernants et gouvernés peuvent dessiner un fonctionnement sensiblement différent de celui prévu à l'origine par les politologues et les historiens, par les observateurs politiques espagnols ou étrangers, par les rédacteurs de la Constitution ou des différentes lois concernant le nouveau système de Défense. Il convient donc de connaître cette évolution, ce fonctionnement pour mieux comprendre comment cette institution qui était, pour le moins crainte, sinon détestée, par les citoyens a pu surmonter les épreuves, relever les défis et devenir, comme l'armée des autres pays occidentaux, « la grande muette ».

I. Institution militaire et démocratie en Espagne

Dans leur grande majorité, les militaires espagnols à la mort du Généralissime, étaient franquistes, et apolitiques. Ils acceptaient l'ordre établi, même s'ils étaient mécontents de l'évolution de leur carrière, de l'absence des promotions, de la faiblesse des soldes qui leur imposait l'exercice d'emplois multiples, le *pluriempleo*, de l'insuffisance de la logistique, et de l'obsolescence du matériel. Les officiers supérieurs, qui avaient des responsabilités au sein du régime, savaient bien que les forces armées étaient l'arbitre de la situation, en cette fin de règne, et que l'heure des choix avait sonné, mais ils s'inclinaient en faveur de la solution monarchique soit par tradition, soit par sentiment, soit par rejet de toute solution républicaine (qui réveillait chez les plus anciens leurs souvenirs de la Guerre civile et, chez les plus jeunes, les contenus des enseignements reçus dans les académies militaires, qui donnaient une image très négative de la République de 1931), soit encore par fidélité à l'ancien régime

(Juan Carlos était toujours dépositaire en 1975 de la légitimité franquiste et il avait reçu, de surcroît, une formation militaire) soit, enfin, par calcul politique : l'armée était dépourvue d'idéologie politique, ne reconnaissait aucun chef indiscutable qui pût s'ériger en nouveau *Caudillo*, et elle ne souhaitait pas gouverner. En acceptant, donc, la solution monarchique, l'armée, fidèle aux volontés exprimées par Franco, remplissait son rôle « d'exécuteur testamentaire » qui respectait et faisait respecter la succession à la tête de l'État, conformément aux prévisions établies. Symbolisme significatif, Juan Carlos sera élevé à la dignité de capitaine-général des armées, avant d'être couronné roi, le 22 novembre 1975, deux jours après l'annonce officielle de la mort du *Caudillo*. La passation des pouvoirs et le couronnement se dérouleront sans le moindre incident. Il n'est pas surprenant que, se considérant toujours « gardienne » des principes sur lesquels s'était constitué l'ancien régime, la plus haute hiérarchie militaire se soit sentie investie du contrôle du processus de transition du franquisme à la démocratie. Sa participation au pouvoir exécutif se trouva même renforcée dans le gouvernement Arias Navarro de décembre 1975 avec la nomination comme vice-président à la Défense du général Fernando de Santiago. Ce n'était pas pour autant la création du grand ministère de la Défense dont la nécessité avait été rappelée par l'UMD, car les trois armes conservaient leurs ministères respectifs (et deux de leurs titulaires avaient fait la Guerre civile).

En juillet 1976, le roi Juan Carlos se sépare d'Arias Navarro au profit d'Adolfo Suárez, haut-fonctionnaire issu de la voie phalangiste. Le nouveau gouvernement est chargé du démantèlement de l'appareil institutionnel de l'ancien régime et de la réforme démocratique du pays. Le Roi semble avoir défini la ligne de conduite qui réglera l'attitude du pouvoir pendant la Transition : le changement, mais sans rupture brutale avec le passé afin d'éviter les risques d'affrontement notamment avec les forces armées. Cependant, comme l'affirment Comas et Mandeville, pour que la monarchie puisse réussir à établir un consensus démocratique, il lui faut trouver d'autres appuis que ceux de l'armée. La recherche de cette base sociale et politique pour la Couronne implique la mise en place d'un régime pluraliste. Il s'agit d'asseoir une monarchie populaire au prix de concessions allant de la reconnaissance du Parti communiste à celle des autonomies régionales. C'est dans ces deux domaines, ainsi que sur la place que la Constitution reconnaîtra à l'institution, que l'armée aura une attitude plus intransigeante et apparaîtra comme un authentique pouvoir de fait (*poder fáctico*). Si le pluralisme politique s'est traduit par la légalisation progressive de tous les partis, c'est celle du Parti communiste, le 9 avril 1977, qui suscite la plus vive opposition et marque un des moments critiques dans les rapports de l'institution militaire et du pouvoir politique. Le malaise créé par cette décision fut grand chez des hommes qui avaient été élevés dans la haine du communisme, considéré comme l'ennemi principal du régime franquiste et le responsable de la Guerre civile. C'est dans l'armée de terre que le mouvement de rejet fut le plus important. Le ministère de l'Armée envoya une lettre à tous les officiers et sous-officiers, condamnant l'action gouvernementale. La démission du ministre de la marine, l'amiral Pita da Veiga sera la deuxième réaction à cette importante mesure adoptée par le gouvernement Suárez.

La question nationale et l'armée

La question concernant la nouvelle organisation de l'État sera, quant à elle, hypothéquée, d'un côté, par la tradition unitaire et centraliste de l'armée espagnole et, de l'autre, par le nombre croissant d'attentats terroristes contre cette institution. La Constitution de 1978, qui met fin à un État fort centralisé, donne le ton dans son article 2 et pose le principe de l'autonomie : « La Constitution repose sur l'unité indissoluble de la nation espagnole, patrie commune et indivisible de tous les Espagnols, et reconnaît et garantit le droit à l'autonomie des nationalités et des régions qui en font partie et la solidarité entre celles-ci. »

L'éclectisme de la formule utilisée cherche à obtenir l'accord entre les partisans d'un État toujours unitaire, ceux qui souhaitent une simple décentralisation et ceux enfin qui revendiquent une très large autonomie pour les régions dites « historiques ». L'emploi du terme « nationalités » apparaît comme une formule aussi nouvelle qu'audacieuse dans le constitutionnalisme espagnol contemporain. Les premières régions ayant accédé à ce régime ont été celles qui avaient bénéficié d'un statut d'autonomie sous la IIe République (la Catalogne, le Pays basque et la Galice) ; mais toutes les autres régions seront appelées à suivre le même processus donnant ainsi à la carte politique de l'État espagnol une forme « quasi fédérale ».

Face à ces changements quelle fut l'attitude de l'armée ? Sans pouvoir cerner une attitude générale de tous les membres de l'institution, on peut déceler des opinions et des tendances assez représentatives à l'égard tant du texte constitutionnel que de la politique de mise en place de ce nouveau système. Pour la quasi-totalité des cadres de l'armée, l'unité nationale et l'intégrité territoriale demeurent le domaine auquel la politique des autonomies ne doit pas porter atteinte : « Avec ou sans nationalités, l'unité de l'Espagne sera respectée ». Cette mise en garde est pourtant le fait du lieutenant-général Gutiérrez Mellado, ministre de la Défense du gouvernement d'Adolfo Suárez, considéré comme un libéral et un démocrate.

C'est dans ces mêmes termes que s'exprimera un des collaborateurs de la revue militaire *Reconquista* en 1980 dans un article intitulé « La limite des autonomies ». À la menace brandie par un leader basque en ces termes : « Que personne ne se trompe, notre but c'est bien d'aller au-delà de l'autonomie », l'auteur de l'article, Fernando Ripoll rétorque : « Eh bien, que personne ne se trompe, la mission des forces armées est de maintenir l'unité de l'Espagne. C'est bien cela la limite des autonomies ! » De tels échanges entre nationalistes basques, catalans et officiers de l'armée étaient fréquents encore dans les années 1990. Dans l'actualité, ils sont l'apanage du président du PNV (Parti nationaliste basque), Xavier Arzallus, mais à la différence des années 1990, il n'y a plus de réponse de l'armée.

Les militaires avaient déjà exprimé une certaine méfiance, voire un refus explicite, à propos de la manière dont les autonomies pourraient être mises en œuvre, au moment même de la discussion parlementaire du texte constitutionnel. En effet, l'emploi du terme « nationalités » dans l'article 2 avait été très mal reçu dans les milieux militaires, qui n'admettaient pas que la nation espagnole pût un jour être considérée comme une « nation de nations », en raison de la brèche que cet article ouvrait dans le monolithisme national. Ces craintes étaient telles que les trois représentants militaires qui faisaient partie des Cortès à l'époque — les lieutenants-généraux Salas Larrazábal et Díez-Alegría et l'amiral Camboa — ne votèrent pas en faveur du texte constitutionnel, les deux premiers s'abstenant et le troisième votant contre. Les militaires craignaient surtout le contenu équivoque du terme employé. Ils s'inquiétaient des risques que les autonomies régionales pourraient faire courir à l'unité nationale et à la solidarité entre les différentes régions.

La plupart des membres de l'institution cachent mal leur opposition à une politique de véritable autonomie régionale, en se montrant partisans d'une simple décentralisation administrative, sous certaines conditions : « Une décentralisation administrative qui n'impliquerait pas l'octroi de privilèges, ni de doubles emplois, ni un renforcement de la bureaucratie, ni un préjudice pour les régions les moins favorisées ou développées, est non seulement admissible, mais encore souhaitable ». Ces propos, tenus par le lieutenant-général Milans del Bosch, à l'époque commandant la région de Valence, expriment bien la continuité de la pensée unitaire et centralisatrice au sein de l'armée espagnole. À ceci il nous semble important d'ajouter, pour compléter ce rapide aperçu, un rapport des officiers du régiment Asturies 31 — l'une des unités de la division *Brunete* cantonnée à Madrid — écrit en 1980, à peine un an avant le coup d'État manqué du 23 février 1981. Dans ce rapport on voit poindre, une fois encore, l'inquiétude à l'égard du régionalisme et du terrorisme, qui sont assimilés de façon simpliste : « Les cadres militaires de cette unité ont vu d'un mauvais œil le décret qui autorise la mention du terme régional, comme faisant partie de la nationalité, dans les documents du registre civil. De même, ils rappellent le problème que représente pour les enfants de militaires, surtout des sous-officiers, l'étude obligatoire du catalan dans le premier cycle de l'enseignement ». En ce qui concerne le terrorisme, les officiers s'indignent de l'inefficacité des mesures prises — les rares mesures qui ont été prises — et de la passivité des autorités à tous les niveaux. En toute hypothèse, concernant le terrorisme, ajoutent les auteurs de ce document, « il faut répéter ce qui a déjà été dit dans les autres rapports antérieurs : il n'y a aucune forme d'autorité, le Pays basque vit en état de guerre, ce que le gouvernement a peur de reconnaître, l'unité de la patrie est en train de se rompre, l'unique solution possible est la solution militaire : l'armée aura à trouver une solution à ce que l'ineptie politique a provoqué ». Ces derniers propos montrent à la fois l'inquiétude et l'irritation des officiers et leur tentation de se poser, une fois encore, en « sauveurs de la patrie en danger ». C'est dire le mérite des constituants lorsqu'ils eurent à définir les missions qui incombaient aux forces armées dans le cadre d'un régime démocratique.

Les forces armées dans la Constitution de 1978

L'armée figure en bonne place dans la Constitution de 1978 : il en est question dès le titre préliminaire qui définit les caractéristiques du nouveau régime. Mais celles-ci sont subordonnées aux partis politiques (article 6) ainsi qu'aux syndicats et aux organisations patronales (article 7). De plus, il est précisé d'emblée à l'article 8 qu'elles sont constituées de « l'armée de terre, de la marine et de l'armée de l'air » : c'est-là la première différence avec la loi organique de 1967 dont l'article 37 englobait dans les forces armées les « forces d'ordre public », c'est-à-dire les corps de police. De cette distinction essentielle découle la délimitation de leurs missions respectives. « Garantir la souveraineté et l'indépendance de l'Espagne, défendre son intégrité territoriale et l'ordonnancement constitutionnel » : telle est la mission des forces armées. Il n'est plus question comme dans la loi organique, « d'unité de la patrie », ni de « sécurité nationale », et la défense du système politique ne se réduit plus à celle de « l'ordre institutionnel » d'un État tout puissant : c'est l'ensemble des principes et des mécanismes de l'État de droit que l'armée a le devoir de sauvegarder. Quant à la mission des corps de police — rebaptisés sur proposition socialiste « forces et corps de sécurité » —, elle consiste à « protéger le libre exercice des droits et libertés et [à] garantir la sécurité des citoyens » (article 104/1) : c'est un complet renversement de perspective par rapport à la conception autoritaire de l'ordre public, qui, dans la pratique, a toujours été synonyme de limitation ou de privation des libertés. Sur ces matières, ô combien sensibles dans les premières années de la Transition, la Constitution démocratique est loin d'être un simple calque de la loi organique franquiste, comme certains historiens et politologues le suggèrent. Une comparaison attentive des deux textes, réalisée par Carlos Serrano et Jacques Maurice, montre que c'est le gouvernement qui dorénavant « dirige la politique intérieure et extérieure, l'administration civile et *militaire* et la *défense de l'État* » (article 97), et non plus une junte de Défense composée pour l'essentiel de dignitaires de l'armée. Telle est la lettre de la Constitution que de nombreux généraux interprétèrent comme une reconnaissance tacite de l'autonomie d'un « pouvoir militaire », en s'appuyant sur l'autonomie de gestion que Franco leur avait accordée, et qu'ils entendaient bien conserver. Car il ne suffisait pas de regrouper trois ministères en un seul, ni de placer un civil à sa tête pour contrecarrer la tendance de l'institution militaire à se considérer au-dessus de la Constitution du seul fait qu'elle l'avait précédée.

Néanmoins, aiguillonnés par l'opposition et notamment par d'ex-membres de l'UMD élus députés socialistes, comme Julio Busquets, les gouvernements centristes firent voter deux importantes réformes par le Parlement. La première (décembre 1978) portait sur les ordonnances militaires, c'est-à-dire le règlement intérieur des armées — en vigueur depuis deux siècles — et relevait les militaires du devoir d'obéir à des ordres comportant un caractère délictueux. La seconde réforme (novembre 1980) avait pour objet de mettre la justice militaire en conformité avec la Constitution (qui consacre le principe de l'unité de juridiction) et la dessaisissait des délits à caractère politique : c'est pourquoi elle abolit la loi sur les juridictions de… 1906, donnant par ailleurs au Parquet la possibilité de renvoyer devant la plus haute juridiction civile, le Tribunal suprême, les sentences des tribunaux militaires.

II. Le retour aux pronunciamientos ?

La Transition ne s'effectue pas sans à-coups. Diverses forces, que l'on appelle à l'époque « involutionnistes », tentent d'inverser le cours de la démocratie naissante. Les unes ont un rapport étroit avec un appareil répressif non épuré, les autres sont issues de la radicalisation politique des dernières années du franquisme. Par le recours à la violence, elles misent sur une stratégie de la tension destinée à déstabiliser la situation politique chaque fois que des échéances importantes se présentent. Deux terrorismes opposés se manifestent très tôt dès la fin de l'année 1976. Celui de l'extrême-droite est fomenté par les nostalgiques du franquisme qui faisaient encore en public l'apologie de l'ancien régime et des fascismes en général. Quelques-uns d'entre eux s'illustrèrent en abattant dans leur bureau cinq avocats liés aux Commissions ouvrières (attentat d'Atocha à Madrid). Les enlèvements d'importantes personnalités et les meurtres de policiers commis au nom de la « résistance antifasciste » par les GRAPO (Groupe révolutionnaire antifasciste Premier Octobre) pouvaient apparaître comme des manifestations résiduelles d'un passé récent. Mais, en juillet 1978, un pas est franchi avec l'assassinat à Madrid d'un général, au moment où les députés achevaient la discussion du projet de Constitution. Ce meurtre préludait à une sanglante escalade terroriste de l'ETA — elle prit pour cibles les détachements de la garde civile au Pays basque et des officiers supérieurs de l'armée. Avec cent vingt-quatre victimes au total — cinq fois plus qu'en 1975 — l'année 1980 marque le sommet de cette escalade. L'organisation terroriste, qui rassemble alors de deux cents à sept cents militants armés, met à profit les carences et les excès de la police, trouve des appuis dans la population basque, ainsi que toutes sortes de facilités au-delà des Pyrénées (le « sanctuaire » français). D'ailleurs l'ETA, jouant ouvertement la politique du pire, cherche à provoquer une intervention militaire qui lui permettrait de retrouver la légitimité démocratique qui était la sienne sous le franquisme. Aux yeux des militaires, chaque nouvel attentat dirigé contre eux ou contre des gardes civils apparaît comme une attaque contre l'armée et semble faire la preuve de l'incapacité du nouveau régime à venir à bout du terrorisme. La période est émaillée d'incidents créés par des officiers, en nombre réduit certes, mais dont la signification est inquiétante.

Les conspirations

Dès 1977, les conspirations militaires avaient commencé. L'expression « *golpe de timón* » (coup de gouvernail ou « redressement » de la démocratie), mot de passe des coups d'État de 1923 et 1936, devient fréquente dans les colonnes de certains journaux d'extrême-droite (*El Alcazar*, *El Imparcial*) et dans la presse militaire (*Reconquista*). L'ETA entend faire pression sur l'opinion, le gouvernement et les députés, au moment où le statut du Pays basque va être discuté aux Cortès. L'exécution du gouverneur militaire de Guipuzcoa conduit le général Milans del Bosch à évoquer la possibilité d'une intervention de l'armée comme remède à l'impuissance de l'État. « L'armée devra intervenir lorsqu'il deviendra évident que les lois, l'action policière et judiciaire se révèlent insuffisantes », déclare-t-il à *ABC* en 1979. L'armée se tient donc prête à agir et le problème du terrorisme basque peut alors lui fournir un bon prétexte. Au début du mois de février 1981 a lieu le déplacement du roi Juan Carlos au Pays basque. Ce voyage s'avérait délicat. D'une part, par sa présence, il reconnaissait l'existence du régime d'autonomie accordée à la région ; d'autre part, le souverain devait réaffirmer l'unité de l'Espagne afin de dissiper les inquiétudes des forces armées. Si dans l'ensemble Juan Carlos fut bien accueilli par la population basque, il fut conspué au Parlement par les militants d'*Herri Batasuna* (Coalition indépendantiste basque créée en 1978).

Selon la plupart des historiens, c'est la faiblesse et le manque d'autorité de la coalition d'Union du centre démocratique (UCD) à l'égard tant des terroristes que des militaires hostiles au régime démocratique, qui serait à l'origine de l'attitude interventionniste de l'armée.

Ainsi lorsqu'est révélée, à la fin de 1978, l'existence d'un « coup de main » manqué, connu sous le nom « d'opération *Galaxia* » (du nom de la cafétéria où s'était tenue la réunion préparatoire), cette tentative apparaît-elle à beaucoup comme un putsch d'opérette. Un lieutenant-colonel de la garde civile (Tejero), un commandant et deux capitaines d'infanterie, organisateurs de ce premier coup d'État manqué, furent condamnés aux peines minimales applicables avant d'être remis en liberté quelques semaines plus tard. Cette clémence, qui n'est pas sans rappeler celle de la IIe République à l'égard de Sanjurjo, sera interprétée par les uns comme un signe de faiblesse et, par les autres, comme le geste d'un régime sûr de lui.

Les rumeurs concernant d'autres complots impliquant la division blindée *Brunete* arrivent aux oreilles du gouvernement. Elles sont le fait du chef de celle-ci, le général Torres Rojas (un des leaders du coup d'État du 23 février 1981). Il sera envoyé à La Corogne. Le général Milans del Bosch, un autre des acteurs du coup d'État manqué du 23 février, avait commencé, de son côté, un important travail de sape en favorisant le recrutement de cadres proches de l'ancien régime quand il dirigeait la division *Brunete*. Enfin, entre 1977 et 1981, on entend parler à Madrid dans les milieux militaires, d'une « opération *De Gaulle* » dont le but serait la constitution d'un gouvernement de Salut public dirigé par un militaire providentiel. Le nom de ce militaire sera révélé lors de la tentative du 23 février, il s'agissait du général Armada.

En janvier 1981, la démission à l'improviste du Président du gouvernement, Adolfo Suárez, laisse croire à de fortes pressions militaires. En tout cas, ce départ mettait en lumière les dissensions internes de l'UCD face au terrorisme, au « golpisme » et à la crise économique ; il créait un vide de pouvoir important.

Un dernier sursaut, le 23 février 1981

Durant les quelques semaines qui précèdent la tentative du coup d'État du 23 février, des signes inquiétants et révélateurs se manifestent aussi bien dans la presse militaire (*Reconquista* où publiaient certains des putschistes, Pardo Zancada, entre autres) que dans la presse civile, notamment *El Alcazar*. Toute une campagne est orchestrée sur la nécessité de « rompre » avec un système impuissant à asseoir l'autorité de l'État et on demande ouvertement à l'armée et à la Couronne d'intervenir. Des tracts publiés par l'UME (Union militaire espagnole), résurrection de celle qui avait joué un rôle important dans la préparation du soulèvement de 1936, circulent dans les casernes. Ils affirment que le terrorisme des « séparatistes » et le chômage ont rendu « insupportable » une situation que la démocratie est incapable d'affronter. Les putschistes avaient prévu d'agir le jour de l'investiture du nouveau Président du gouvernement, Calvo Sotelo. Le 23 février, alors que les députés sont en séance, un groupe de deux cents gardes civils aux ordres du lieutenant-colonel Tejero (l'homme de l'opération *Galaxia*) envahit le Palais des Cortès et s'en rend maître, faisant prisonniers les députés et les membres du gouvernement présents. C'est la première fois, depuis sa création, que la garde civile est à l'origine d'une tentative de coup d'État. Ce corps de police, toujours militarisé, aura été successivement fidèle à la Monarchie, à la République, puis à la Dictature. Les communications entre la Chambre et le reste du pays sont coupées. Les sièges de la radio et de la télévision publiques sont occupés. Il est prévu que le coup d'État se déroule en trois étapes : l'occupation des Cortès et la prise en otage du gouvernement et des députés devaient décapiter le régime. Dans un deuxième temps, la division *Brunete* aurait dû marcher sur Madrid et occuper les points clés de la capitale. Ainsi, une fois le pouvoir politique prisonnier et la capitale entre les mains des insurgés, ceux-ci s'attendaient tout naturellement, comme lors des pronunciamientos du XIXe siècle, à voir arriver rapidement les appuis des autres régions militaires. Le pronunciamiento échoua du point de vue technique lorsque les unités de la division *Brunete* furent arrêtées à temps par la junte des chefs d'état-major (la JUJEM). L'échec de cette deuxième étape allait faire avorter la troisième, celle de la généralisation du mouvement à l'ensemble des régions militaires. À Valence, le lieutenant-général Milans del Bosch, commandant de la région militaire, instaura le couvre-feu et investit la ville de ses blindés. Devant le vide politique créé par l'occupation des Cortès, le Roi avait assumé le rôle de garant du fonctionnement régulier des institutions, dont l'investissait l'article 56 de la Constitution de 1978. En se dressant ainsi face aux putschistes, Juan Carlos allait entraîner l'échec de leur tentative. Il ordonna, en effet, aux autorités militaires et aux commandants de région de n'obéir qu'aux ordres de la JUJEM. Cet appel fut entendu, parfois après de longues négociations téléphoniques menées par le Roi.

Parallèlement, le souverain constitua un cabinet de crise avec les secrétaires d'État qui n'avaient pas été pris en otages aux Cortès. Enfin, vers une heure du matin de ce 24 février 1981, Juan Carlos, en tenue de capitaine-général des Armées, s'adressait dans un message télévisé à la nation et confirmait sa volonté de respecter et de faire respecter la démocratie. Ses paroles étaient un écho à la déclaration faite quelques jours auparavant au Pays basque : « La Couronne, symbole de la permanence et de l'unité de la patrie, ne saurait tolérer des actions ou des attitudes de personnes qui prétendent interrompre par la force le processus démocratique en cours, déterminé par la Constitution, et approuvé par le peuple espagnol par référendum ». Par cette mise au point, Juan Carlos coupait court à toutes les déclarations des putschistes qui affirmaient agir au nom du Roi et il avait, sans doute, présent à l'esprit l'attitude de son grand-père Alphonse XIII soutenant le coup d'État de Primo de Rivera en 1923 ; or la chute du dictateur précéda de quelques mois la chute de la monarchie. Juan Carlos ne pouvait pas ignorer les leçons de l'Histoire.

Ayant pris conscience du danger, le 27 février à Madrid, un million de personnes, à l'appel de tous les partis et des syndicats, manifestèrent dans la rue leur soutien à la démocratie et au Roi.

Les auteurs du coup d'État furent jugés au printemps 1982. La plus haute juridiction militaire rendit un verdict qui ne contenta personne : acquittements ou peines légères pour la plupart des trente-deux inculpés, peine maximale de trente ans de réclusion pour Milans et Tejero reconnus coupables de « rébellion militaire ». Cependant pour le directeur du journal *El País*, Juan Luís Cebrián, ce dernier point se révèle essentiel car il donne l'occasion historique d'éloigner à tout jamais « le spectre du pouvoir militaire ». Après la dissolution anticipée du Parlement, fin août, une redoutable tâche attendait les socialistes espagnols. Mais il fallut désamorcer, à la veille des élections, le 27 octobre 1982, un nouveau complot.

III. Le temps des réformes

Le 28 octobre 1982, les Espagnols allaient porter une condamnation sans appel à l'égard de ceux qui espéraient, une fois encore, renverser par la force le cours de l'Histoire. Le fort pourcentage de votants prouvait clairement leur attachement aux institutions démocratiques mises en place durant la Transition ; la majorité absolue accordée au Parti socialiste qui présentait un programme modéré et dont la cohésion tranchait avec la décomposition du parti gouvernemental, montrait qu'il entendait disposer d'une direction solide capable d'engager le pays sans bouleversement sur la voie de la modernisation. Si le souvenir de la IIe République, ses réussites et ses échecs, furent constamment présents à l'esprit des différents gouvernements socialistes, ce fut aussi le cas pour le collectif militaire qui observa l'arrivée au pouvoir des vaincus de la Guerre civile avec beaucoup de méfiance, craignant d'éventuelles représailles.

La désignation d'un technicien, économiste de formation — le catalan Narcis Serra — au poste de ministre de la Défense, et les premiers propos adressés par le nouveau Président du gouvernement Felipe González, aux militaires, notamment lors de la visite, hautement symbolique, qu'il fit à la division *Brunete*, le 8 décembre 1982, montraient bien la volonté du pouvoir civil de placer les relations avec l'armée dans un climat de respect mutuel, mais où chaque partie connaîtrait le sens et les limites de ses fonctions et de ses devoirs. Cela tranchait avec les incertitudes de la période précédente.

Les socialistes, en arrivant au pouvoir, devaient relever un triple défi : réformer l'institution (personnel, structures), imposer définitivement la suprématie du pouvoir civil, et clarifier la politique de défense puisque l'Espagne venait d'adhérer à l'OTAN, le 20 août 1981. L'action principale du ministre de la Défense, Narcis Serra, consista à « démilitariser » progressivement les structures de son administration en plaçant des civils aux postes-clés. Contrôlant prudemment et fermement les militaires, le ministre paracheva également, au niveau institutionnel, la subordination stricte des militaires au pouvoir civil, en réaménageant les structures de la direction des forces armées mises en place par les gouvernements de la Transition. Il a ainsi coupé court au développement de certaines interprétations qui donnaient à l'institution militaire une autonomie fondée sur une légitimité particulière, puisée dans les pesanteurs de l'histoire de l'Espagne et dans une interprétation tendancieuse de certaines dispositions de la Constitution de 1978.

Une série de lois organiques, publiées à partir de 1984, dissipe toute ambiguïté en assurant la prééminence du Président du gouvernement : elle lui attribue sans contestation possible la décision de recourir aux forces armées et le commandement effectif de celles-ci ; le Roi n'exerçant, en tant que chef des Armées, qu'un commandement formel. Le ministre de la Défense, à qui le Président du gouvernement peut déléguer ses fonctions, voit également son rôle à l'égard des forces armées notablement renforcé par une série de compétences explicitement énumérées. Cela prouve, si besoin était, le souci du gouvernement espagnol de ne pas donner à l'armée un chef militaire unique, susceptible d'être ou d'apparaître comme un Généralissime.

Le programme ambitieux du gouvernement socialiste en vue de la création d'une armée moderne et opérationnelle se fera, aux dires de spécialistes civils et militaires, « *a paso de buey* » (à pas très lents) ou, comme aimera le répéter le ministre Serra, il s'agira de « faire en dix ans ce que Azaña avait essayé de faire en deux ».

Nous retiendrons plus particulièrement les réformes relatives au changement de la structure des forces, qui vont entraîner une réduction sensible des effectifs, ainsi que le rajeunissement du corps des officiers. Ces mesures, que nous avons étudiées sur deux siècles de l'histoire de l'armée espagnole, interviennent dans un domaine qui a eu et a toujours une influence directe sur l'état des relations entre civils et militaires. L'armée de terre surtout souffrait d'une véritable hypertrophie du commandement. Comme on l'a rappelé auparavant, les lois adoptées par le franquisme n'avaient pas réussi à écarter les anciens *alféreces provisionales* (sous-lieutenants provisoires) ; dans le même temps, les académies avaient formé des promotions trop nombreuses par rapport aux besoins. Cela avait créé des perspectives de carrière assez limitées pour la plupart des officiers et un vieillissement de cadres dû à la lenteur de l'avancement fondé sur l'ancienneté. En 1977, une note du ministère de la Défense reconnaissait que l'armée espagnole avait les cadres les plus âgés du monde.

Le gouvernement socialiste avait prévu de réduire, en six ans, de 15 % le nombre de militaires d'active dans l'armée de terre. Cette décision impliquait une diminution importante du nombre des cadres professionnels. Cette réduction quantitative drastique devrait s'accompagner d'une amélioration qualitative du corps des officiers et d'une augmentation importante des soldes. Il s'agissait en l'occurrence de réduire les sureffectifs de l'armée de terre afin de transférer une partie des crédits de personnels vers les investissements nécessaires à la modernisation de l'armement et à la rénovation des installations militaires, ce qui a été, par ailleurs, le principal souhait de tous les ministres de la Défense depuis le XIXe siècle. Globalement, en effet, la part du PIB consacré au budget de la Défense était restée stable depuis l'avènement des socialistes au pouvoir, à hauteur de 2,5 %, ce qui situait l'Espagne devant l'Italie, le Danemark et le Canada, mais derrière les autres pays de l'OTAN. Cette armée se répartit en six régions militaires (voir annexe 5) dont chacune devait constituer une base d'action opérationnelle (sans parler des forces stationnées à Ceuta et Melilla, aux Canaries et aux Baléares).

Les réformes de 1987 et 1990 ne feront que renforcer l'emprise du pouvoir civil sur un pouvoir militaire de plus en plus résiduel. Il conviendrait de citer ici deux aspects importants de ces réformes : le renforcement du caractère opérationnel de l'état-major de la Défense, en détachant de celui-ci la direction générale de la politique de Défense et la création d'une direction de l'enseignement militaire avec les importantes conséquences pour l'avenir de l'institution que cela entraînait. À compter de 1987, la direction générale de l'Enseignement exerce un véritable pouvoir centralisateur supervisant la structure et l'organisation du système d'enseignement, les plans d'études et les manuels, la programmation, les centres d'enseignement, le régime général des études, les relations avec les centres civils et militaires étrangers. Cette réforme, qui figurait au programme du PSOE en 1982, est apparue comme un enjeu essentiel pour garantir les convictions démocratiques des cadres militaires.

En 1990, une nouvelle étape est franchie avec la création du Secrétariat d'État à l'administration militaire qui regroupe les attributions en matière de carrières militaires, d'enseignement et de service militaire, elle annonce l'amorce d'une période très importante puisqu'on va oser toucher enfin à l'ensemble du système : réductions, toujours, des effectifs, réorganisation de la profession militaire en la rapprochant de plus en plus de celle des autres pays occidentaux (l'incorporation des femmes aux tâches de la Défense avait eu lieu en 1988), réduction du service militaire et enfin professionnalisation des forces armées.

La création d'une armée de métier

Depuis 1989, toutefois, la sempiternelle question de la modernisation des forces armées ne se posait plus seulement en termes stratégiques et économiques. Elle était devenue l'objet d'un vif débat politique du jour où le Centre démocratique et social (CDS), coalition issue de l'UCD, avait inclus dans son programme la réduction du service militaire à trois mois. Depuis le début de la Transition, celui-ci avait été progressivement raccourci à 15/18 mois, puis à 12/15 mois — sa durée variant d'une arme à l'autre — et la majorité des conscrits bénéficiait, depuis 1984, d'une affectation proche de leur lieu de résidence. Mais cela se faisait avec une moyenne de 150 morts par an (dont 30 par suicide), plus de 10 000 insoumis en 1995, notamment au Pays basque et plus de 70 000 objecteurs de conscience, la même année. C'est surtout pour toutes ces raisons que le gouvernement González, déclarant redouter les risques politiques d'une armée de métier, finit par adopter le modèle mixte d'une armée semi-professionnelle.

Le Parti populaire, qui avait proposé dans son programme électoral en 1996 une progressive professionnalisation des forces armées, mettra en place ce projet, quelques années après son arrivée au pouvoir, en janvier 2002. Un nouveau modèle d'armée allait donc voir le jour, proche de celui d'autres pays européens, mais cette institution entièrement professionnalisée (48 000 militaires de carrière et 68 000 soldats) sera confrontée à des problèmes, anciens : un budget toujours réduit, par rapport à ces nouveaux défis, donc des soldes peu attrayantes à proposer aux futures troupes professionnelles, et la désaffection des jeunes pour la carrière militaire en général, notamment au Pays basque, en Catalogne ou en Navarre. Face à cette situation, il faut souligner l'arrivée massive des femmes (10 % de la totalité des effectifs en 2003), en raison du chômage féminin élevé, mais comme dans les autres professions, la femme n'occupe que des emplois subalternes (22 % des soldats, 0,19 % des commandants). Devant le manque alarmant d'effectifs par rapport au seuil prévu, le ministère de la Défense se voit obligé, d'un côté, de diminuer les exigences intellectuelles des nouvelles recrues et, de l'autre, de créer en décembre 2002, trois cents places de soldats professionnels destinées à des immigrés latino-américains ou venus de Guinée équatoriale, avec un permis de résidence en Espagne. Pour que cela soit possible, le ministère de la Défense n'a pas hésité à supprimer une clause qui avait toujours été jugée nécessaire pour accéder à la profession militaire, sauf pour la Légion étrangère : posséder la nationalité espagnole. En vingt-cinq ans, une armée, qui se considérait comme la seule institution pouvant incarner la nation espagnole, se voit acculée, faute de volontaires espagnols, à engager des étrangers. L'armée espagnole pourrait se trouver à terme dans la même situation que pendant le XVIIe siècle : plus le prestige militaire diminue, plus la qualité du recrutement baisse, ce qui amenuise d'autant le prestige de l'institution.

La démocratisation des forces de police

Il fallait également mener à bien la réforme de l'appareil policier hérité du franquisme. Celui-ci se caractérisait par la juxtaposition de différents corps et leur étroite subordination à la hiérarchie militaire : plus des 2/3 des fonctions de commandement étaient exercées par des officiers de carrière et les agents étaient soumis aux règles disciplinaires de l'armée. Mécontents de la timide réforme centriste de 1978, les syndicats de policiers attendaient des socialistes une démilitarisation de leur profession conforme à l'esprit de la Constitution. N'y est-il pas énoncé (article 104) que la mission des « forces de sécurité », nouvelle dénomination proposée par les socialistes, consiste à « protéger le libre exercice des droits et des libertés et à garantir la sécurité des citoyens » ? Mais le lourd tribut payé par la police et par la garde civile aux attentats terroristes estompa la nécessité de leur démilitarisation, puis en réduisit la portée. La loi organique de mars 1986 réunit bien les policiers en civil et les policiers en armes en un seul corps, mais la définition de celui-ci comme « institution armée » exclut le droit de grève que réclame le Syndicat unifié de la police, constitué en 1984. Il n'est pas créé, non plus, de police judiciaire. De son côté, la garde civile, le corps le plus ancien, fort de ses 73 000 membres, dont 2 000 femmes, demeure sous la double dépendance des ministères de l'Intérieur et de la Défense. Le *statu quo* peut satisfaire ceux de ses chefs dont l'esprit est obsédé par « l'ennemi intérieur » ; mais le fait syndical, clandestin autrefois, reconnu aujourd'hui, progresse désormais dans la troupe et parmi les officiers.

Le PSOE, qui devait entreprendre la démilitarisation de la garde civile, s'est vu poussé dans ses retranchements par la montée du terrorisme au cours des années 1980 (40 personnes assassinées par l'ETA en 1983). Mais l'histoire de la IIe République agit comme une épée de Damoclès, sur la politique menée en matière d'ordre public par les socialistes. C'est pourquoi ils accordent une priorité absolue à la lutte contre le terrorisme, pensant ainsi renforcer la démocratie, encore fragile. C'est le contraire qui se produira et la création des GAL (Groupes antiterroristes de libération) et ses conséquences seront là pour confirmer cette hypothèse.

IV. Défense et relations internationales

Sous le régime de Franco, la politique de Défense, qui relevait du *Caudillo* et de lui seul, semblait rudimentaire. L'accord conclu en 1953 avec les États-Unis avait certes fait participer l'Espagne au système de sécurité occidental en lui permettant de faire sa rentrée sur la scène internationale. Elle le devait aussi à sa situation stratégique : sa double façade méditerranéenne et atlantique, sa position des deux côtés du détroit de Gibraltar, la plate-forme et la base arrière qu'elle représentait pour compléter le dispositif logistique et opérationnel de l'OTAN en Europe. En échange d'une aide dont elle avait besoin pour commencer à doter son armée d'un matériel moderne, l'Espagne avait concédé un certain nombre de bases aux Américains : Rota (base aéronavale), Torrejón, Saragosse et Morón (bases aériennes et logistiques). Il en résultait une sorte de répartition des tâches : aux États-Unis, la défense extérieure de l'Espagne ; aux forces espagnoles, le maintien de l'ordre intérieur.

Il faut attendre la fin du régime pour que l'on se préoccupe de redéfinir une doctrine militaire et que s'engage une réflexion stratégique. Mais la période de la Transition et les débuts du gouvernement socialiste, marqués par la querelle à propos de l'OTAN, n'étaient guère favorables à la mise au point d'une véritable politique de Défense. Dans chaque arme, les responsables militaires ont poursuivi la politique qu'ils avaient commencée dans la dernière période du franquisme : l'armée de terre, qui se désintéressait de la menace soviétique, s'est orientée vers la défense du Sud et des enclaves marocaines contre une éventuelle agression venant du Maroc. La marine, plus sensible aux problèmes Est-Ouest et soucieuse de redonner à l'Espagne une présence navale, s'est engagée dans un programme ambitieux qui devait hypothéquer passablement les budgets de la défense : il s'agissait d'assurer la sécurité de l'axe Canaries-Gibraltar-Baléares. Pour le reste, les gouvernements se sont surtout préoccupés de réorganiser les structures militaires et de développer les industries de défense.

L'OTAN : un choix difficile

Au sortir de quarante ans d'isolement (ou presque), les partis politiques, à partir de 1976-1977, vont prendre à l'égard de l'Alliance atlantique des positions radicalement opposées qui contrastent avec l'attitude consensuelle qu'ils affichent sur les questions de politique intérieure ou même par rapport à l'ouverture vers l'Europe. Il semble confirmé aujourd'hui que la décision du gouvernement Calvo Sotelo, le 20 août 1981, et le revirement des socialistes en 1986, correspondaient non seulement à une motivation de politique internationale, mais aussi à une motivation de politique intérieure : faire sortir l'armée de son isolement en lui faisant nouer des contacts avec les forces militaires des pays voisins et accélérer ainsi les changements de structures et des mentalités, ce qui devait conduire dans ces années d'incertitude à renforcer le poids des militaires démocrates. Les opposants faisant valoir que l'appartenance d'un pays à l'Alliance atlantique ne suffit pas à empêcher l'armée de jouer un rôle politique : il n'est que de penser aux cas grec et turc. À ceci on pourrait rétorquer que le contexte politique de ces deux pays n'était pas le même que celui de l'Espagne de la fin du franquisme et de la Transition. Aussi bien le gouvernement de l'UCD que plus tard celui du PSOE espéraient que l'OTAN polariserait notamment les intérêts de l'armée de terre sur la menace extérieure et la détournerait d'une excessive introspection et de son obsession pour traquer l'ennemi intérieur. Au fond — on le voit mieux maintenant avec le recul du temps — les socialistes ont préparé l'intégration des forces armées espagnoles dans l'OTAN aussi méthodiquement qu'ils l'avaient fait pour l'intégration économique dans la CEE. Le vœu du philosophe espagnol Ortega y Gasset, « L'Espagne est le problème, l'Europe la solution », devient après 1976, un principe d'action politique.

Le problème de la Défense espagnole restait en fait suspendu à la position qui serait prise à l'égard de l'OTAN. L'accord avec les États-Unis, réaménagé et complété en 1976 et 1982, pouvait logiquement conduire à l'adhésion. La question a été à l'ordre du jour dès le début de la Transition, en même temps que la candidature de l'Espagne à la CEE. Il a fallu à peu près le même temps pour que l'Espagne entre dans la Communauté européenne et pour qu'elle se décide à participer à l'OTAN. Mais, dans le premier cas, les obstacles venaient de ses futurs partenaires, alors que dans le second, les difficultés étaient d'ordre intérieur. Les deux processus ont réagi l'un sur l'autre, pour aboutir la même année en 1986 : à cette date, l'Espagne est entrée à la fois dans le système européen et dans le système atlantique. Dans ce domaine, le moment fort se situe à la fin de l'année 1988 avec l'entrée de l'Espagne dans l'Union de l'Europe occidentale (UEO) — la seule organisation européenne de

Défense — et l'approbation donnée par l'OTAN aux missions que l'Espagne se proposait de remplir en son sein.

Depuis les années 1990, l'orientation atlantiste de la politique espagnole de Défense s'est accentuée. Les Espagnols participent à toutes les instances ou organes de l'OTAN. Par exemple, à la différence de la France, ils sont présents au Comité des plans de défense et au Comité militaire et, on l'a vu, au Groupe des plans nucléaires. Ils coordonnent leurs projets de Défense avec ceux de l'OTAN sur la base d'accords qui font partie du dispositif de l'organisation. Leur contribution à ce dispositif est définie de manière générale en six points : défense du territoire espagnol, défense et contrôle de l'espace aérien espagnol, opérations navales et aériennes dans la zone orientale de l'Atlantique, opérations navales et aériennes dans la zone occidentale de la Méditerranée, contrôle du détroit de Gibraltar et de ses accès, utilisation du territoire espagnol comme base de transit et de support logistique par les forces de l'OTAN.

Mais l'Espagne a une autre préoccupation stratégique qui s'écarte des objectifs de l'OTAN et de sa contribution à la sécurité du flanc sud : la défense contre une éventuelle menace venue du Maghreb, en particulier contre Ceuta et Melilla. Des forces relativement importantes sont stationnées dans le sud du pays et dans les deux enclaves. Autour de Gibraltar, et des deux côtés du détroit, l'héritage de l'histoire continue de peser sur la politique de Défense et les relations internationales de l'Espagne.

Depuis la fin du franquisme, l'armée espagnole est entrée dans l'OTAN (1986), elle s'est taillé une place dans la défense de l'Europe à travers l'UEO (1988) et elle fait partie de l'Euro-armée depuis décembre 1993. La focalisation sur l'ennemi intérieur semble s'être estompée, car cette armée, autrefois pléthorique, isolée, mal payée, s'est découverte de nouveaux champs d'action à l'extérieur de la Péninsule pour de nouvelles missions de paix et d'aide humanitaire (El Salvador, Nicaragua, Namibie, Bosnie, Kosovo, Macédoine, Afghanistan…).

C'est un univers opaque que celui des forces armées espagnoles pendant deux siècles, qui a cultivé avec délectation la conviction d'être l'ultime sauvegarde du pays. Il devient urgent que, comme pour ses homologues européennes, avec lesquelles elle partage beaucoup de missions, l'armée espagnole cesse d'être considérée par les citoyens en termes de menace plus que de sécurité.

CONCLUSION

Unamuno avait écrit : « le régime politique naturel de l'Espagne est l'arbitraire, tempéré en haut par le pronunciamiento et en bas par l'anarchie ». C'était loin d'être une de ces formules dont le philosophe espagnol avait le secret. Car le pays a connu entre 1814 et 1981 plus de cinquante tentatives de coup d'État.

Plus par auto-conviction qu'en vertu d'une popularité véritable, l'armée espagnole s'est considérée non pas comme le simple instrument d'un pouvoir civil méprisé, mais comme l'incarnation suprême de l'identité nationale menacée par l'ennemi intérieur et bradée par les politiciens libéraux. Après avoir conclu un pacte tacite de non agression avec le régime de la Restauration, en 1876, l'armée reprend son rôle d'arbitre providentiel sous la dictature du général Primo de Rivera, de 1923 à 1930. Elle se sent appelée à jouer ce rôle à nouveau en 1936, bien que sous l'autorité du général Franco qui, seul, détiendra le rôle de *Caudillo* providentiel, de Généralissime des armées et d'arbitre non seulement au sein de l'armée, mais aussi parmi les différentes factions politiques de son régime.

L'armée, principal pilier du franquisme, devait être l'institution la plus réticente à la démocratie et aux changements que l'avènement de ce régime devait entraîner. Le roi Juan Carlos Ier usa largement de sa légitimité franquiste, et de ses amitiés nouées au cours de sa formation militaire, pour faire accepter les évolutions décidées par les différents gouvernements démocratiques et pour faire échouer la tentative de coup d'État de février 1981. Mais, surtout, le gouvernement socialiste, issu des élections de 1982, entreprit un lent et discret travail de transformation des structures et de renouvellement des cadres : promotions, augmentation des soldes, mises à la retraite, réorganisation des régions militaires, réforme des écoles militaires, etc. Dix ans plus tard, le modèle militaire franquiste avait vécu.

Il est encore trop tôt pour pouvoir analyser les effets de cette politique de réforme — poursuivie jusqu'à aujourd'hui avec la création de l'armée de métier en 2002 — sur les mentalités et les comportements d'un corps traditionnellement jaloux de ses prérogatives et souvent coupé de la société civile. On peut d'ores et déjà constater que son intégration dans les différentes structures internationales de Défense n'a pu que favoriser la professionnalisation des cadres d'une institution en plein renouvellement biologique (il ne reste en 2002 qu'un seul général d'active né avant la guerre civile). La rationalisation d'une armée pléthorique, la redéfinition de ses missions, qui excluent désormais les fonctions de rétablissement de l'ordre public, sont à l'ordre du jour depuis presque deux siècles. Il y a dans ces nombreux défis relevés par la classe politique (tous partis confondus) de l'actuel régime démocratique comme un hommage implicite au ministre de la Défense de la IIe République, Manuel Azaña. Lui qui avait écrit en mai 1932 : « Je suis satisfait – car personne ne parle en Espagne de l'armée – Personne ! Quelle chose étrange ! Depuis un siècle, la plupart des préoccupations espagnoles ont tourné autour de la question militaire ! Cette situation vient de disparaître ; mais le contraire aussi : car s'il est vrai que personne ne parle de l'armée, l'armée, elle, ne parle pas non plus. Chacun à sa place ! »

Ces propos s'étaient vu malheureusement bafoués quelques mois plus tard. Aujourd'hui ils traduisent une réalité qu'on peut souhaiter — et estimer — durable.

BIBLIOGRAPHIE

AGUERO Felipe, *Militares, civiles y democracia*, Madrid, Alianza editorial, 1995, 135 p.

AGUILAR OLIVENCIA Mariano, *El ejército español durante la IIª República (Claves de su actuación posterior)*, Madrid, Econorte, 1986, 556 p.

AGUILAR OLIVENCIA Mariano, CEPEDA GÓMEZ José, et al., *Historia de las Fuerzas Armadas* (5 vols), Barcelone, Planeta, 1983.

AGUILAR OLIVENCIA Mariano, *El ejército español durante el franquismo*, Madrid, Akal, 1999, 455 p.

ALONSO BAQUER Miguel, *El modelo español de* pronunciamiento, Madrid, Rialp, 1983, 270 p.

ALONSO BAQUER Miguel, HERNÁNDEZ SÁNCHEZ-BARBA Mario, *Historia social de las Fuerzas Armadas*, (8 vols), Madrid, Alhambra, 1986.

ALONSO BAQUER Miguel, *El ejército en la sociedad española*, Madrid, Movimiento, 1971.

ALONSO BAQUER Miguel, *El militar en la sociedad democrática*, Madrid, Eudema, 1988, 150 p.

ALPERT Michael, *El ejército republicano en la guerra civil*, Paris, Ruedo Ibérico, 1977, 424 p.

ALPERT Michael, *La reforma militar de Manuel Azaña (1931-1933)*, Madrid, Siglo XXI, 1982, 338 p.

BALLBÉ Manuel, *Orden público y militarismo en la España constitucional (1812-1983)*, Madrid, Alianza editorial, 1985, 496 p.

BAÑÓN Rafael, OLMEDA José Antonio, *La institución militar en el Estado contemporáneo*, Madrid, Alianza editorial, 1985, 360 p.

BORREQUERO BELTRÁN Cristina, *Diccionario de historia militar*, Barcelone, Ariel, 2000, 371 p.

BOYD Carolyn, *La política pretoriana en el reinado de Alfonso XIII*, Madrid, Alianza editorial, 1990, 399 p.

BUSQUETS Julio, *El militar de carrera en España*, Barcelone, Ariel, 1967, 298 p., 2e éd., 1984.

BUSQUETS Julio, *Pronunciamientos y golpes de Estado en España*, Barcelone, Planeta, 1982, 256 p.

BUSQUETS Julio, LOSADA MÁLVAREZ Juan Carlos, *Ruidos de sables y conspiraciones militares en la España contemporánea*, Barcelone, Crítica, 2003, 220 p.

BUSQUETS Julio, *Militares y demócratas*, Barcelone, Plaza Janes, 1999, 399 p.

CARDONA Gabriel, *El poder militar en la España contemporánea hasta la guerra civil*, Madrid, siglo XXI, 1983, 322 p.

CARDONA Gabriel, *Franco y sus generales*, Madrid, Temas de hoy, 2001, 341 p.

CEPEDA GÓMEZ José, *Los pronunciamientos en la España del siglo XIX*, Madrid, Arco, Libros, 1999, 92 p.

CHRISTIANSEN Eric, *Los orígenes del poder militar en España*, Madrid, Aguilar, 1974, 218 p.

COMAS Jean-Marie, MANDEVILLE Lucien, *Les militaires et le pouvoir dans l'Espagne contemporaine de Franco à Felipe González*, Presses de l'Institut d'Études Politiques de Toulouse, 1986, 206 p.

DAGUZAN Jean-François, *Les Forces armées espagnoles du franquisme à la Démocratie*, 1936-1986, Paris, Fondation pour les études de défense nationale, dossier n° 12, 1986, 193 p.

DAGUZAN Jean-François, *L'Espagne à la croisée des chemins* (Défense, Économie, Technologie), Paris, Publisud, 1988, 207 p.

DÍEZ ALEGRÍA Manuel, *Ejército y sociedad*, Madrid, Alianza, 1972, 207 p.

FERNÁNDEZ BASTERRECHE Fernando, *El ejército español en el siglo XIX*, Madrid, Siglo XXI, 1978, 190 p.

FERNÁNDEZ LÓPEZ Javier, *Militares contra el Estado (siglos XIX y XX)*, Madrid, Taurus, 2003, 303 p.

FISAS Vicens, *El poder militar en España*, Barcelone, Laia, 1979.

JAR COUSELO Gonzalo, *Modelo policial español y policias autónomas*, Madrid, Dykinson, 1995, 505 p.

HEADRICK Daniel, *Ejército y política en España (1866-1898)*, Madrid, Tecnos, 1981, 296 p.

LABATUT Bernard, *Renaissance d'une puissance ? Politique de défense et réforme militaire dans l'Espagne démocratique*, Paris, Économica, 1993, 375 p.

LLEIXÁ Joaquim, *Cien años de militarismo en España*, Barcelone, Anagrama, 1986, 217 p.

LÓPEZ GARRIDO Diego, *La Guardia civil y los orígenes del Estado centralista*, Barcelone, Crítica, 1982, 220 p.

LOSADA MALVÁREZ Juan Carlos, *Ideología del Ejército franquista, 1939-1959*, Madrid, Istmo, 1990, 323 p.

MARQUINA BARRIO Antonio, *España en la política de seguridad occidental 1939-1986*, Madrid, Servicio de publicaciones del Estado Mayor del Ejército, 1987, 680 p.

MARTÍNEZ-VASSEUR Pilar, *Pouvoir absolu et monarchie militaire en Espagne, Acta Hispanica*, n° 4, Université de Nantes (Département Études hispaniques), 1989, 155 p.

NÚÑEZ FLORENCIO Rafael, ESPADAS BURGOS Manuel, *Militarismo y antimilitarismo en España (1888-1906)*, Madrid, CSIC, 1990.

NÚÑEZ FLORENCIO Rafael, *El ejército español en el desastre de 1898*, Madrid, Arco libros, 1997, 75 p.

OLMEDA GÓMEZ José Antonio, *Las Fuerzas armadas en el Estado franquista*, Madrid, El arquero, 1988, 435 p.

PAYNE Stanley, *Ejército y sociedad en la España liberal (1808-1936)*, Madrid, Akal, 1976, 520 p.

PAYNE Stanley, *Los militares y la política en la España contemporánea*, Paris, Ruedo Ibérico, 1968, 478 p., Madrid, Sarpe, 1968.

PRESTON Paul, *Franco « Caudillo de España »*, Barcelone, Grijalbo, 1994, 1043 p.

PRESTON Paul, *La política de la venganza. El fascismo y el militarismo en la España del Siglo XX*, Barcelone, Península, 1997, 320 p.

PUELL DE LA VILLA Fernando, *Historia del Ejército en España*, Madrid, Álianza, 2000, 312 p.

RAGUER Hilari, *El general Batet*, Barcelone, Península, 1996, 417 p.

SALAS LARRAZÁBAL Ramón, *Historia del ejército popular de la República*, Madrid, Editora nacional, 1973.

SECO SERRANO Carlos, *Militarismo y civilismo en la España contemporánea*, Madrid, Instituto de Estudios económicos, 1984, 458 p.

SUERO ROCA María Teresa, *Militares republicanos en la guerra de España*, Barcelone, Península, 1981, 364 p.

ANNEXES

1. Chronologie des pronunciamientos (1814-1981)
2. Responsables de la politique militaire (1835-2002)
3. Le coup d'État de 1936
4. Organisation militaire de l'État espagnol
   pendant le régime franquiste (1953-1975)
5. Organisation militaire de l'État espagnol en 1984
   (date de la reformulation de la politique de défense
   par le gouvernement socialiste)
6. Organisation militaire de l'État espagnol à partir de 1997
   (après l'entrée de l'Espagne
   dans la structure militaire de l'OTAN)

Annexe 1

Chronologie des pronunciamientos (1814-1981)

Première période des pronunciamientos (1814-1886)
Ferdinand VII (1814-1833)

Année	Pronunciamiento	Grade	Lieu	Type de pronunciamiento	Appartenance politique	Résultat
1814	Elío	Capitaine général	Valence	Pression sans violence	Absolutiste	Succès
1814	Mina	Maréchal	Pampelune	Classique	Libéral	Échec Fuit en France
1815	Porlier	Général	Galice	Classique	Libéral	Échec – Pendu
1816	Richart	Commissaire de guerre	Madrid	Roi séquestré	Libéral	Échec – Pendu
1817	Lacy	Lieutenant-général	Caldetas (Barcelone)	Classique	Libéral	Échec – Fusillé
1819	Vidal	Colonel	Valence	Classique	Remettre Charles IV sur le trône	Échec – 15 pendus
1820	Quiroga et Riego	Officiers supérieurs	Cabezas de San Juan	Classique	Libéral	Succès Commence la période libérale (1820-1823)
1822	Fernández de Córdoba	Officier	Madrid	Classique	Absolutiste	Échec
1824	Capapé	Brigadier	Saragosse	Classique	Absolutiste	Échec – Absous
1824	Valdés	Colonel	Tarifa	Débarquement	Libéral	Échec
1825	Bessières	Maréchal	Getafe	Classique	Absolutiste	Échec – Fusillé en compagnie de 8 officiers supérieurs et officiers
1826	Hermanos Fernández Bazán	Officiers	Alicante	Débarquement	Libéral	Échec – Pendus
1830	Torrijos	Général	Malaga	Débarquement	Libéral	Échec – 32 fusillés
1830	Mina	Maréchal	Pyrénées	Invasion	Libéral	Échec

Régence de Marie-Christine (1834-1840)

Année	Pronunciamiento	Grade	Lieu	Type de pronunciamiento	Appartenance politique	Résultat
1834	Llauder	Capitaine-général	Barcelone	Pression sans violence	Libéral modéré	Échec
1834	Quesada	Capitaine-général	Madrid	Pression sans violence	Libéral modéré	Succès Statut royal de 1834
1835	Cayetano Cardero	Officier	Madrid	Classique	Libéral	Succès, mais sans conséquence politique
1835	Quesada	Capitaine-général	Madrid	Non traditionnel	Libéral	Succès Ministère Mendizábal
1836	García, Gómez et Lucas	Sergents	La Granja	Mutinerie de sergents	Libéral	Succès Constitution de 1837
1836	Boil	Commandant	Valence	Classique	Libéral	Échec
1838	Fernández de Córdoba	Général	Séville	Non traditionnel	Idéologiquement confus	Échec Fuit en France

Régence d'Espartero (1840-1843)

Années	Pronunciamiento	Grade	Lieu	Type de pronunciamiento	Appartenance politique	Résultat
1841	O'Donnell, Concha, Pezuela, Narváez, etc.	Généraux	Madrid et Saragosse	Classique	Modérés	Échec 5 généraux fusillés (Montes de Oca, Diego León, Borso di Carminati...) et 200 officiers
1843	Prim et Narváez	Généraux	Reus et Valence	Classique	Coalition (modérés et progressistes)	Succès Isabelle II atteint la majorité d'âge

Isabelle II (1843-1868)

Année	Pronunciamiento	Grade	Lieu	Type de pronunciamiento	Appartenance politique	Résultat
1844	Pantaleón Bonet	Officier	Alicante et Cartagène	Classique	Progressiste	Échec 24 fusillés
1844	Divers auteurs	Grades divers	Maestrazgo	Classique	Carliste	Échec
1844	Zurbano	Général	Navarre	Classique	Libéral	Échec Fusillé avec ses 2 fils
1846	Miguel Solís	Commandant	Galice	Classique	Progressiste	Échec 12 officiers fusillés
1848	José Fulgosio	Général	Madrid	Classique	Progressiste	Échec Plusieurs fusillés
1854	Hore	Brigadier	Saragosse	Classique	Progressiste	Échec Meurt au combat
1854	O'Donnell et Dulce	Généraux	Vicálvaro	Classique	Modérés et progressistes	Succès Ministère d'Espartero
1860	Ortega	Capitaine-général	Baléares	Classique	Carliste	Échec – Fusillé
1860	Sixto Camara	Chef des milices	Divers lieux	Classique	Républicain	Échec
1864	Régiment de Savoie	Grades divers	Divers lieux	Classique	Contre Isabelle II	Échec
1865	Divers auteurs	Grades divers	Pampelune et Valence	Classique	Contre Isabelle II	Échec
1866	« Insurrection de Villarejo »	Grades divers	Alentours de Madrid	Classique	Contre Isabelle II	Échec
1866	Hidalgo	Capitaine	Caserne de San Gil	Mutinerie de sergents	Contre Isabelle II	Échec 66 insurgés fusillés
1867	Moriones	Colonel	Madrid	Classique	Contre Isabelle II	Échec
1867	Serrano et Prim	Généraux	Cadix et Puente de Alcolea (Cordoue)	Classique	Contre Isabelle II	Succès Chute de la monarchie

I^e République (1873-1874)

Année	Pronunciamiento	Grade	Lieu	Type de pronunciamiento	Appartenance politique	Résultat
1873	Artillerie	Officiers	Divers lieux	Mutinerie	Conservateur	Dissolution de l'arme
1873	Des officiers	Officiers	Divers lieux	Mutinerie	Corporatiste	Succès Loi du 9 août sur la peine de mort
1874	Pavía	Capitaine-général	Madrid	Assaut des Cortès	Antirépublicain	Succès Fin de la République
1874	Martínez Campos	Général	Sagunto	Classique	Monarchiste	Succès Restauration de la monarchie

Restauration (1875-1923)

Années	Pronunciamiento	Grade	Lieu	Type de pronunciamiento	Appartenance politique	Résultat
1883	Serafín Asensio	Lieutenant-général	Badajoz	Classique	Républicain	Échec Fuit au Portugal
1884	Ferrándiz	Commandant	Santa Coloma (Gérone)	Classique	Républicain	Échec Ses chefs sont fusillés.
1885	Casero	Sergent	Cartagène	Classique	Républicain	Fuit à Oran
1886	Villacampa	Brigadier	Madrid	Classique	Républicain	Échec Prison à perpétuité

Deuxième période de pronunciamientos (1923-1981)

Dictature de Primo de Rivera (1923-1930)

Année	Pronunciamiento	Grade	Lieu	Type de pronunciamiento	Appartenance politique	Résultat
1923	Primo de Rivera	Lieutenant-général	Barcelone	Classique	Pro-dictateur	Succès
1926	Segundo García	Colonel	Valence	Classique	Constitutionnaliste	8 ans de prison
1929	L'artillerie	Grades divers	Ségovie	Mutinerie	Complexe	Dissolution de l'arme
1929	Sánchez Guerra	Ex-ministre	Valence	Mutinerie	Constitutionnaliste	Échec
1930	Galán et García Hernández	Capitaines	Jaca	Classique	Pro-républicain	Fusillé
1930	Queipo de Llano et Ramón Franco	Général et commandant	Cuatro Vientos	Classique	Pro-républicain	Fuient au Portugal

IIe République (1931-1936)

Année	Pronunciamiento	Grade	Lieu	Type de pronunciamiento	Appartenance politique	Résultat
1932	Sanjurjo	Général	Madrid et Séville	Classique	Monarchiste	Prison à perpétuité
1936	Mola, Goded, Queipo de Llano, Franco	Généraux	Divers lieux	Classique	Antirépublicain	Guerre civile

Monarchie constitutionnelle de Juan Carlos I (1978…)

Année	Pronunciamiento	Grade	Lieu	Type de pronunciamiento	Appartenance politique	Résultat
1981	Tejero et Milans del Bosch	Lieutenant-colonel Garde civile et général armée de Terre	Madrid et Valence	Classique, Assaut des Cortès	Antidémocratique	Échec Peines de prison (30 ans)

Annexe 2

Responsables de la politique militaire (1835-2002)

Ministres de la Guerre (1835-1923) avec plus de six mois d'exercice*

Années	Titulaire	Années	Titulaire
1835-1836	Juan Álvarez Mendizábal	1885-1886	Joaquín Jovellar y Soler
1838-1839	Duque de Frías	1887-1888	Manuel Cassola Fernández
1839-1840	Conde de Yúmuri	1888	Tomás O'Ryan y Vázquez
1841-1842	Andrés García Camba	1888-1890	José Chinchilla Díaz de Oñate
1842	Marqués de Rodil	1890	Eduardo Bermúdez Reina
1844-1846	Ramón Maria Narváez	1890-1892	Marcelo de Azcárraga Palmero
1846-1847	Laureano Sanz	1892-1895	José López Domínguez
1847-1849	Francisco de Paula Figueras	1895-1897	Marcelo de Azcárraga Palmero
1852	Joaquín Ezpeleta	1897-1899	Miguel Correa García
1853-1854	Anselmo Bláser	1899	Camilo García Polavieja
1854-1855	Leopoldo O'Donnell	1899-1900	Marcelo de Azcárraga Palmero
1855-1856	José Mac-Crohon	1901-1902	Valeriano Weyler Nicolau
1856-1857	Francisco Lersundi	1902-1903	Arsenio Linares Pombo
1858-1859	Leopoldo O'Donnell	1903	Vicente de Martitegui
1859-1863	José Mac-Crohon	1903-1904	Arsenio Linares Pombo
1863-1864	Francisco de Mata y Alós	1905-1906	Agustín Luque Coca
1864	José María Marchesi	1907	Francisco Loño Pérez
1864-1865	Fernando Fernández de Córdova	1907-1909	Fernando Primo de Rivera
1865-1866	Leopoldo O'Donnell	1909	Arsenio Linares Pombo
1866	Ramón María Narváez	1910-1911	Àngel Aznar Butigieg
1868-1870	Juan Prim y Prats	1911-1913	Agustín Luque Coca
1871	Francisco Serrano Domínguez	1913-1915	Ramón Echagüe Méndez-Vigo
1872-1873	Fernando Fernández de Córdova	1915-1917	Agustín Luque Coca
1874	Juan Zabala de la Puente	1918	José Marina Vega

1875-1879	Francisco de Ceballos y Vargas	1919	Antonio Tovar Marcoleta
1879	Arsenio Martínez de Campos	1920-1921	Luis Marichalar Monreal
1879-1881	José Ignacio Echevarría	1921-1922	Juan de la Cierva Peñafiel
1881-1883	Arsenio Martínez de Campos	1922-1923	Niceto Alcalá-Zamora
1884-1885	Jenaro de Quesada y Matheu		

* L'appellation *ministre de la Guerre* est utilisée pour la première fois en 1835. Entre 1705 et 1834, il s'agissait de secrétaires du Bureau de la Guerre.

Ministres de l'Armée (1923-1931)

Nomination	Titulaire	Nomination	Titulaire
15/09/1923	Miguel Primo de Rivera	03/11/1928	Julio de Ardanaz Crespo
03/12/1925	Juan O'Donnell Vargas	30/01/1930	Dámaso Berenguer Fusté
26/03/1928	Severiano Martínez Anido		

Ministres de la Guerre (1931-1939)

Nomination	Titulaire	Nomination	Titulaire
14/04/1931	Manuel Azaña Díaz	03/04/1935	Carlos Masquelet Lacaci
12/09/1932	José Rocha García		
08/08/1933	Vicente Iranzo Enguita	06/05/1935	José María Gil Robles
16/11/1933	Diego Martínez Barrio	15/11/1935	Nicolás Molero Lobo
25/01/1934	Diego Hidalgo Durán	19/02/1936	Carlos Masquelet Lacaci
16/11/1934	Alejandro Lerroux García	13/05/1936	Santiago Casares Quiroga

Guerre civile (1936-1939)

Nomination	Zone républicaine	Nomination	Zone « nationale »
	Ministres de la Guerre		*Secrétaire à la Guerre de la junte technique de l'État*
19/07/1936	Luis Castelló Pantoja		
06/08/1936	Juan Hernández Saravia	03-10-1936	Germán Gil Yuste
04/09/1936	Francisco Largo Caballero		*Ministre de la Défense nationale*
	Ministres de la Défense nationale	30/01/1938	Fidel Dávila Arrondo
17/05/1937	Indalecio Prieto Tuero		
05/04/1938	Juan Negrín López		
	Conseiller à la Défense		
05/03/1939	Segismundo Casado López		

Ministres de l'Armée (1939-1977)

Nomination	Titulaire	Nomination	Titulaire
09/09/1939	Enrique Varela Iglesias	10/07/1962	Pablo Martín Alonso
03/09/1942	Carlos Asensio Cabanillas	20/02/1964	Camilo Menéndez Tolosa
17/08/1945	Fidel Dávila Arrondo	29/10/1969	Juan Castañón de Mena
18/07/1951	Agustín Muñoz Grandes	11/06/1973	Francisco Coloma Gallegos
25/02/1957	Antonio Barroso Sánchez-Guerra	11/12/1975	Félix Álvarez-Arenas Pacheco

Ministres de la défense (1977-2002)

Nomination	Titulaire	Nomination	Titulaire
04/07/1977	Manuel Gutiérrez Mellado	13/03/1991	Julián García Vargas
05/04/1979	Agustín Rodriguez Sahagún	03/07/1995	Gustavo Suárez Pertierra
26/02/1981	Alberto Oliart Saussol	06/05/1996	Eduardo Serra Rexach
02/12/1982	Narcis Serra Serra	27/04/2000	Federico Trillo-Figueroa

Source : Fernando Puell de la Villa, *Historia del Ejército en España*, Madrid, Alianza, 2000, p. 261.

Annexe 3

Le coup d'État de 1936

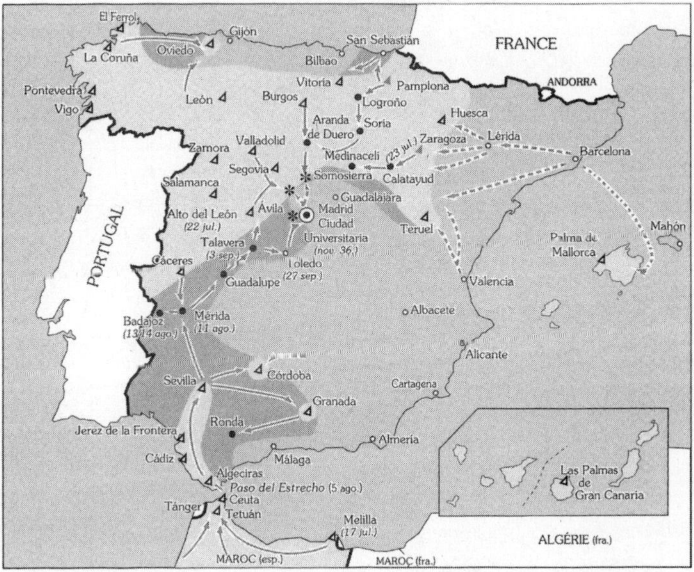

- Foyers du soulèvement de juillet 1936
- Villes où le coup d'État échoua

TERRITOIRES AUX MAINS DES INSURGÉS

- En juillet de 1936
- En décembre de 1936
- Campagnes des insurgés
- Campagnes des républicains
- Principales batailles

Source : Juan Pro et Manuel Rivero, *Breve Atlas de Historia de España*, Madrid, Alianza, 1999, p. 149.

Annexe 4

Organisation militaire de l'État espagnol pendant le régime franquiste (1953-1975)

Source : Juan Pro et Manuel Rivero, *Breve Atlas de Historia de España*, Madrid, Alianza, 1999, p. 155.

Annexe 5

Organisation militaire de l'État espagnol en 1977 (date de l'entrée de l'Espagne dans la structure militaire de l'OTAN)

Source : Juan Pro et Manuel Rivero, *Breve Atlas de Historia de España*, Madrid, Alianza, 1999, p. 167.

Annexe 6

Organisation militaire de l'État espagnol en 1984 (date de la reformulation de la politique de défense par le gouvernement socialiste)

Régions militaires : 1. Centre, 2. Sud, 3. Levant, 4. Pyrénées orientales, 5. Pyrénées occidentales, 6. Nord-Ouest.
Zones militaires : Baléares, Canaries, Ceuta et Melilla.

Source : Fernando Puell de la Villa, *Historia del ejército en España*, Madrid, Alianza, 2000, p. 268.

INDEX

Juan Martín Díaz	*El Empecinado*
Juan Guilloto	*Colonel Modesto*
Francisco Franco Bahamonde	*Généralissime, Caudillo*
Adolf Hitler	*Führer*
Benito Amilcare Andrea Mussolini	*Duce*
José Mª Gil Robles	*Jefe*

Index des noms propres

TABLE DES MATIÈRES

Imprimé en France
en décembre 2018
par MAURY IMPRIMEUR
45330 Malesherbes

N° d'impression : 232287
Dépôt légal : décembre 2018